VORWORT VON NIKI LAUDA

Ich freue mich, gerade als Weltmeister das Vorwort für Heinz Prüllers Grand-Prix Story 75 schreiben zu dürfen. Für mich war es ein besonders hartes Jahr, aber ich bin sehr froh, es so abgeschlossen zu haben.

Wien 31. Okt. 75

Niki Lauda

HEINZ PRÜLLER

GRAND PRIX STORY 75

Lauda — und ein Jahr wie kein anderes

VERLAG ORAC WIEN
MOTORBUCH VERLAG STUTTGART

Fotonachweis: Kräling (13), DPPI (11), Rottensteiner (11), Benoit (6), Fausel (6), Temburg (3), Wilke (3), Wiesinger (2), Autopista (1), Lackinger (1), Streimelweger (1), Finck (1), Molzer (1), Werkfoto Martini (1), Werkfoto Shadow (1).

Graphik des Schutzumschlages: Bronislaw Zelek unter Verwendung je eines Fotos von Carl Imber und A. H. Rottensteiner.

ISBN 3 85368 821 7

1. Auflage 1975

Satz: F. Brandstetter, 1150 Wien, Pouthongasse 3
Druck: Wiener Verlag, Wien

Inhaltsverzeichnis

WELTMEISTER — CAMPIONE DEL MONDO — WORLD CHAMPION

Niki Lauda ist ganz allein, einsam inmitten des totalen Chaos, das sich rund um ihn zusammenbraut. Zehn berittene Polizisten treiben ihre Pferde in die Menge, große, breite Pferde, die sich vorn aufbäumen. Hunderte von Carabinieri kämpfen verzweifelt gegen die Tifosi — eine wildgewordene, vor Freude besinnungslose Masse, die sich, Meter für Meter, von drei Seiten näherschiebt.

Es sieht aus wie Dammbruch. Oder, mehr noch, wie Krieg.

15 Minuten vorher ist Lauda im königlichen Park des Autodroms von Monza Weltmeister geworden: Als 14. in der Reihe der großen Namen, als zweitjüngster der Geschichte (nach Emerson Fittipaldi, 1972), als zweiter Österreicher (nach Jochen Rindt, 1970) und als sechster Ferarri-Pilot. Aber er hat bis jetzt kaum Zeit gefunden zu reden, noch sich zu freuen: Mariella ist noch in der Box festgeklemmt, chancenlos, sich selbst zu befreien — und Ferrari-Rennleiter Luca Montezemolo von den Carabinieri abgedrängt, fast weggeprügelt worden.

Berittene Polizei hat Lauda von der Box zur Siegerehrung durchgeschleust, von dort ins Fahrerlager. „Unterwegs hat eins der Pferde ausgeschlagen, nur zwei Zentimeter neben meinen dünnen Rennpatschen aufgestampft", berichtet Niki leise.

Blaß, etwas verängstigt steht der Weltmeister im härtesten Profisport neben dem Ferrari-Transporter, der Rückendeckung gibt. Aber mit leiser Panik merkt Niki: Der einzige Fluchtweg ist versperrt. Niemand hat die Schlüssel zum Führerhaus.

„Ni-ki! Ni-ki!" und: „Re-ga-zo-ni!" fetzt, peitscht und prasselt der berühmte Monza-Schlachtchor, der sich an den gelben Garagenmauern bricht — dort, wo die ersten Fans bereits von den Dächern plumpsen. Und rundherum: Die Pferde.

„Wie fühlst du dich?", frage ich, nachdem ich gratuliert habe.

„Beängstigt, im Moment." Den Meister über 490 PS, der schon als Bub immer aufs Klo geflüchtet ist, wenn Reitstunde auf dem Familienprogramm stand, erschrecken die bedrohlichen zehn Pferdestärken. „Ich hab echt Angst und nur noch einen Wunsch: Da wieder heil herauszukommen.“

Obwohl er „an diesem Tag 100 Jahre älter geworden ist, aber wegen dem Wirbel, nicht wegen dem Rennen“, sagt Lauda später leise: „Der schönste Tag meines Lebens.“ Bei ihm, der große Worte nie gemocht hat, klingt es glaubwürdiger als bei irgendeinem anderen.

Typisch seine ersten Worte, als er als neuer Weltmeister aus dem Ferrari stieg: „Ich glaub, links hinten ist der Stoßdämpfer gebrochen.“ So, als hätte Charles Lindbergh nach seinem historischen Atlantikflug bei der Landung in Le Bourget gesagt: „Ich glaub, der Öldruck ...“

Euphorie ist für Lauda ein Fremdwort, „denn sonst kann's passieren, daß die Landung hart wird. Und das Aufwachen bitter“.

Wenn er Rennen gewonnen hat? „Dann freu ich mich, daß ich meine Arbeit für diesen Tag getan, meinen Job maximal erledigt hab.“

Und der Weltmeistertitel? „Ist die Belohnung dafür, wie hart wir, Ferrari und ich, auf dieses Ziel hinarbeiteten. Wahrscheinlich haben wir im richtigen Moment immer das Richtige getan.“

Eine spezielle Begabung Laudas, der auch als Weltmeister immer auf dem Teppich bleiben wird. Nur manchmal: Auf dem fliegenden Teppich. Denn sein Hobby findet in ein paar tausend Meter Höhe statt.

DER HIMMELSTÜRMER

Es blitzt nichts auf, rot-gelb-rot. Vielmehr kriecht die Sonne (und mit ihr der Großglockner) ums Flugzeug herum. Das heißt: Wir drehen momentan nicht die schnellen Punktrollen, sondern langsame Tonnenrollen. Über Gegensprechanlage — von einem Jagdbomber in den anderen — bin ich mit Niki Lauda verbunden. Er hört mich atmen, ich höre ihn. Was im Kopfhörer so krächzt, als wären wir nicht im Stadion der dritten Jabo-Staffel, am Himmel, sondern im Mannschaftsquartier, und alle würden schnarchen.

Das Militärkommando hat uns zu diesem aufregenden Vormittag, spät im April, eingeladen: Ein paar Stunden im Cockpit der Saab

105 Ö, den Nachfolgemaschinen der „fliegenden Tonnen“, die manche „fliegende Särge“ nannten.
Die Schleudersitz-Einweisung auf dem Flughafen Linz-Hörsching war kurz, aber einprägsam: „Wenn das Kommando ‚Aussteigen!‘ kommt, dann sofort Arme über den Kopf, Auslösegriff herunterreißen, zusammenkauern, alles weitere geschieht automatisch.“ Für den Alarmfall gibt es noch den Hebel zwischen den Beinen, der den Sitz absprengt, und, falls sich der Fallschirm nicht automatisch öffnet, „mit der Rechten den Griff ans Herz“.

Was uns hochkatapultiert, sind 1300 Kilopond Schubkraft pro Triebwerk, umgerechnet etwa 8000 PS: So viel wie 16 Formel-1-Ferrari. Das Zittern und dann die unheimliche Stille, die das Überfliegen der Schallmauer markiert, bleiben aus: Hauptmann Rathgeb, der Weltmeister im Militärkunstflug (mit Lauda) und Oberleutnant Pechbäck (mit mir) fliegen nur 510 Knoten: 970 km/h.

29.000 Fuß spulen sich am Höhenmesser auf: Knapp 9000 Meter, etwa die Höhe des Mount Everest. 33.000 Fuß wären, falls plötzliche Dekompression eintritt, die Überlebensgrenze. „Über 10.000 Meter hätte man nur noch zwei Minuten zu leben, weil sich im Blut Blasen bilden. Wir sagen: Weil das Blut kocht.“

Wir hängen an Atemschläuchen. Verpackt sind wir in Druckanzügen. Sobald die Piloten 2,5 g am Knüppel ziehen, bläst sich die Druckhose auf — damit keine Blutleere im Gehirn eintritt.

Die Saab 105 Ö erlaubt 6 g. Rathgeb und Pechbäck begnügen sich mit 3 bis 4 g, was bedeutet: Unser Körpergewicht wird verdrei- bis vervierfacht. Eine Belastung, doppelt so groß wie im Rennwagen.

Beim englischen Grand Prix 1973 in Silverstone war Lauda, wie alle anderen Formel-1-Piloten, von den sagenhaften „Red Arrows“ zum Mitfliegen eingeladen worden. Und hatte, wie alle anderen, dankend ablehnen müssen. „Red Arrows“: Jene Kunstfliegertruppe, die einmal auf dem Nürburgring einen hochgekrochenen Fan aus den Baumwipfeln förmlich herunterblies ...

Heute, mit der Saab 105 Ö, erhalten wir Volksschulunterricht im Luftkampf. In militärischer Sprache: Angriffsformation: Das andere Flugzeug um 30 Grad nach rechts oder links versetzt, 70 Meter zurück. Enge Formation: Wieder um 30 Grad versetzt, aber nur ein Meter seitlicher Abstand zwischen den Flügelspitzen.

Lauda ist in die Fliegerei vernarrt. Oder, präziser in die Technik des Fliegens, „denn Segelfliegen interessiert mich überhaupt nicht". Jackie Stewart, der selbst 1966 in Australien den Pilotenschein geschafft hat, kicherte einmal Lauda an: „Ich las in der Zeitung: Würde die neue Fahrergeneration nur mehr arbeiten und sich weniger um ihre Flugzeuge kümmern . . ."

Niki hat zu Hause in Salzburg zusammen mit Freunden einen Modellhubschrauber konstruiert, schon 1973, „aber das Ding funktioniert einfach nicht richtig. Ich hab's auf Wasser ausgetrimmt, was schwer ist, und weil sich kein Mensch mehr getraut hat, den Hubschrauber zu starten. Ich riskierte den Test — und prompt ist das Teufelsding auf mich zugeflogen, richtig auf mich losgegangen. Ich mußte in Deckung gehen." Hitchcock hätte diese Gruselszene fürs Kino erfinden können.

Für seine meisten Eroberungsflüge zu den Grand-Prix-Strecken chartert Lauda die Cessna-Golden-Eagle der ÖFAG, Hoheitszeichen OE-FLF, im Flieger-Englisch: „Oscar-Echo-Fox-Lima-Fox", in Nikis Sprache ganz einfach: „Lauda Airlines."

Zielflughafen für Ferrari-Arbeitstage ist immer Bologna, nicht Modena: Das dortige Autodrom, früher Pferde-, Autorennbahn und Flughafen, ist neuerdings behördlich gesperrt. Früher war jedes Start- und Landemanöver in Modena eine Trapeznummer: Wegen der gefährlichen Hochspannungsleitung.

Einmal vor Weihnachten, als ich mit Lauda von Bologna heimflog, war in ganz Italien kein Flugbenzin aufzutreiben. Wettervorhersage: Ungünstig. Auf gut Glück flogen wir Richtung Rijeka, um dort nachzutanken, falls kein Nebel ist, oder, falls ja, nach Bologna zurückzukehren. Der letztmögliche Umkehrpunkt war 10 Kilometer vor der jugoslawischen Grenze, wegen der Berge kam der Funkkontakt mit Rijeka aber erst 20 Kilometer danach zustande . . . wenigstens war der Flugplatz nebelfrei, und der Pilot landete so ziemlich mit den letzten Tropfen.

Es war aber nicht Hans Kemetinger, Laudas 37jähriger Salzburger Fluglehrer, der schon 1964 Schlagzeilen gemacht hatte: Weil ihm

auf einem Instrumentenflug sowohl Funk als auch ADF (automatischer Richtungssucher) ausfielen und außerdem das Benzin ausging, mußte Stabswachtmeister Kemetinger, blind durch die Wolken durchgestoßen, mit seiner abgetriebenen „fliegenden Tonne" sofort landen — was in einer aufgeweichten Wiese auf CSSR-Staatsgebiet passierte:
„Mir riß es das Fahrwerk und eine halbe Tragfläche ab, doch mein Kamerad überschlug sich. Ich rannte weg, vergaß die Reißleine zu ziehen, und da öffnete sich der Fallschirm ..." Ein Landgendarm mit Fahrrad las den Piloten auf.
Zwei Monate später stürzten zwei „fliegende Tonnen" über Salzburg ab: zwei Tote.
Heute hat Kemetinger für Lauda, seinen Flugschüler, nur Lob: „Sehr begabt, sehr diszipliniert, sehr fleißig." Wenn der Pilot gut aufgelegt ist, imitiert er fabelhaft Hans Moser. Niki büffelt mit seinem Lehrer sogar zwischen Testfahrten in Fiorano. Und freut sich über jede zusätzliche praktische Stunde.
„Herr Lauda, bitte." Mit leichtem Grinsen gibt Hauptmann Rathgeb den Steuerknüppel seines Jagdbombers ab, „Sie dürfen tun, was Sie wollen." Niki blickt kurz über seine Schulter, spürt die zweite Saab fast hautnah und fragt: „Aber was tun die anderen?" Rathgeb beruhigt: „Genau das gleiche wie Sie."
Anfangs hat Niki „ein etwas mulmiges Gefühl. Es verlangt schon eine Umstellung vom Cessna-Schulflugzeug. Der Magen muß sich erst daran gewöhnen." Doch dann dreht Lauda, nach kurzer Ansage, zwei saubere Rollen. Nikis Magen rebelliert etwas. Darauf schalt ich, um mehr Atemluft zu bekommen, auf 100 Prozent Oxygen um." Bis mittag kurvten wir am Himmel. Lauda fasziniert, wie wendig der Jagdbomber ist, wie prompt er auf jedes Steuermanöver reagiert. Die Himmelstürmer der dritten Staffel nicken nach der Landung in Langenlebarn: „Für uns sind die Linienflugzeuge Lastwagen — die Jagdbomber aber Formel-1-Rennautos."
Im Grand-Prix-Zirkus sind 1975 Jagdfliegerbräuche eingezogen. „Abschüsse" werden markiert. Aber nicht durch Sterne, sondern durch Mercury-Flügelschuhe, auf die Sturzhelme geklebt. Der neue Goodyear-Rennchef, Denis Croback, hat die Idee dem „American

Football“ abgewonnen. Dort gibt es Flügel für jeden „Touch down“ (aus dem Spiel heraus, also ohne Free Kick, erzielte Goals) — für die Formel 1 gilt die Sitte: Je ein goldener Flügel pro Sieg, silberner Flügel pro Pol-Position.
Laudas roter Helm ist der meistdekorierte. Viermal — bis Spätsommer — hat der Salzburger Kontrollturm dem heimkehrenden Niki über Funk zu gewonnenen Großen Preisen gratulieren können. Und mit seiner 17. Trainingsbestzeit hat Lauda die Jackie-Stewart-Marke egalisiert. Nur Jim Clark (33) und Juan Manuel Fangio (28) waren öfter Trainingsschnellste. Aber Lauda hat (ab Kyalami 1974) dazu nur 17 Monate benötigt ... „Unheimlich“, staunt der Schweizer Reporter Roger Benoit, „als würde Niki Schach mit 20 Figuren spielen. So überlegen ist er.“
Bei den Jagdbombern, im Offizierskasino, laufen die Diskussionen heiß. Vor zwei Tagen, in Barcelona, ist Rolf Stommelen abgestürzt, sein Embassy-Hill, weil der Heckflügel wegbrach, förmlich aufgestiegen. „Sie haben's leicht“, verabschiedete sich Lauda von Hauptmann Rathgeb, „Sie sind schon Weltmeister. Ich muß erst erst werden.“
Vier Monate und ein paar Tage — mehr Geduld braucht Lauda nicht.

*

„Oscar-Echo-Fox-Lima-Fox“ wartet startbereit auf dem Salzburger Flughafen. Es ist der 4. September 1975, drei Tage vor dem letzten europäischen WM-Lauf im Autodrom von Monza, sehr warm, aber nicht drückend heiß: Ferrari-Wetter.
Im Fliegerbuffet blättert Lauda in einer Illustrierten: Ein schwedischer Rennfahrer steht da nach einem Unfall, darüber der Titel: „Helm ab zum Gebet.“ Stolz erhascht Niki ein anderes Foto: Prinz Bernhard der Niederlande neben einem Ferrari.
„Ärger als vor Weihnachten“, umreißt Lauda die Stimmung in der Ferrari-Fabrik, „alles läuft bleich und nervös herum.“ Schon seit einer Woche sind Maranello und die Ferrari-eigene Teststrecke Fiorano Sperrgebiet: Television, Radio, Fotografen haben strengstes Zutrittsverbot. Aber so sind eben Italiener: Derart emotionsgeladen,

daß sie, so knapp vorm Ziel, immer noch fürchten, es könne schiefgehen. Wie 1974.

„Mezzo punto! Halber Punkt!", hatte sogar der 77jährige Commendatore Enzo Ferrari gemahnt. Sein Vasallen tun alle, als wäre Monza etwas Besonderes. Dabei, sagt Niki, „ist es auch nur ein Rennen wie jedes andere". Aber Ferrari hat den Gran Premio immer wieder durchgespielt, wie mit Zinnsoldaten — bis Lauda, um sich aus aller Hektik herauszuhalten, für einen Tag nach Salzburg heimgereist ist.

Jetzt kehrt er mit „Lauda Airlines" nach Italien zurück, „Niki nazionale", die Hoffnung zweier Nationen: Unerschütterlich, problemlos, strahlender Laune. Um die Wahrheit zu sagen: Ich habe Lauda an keinem Grand-Prix-Wochenende 1975 so locker, so entspannt erlebt wie an diesem, dem wichtigsten.

„Heut nacht hat mir geträumt, ich hab nach dem Start so lang am Radl gedreht, bis die ‚Golden Eagle' einen Looping machte ..."

Kemetinger hört halb amüsiert, halb kritisch zu. „Mein erster Gedanke", ergänzte Niki, „war ohnehin: Um Himmels willen, was sagt Herr Kemetinger dazu?"

Die beiden fliegen von Funkfeuer zu Funkfeuer: Salzburg—Traunstein—Bad Tölz—Innsbruck—Bozen—Vicenza—Linate. Monza rückt nahe und ist doch noch weit.

„Fühlst du dich wie kurz vor einer Zeugnisverteilung?", frage ich.

„Nein, nur wie vor ein paar harten Arbeitstagen, erschwert durch die vielen unkontrollierten Leute", sagt Lauda.

Mariella, ganz hinten in der Kabine in Modejournale und Illustrierte vergraben, reicht ihm mehrmals Äpfel und Schokolade nach vorne. Nach 1.46 Stunden setzt die Cessna in Mailand-Linate auf. Es ist 17.15 Uhr. Kemetinger stellt seine Uhr eine Stunde vor, auf italienische Sommerzeit, Lauda läßt seine unverändert, „damit es immer Casino gibt, wenn wir fragen: Wann treffen wir einander?".

Casino heißt in der bilderreichen Ferrari-Sprache: Manchmal Hetz, oft Verwirrung, etwas Chaos, so wie in Linate. „Die großen Flugzeuge driften rechts und links an uns vorbei", sagt Niki und stellt „Lauda Airlines" neben einer rot-weiß, in den Embassy-Farben lakkierten Piper-Aztec ab. Graham Hill hat dieses Flugzeug 1966 von

seinen Indianapolis-Siegermillionen gekauft. „Aha, Papa Hill ist also auch schon da", sagt Niki beiläufig.
Graham und sein Team sind in Monza mehr als „Embassy Racing with Graham Hill": Für prickelnde Rennszenen eines packenden Action-Films müssen kurzfristig die Namen geändert werden. „Coronado" steht auf den T-Shirts der Mechaniker, und der wiedergenesene Rolf Stommelen fährt — von der Cockpitwand deutlich ablesbar — als „Harlow": Double für Steve McQueen!
„Wer im Grand-Prix-Zirkus schon nicht der Schnellste ist", lächelt Rolf, „sollte wenigstens etwas Interessantes tun." Das Drehbuch hat Jackie Stewarts früherer Nachbar am Genfer See geschrieben: Alistair MacLean, Bestsellerautor. Brutaler Titel: „On the way to a dusty death", unterwegs zum staubigen Tod. Als wäre die echte, ungeschminkte Grand-Prix-Story 75 nicht schon dramatisch genug:
Es war die verrückteste Saison der 26jährigen WM-Geschichte. Ein Jahr, in dem drei Läufe (Barcelona, Silverstone, Zeltweg) vorzeitig abgebrochen werden mußten, in dem Regengüsse und Reifenmassaker die Autos wie Spielkarten durcheinandermischten, in dem 13 verschiedene Piloten Grand-Prix-Rennen anführten (allein 7 in Silverstone) — ein turbulentes, oft chaotisches, in zwei Phasen tragisches Jahr, das einen einzigen Fixpunkt hatte: Niki Lauda.
Er hat die Weltmeisterschaft praktisch binnen acht Wochen entschieden; zwischen Anfang Mai und Anfang Juli: 42 WM-Punkte — von 45 möglichen!
Die Erfolgslinien seiner Rivalen aber verliefen wie irrwitzige Fieberkurven. Irgendwann einmal hatte jeder seine Sternstunde: Jean-Pierre Jarier (Shadow) in Südamerika, wo er den ganzen Formel-1-Zirkus mit zweimal Pol-Position völlig aufscheuchte; Emerson Fittipaldi (McLaren) in Argentinien und Carlos Pace (Brabham) in Brasilien; Jody Scheckter (Tyrrell) in Südafrika, wo er nach Totalschaden gewann; Jochen Mass (McLaren) in Frankreich, denn Spanien war freudlos; James Hunt (Hesketh) in Holland, wo er dank strategischem Boxenstopp Lauda die einzige Niederlage in fünf aufeinanderfolgenden Rennen zufügte; Carlos Reutemann (Brabham) auf dem Nürburgring; Vittorio Brambilla (March) in Schweden und auf dem Österreichring — wozu Fittipaldi im nachhinein gratuliert:

„Hätte mir jemand zu Saisonbeginn gesagt: Brambilla gelingt eine Pol-Position und ein Sieg — ich hätte ihm geantwortet: Das gibt es nicht einmal im Kino."

Lauda genießt in Italien, ob er sie will oder nicht, Filmstarverehrung. Die Zollbeamten bitten um Fotos. Niki muß bedauern: Niente foto. Die Zöllner bitten um irgend etwas. Niente, niente, sagt Niki. Ein Italiener organisiert ein Taxi ins „Sant'Eustorgio" von Arcore, Ferraris Monza-Hauptquartier, ein anderer eine Polaroidkamera: „Am Montag", lacht er, „mit der Weltmeisterschaftstrophäe. ... con la coppa."

Montag kommt Lauda ohne Pokal — Überreichung: Erst bei der offiziellen FIA-Ehrung im Dezember in Paris — aber als Campione del Mondo, und schlicht gekleidet wie immer: Beiges Polohemd, hellbraune Schnürlsamthose. Jede Menge Zeitungen werden ihm zum Unterschreiben hingestreckt.

An diesem Tag sind Lauda, Regazzoni und Ferrari die alleinige Seite 1 Italiens: „Was für großartige Wunderwaffen sind doch Ferraris Rennwagen", begeistert sich die Zeitung „Stadio Bologna" und rüttelt alle italienischen Traditionen wach. „Ein unerhörter Prestigegewinn für Italien", applaudiert „La Stampa". „Il Giorno" verbeugt sich „vor der zähen Arbeit und der großen Liebe zum Rennsport des großen alten Pioniers Enzo Ferrari, der in dieser harten Wirtschaftskrise unglaubliche Kraft bewies." Und „La Gazetta dello Sport" dankt in Balkenlettern: „Ganz Italien sagt grazie an Ferrari, Regazzoni und den österreichischen Computer Lauda."

„Roboter mit Herz", nennt ihn eine Zeitung, doch der Dichter Peter Handke bemerkte an Lauda nur „schwarze Freudlosigkeit". Das deutsche „Playboy" gab ihm „das Gesicht eines frischgebackenen Landpfarrers". Wesentlich präziser jedoch skizziert ihn der dreimalige Exweltmeister Jackie Stewart: „Gottbegnadetes Naturtalent, dazu messerscharfe Intelligenz, die viel hilft, und der brennende Wunsch weiterzulernen, die Naturbegabung auszudehnen — etwas, das ich nur bei ganz wenigen Menschen feststellte. Die meisten akzeptieren, was ihnen an Begabung und Können geschenkt worden ist und begnügen sich damit. Niki nicht", sagt mir Stewart.

Wie lang Lauda Grand-Prix-Rennen fahren will? „Bis die Formel 1 für mich uninteressant geworden ist, bis ich nichts mehr empfinde, nichts mehr lernen kann." Was er braucht, um sich hier durchzusetzen? „Geschäftsgeist, das richtige Gespür, im richtigen Moment zum richtigen Team zu gehen."

Oder im richtigen Moment die richtigen Leute zu treffen. Wie am 12. Oktober 1971 Dr. Karlheinz Oertel von der Raiffeisenkasse — zwei Tage, ehe Laudas March-Frist ablief. Der „Bub aus gutem Haus, der sich gegen das Establishment auflehnt", schien Dr. Oertel als idealer Mann „für unser persönliches Service. Wir wollten Lauda als gehobenen Fahrlehrer, dachten an Broschüren über sicheres Autofahren, Autopflege usw. . . . aber dazu ist es nie gekommen."

Vom berühmten 2,5-Millionen-Kredit abgesehen, bekam Lauda noch Sponsorgelder: Laut Vertrag 1972 gleich 180.000 S, 1973 dann 120.000 S und 1974 nur 100.000 S, „und er blieb, obwohl er schon fast Weltmeister wurde, bei dieser Summe. Was ich ihm hoch anrechne", sagt Dr. Oertel offen.

March-Konstrukteur Robin Herd sagt heute: „Ich träume oft, wir zahlen Niki alle Schecks, die er uns gegeben hat, zurück, plus Inflationsrate, plus Zinseszinsen . . . Ich weiß, es ist unmöglich. Aber ich will wenigstens davon träumen." Für Herds Co-Direktor Max Mosley ist Lauda längst „Ferraris heimlicher Rennleiter". Dazwischen war noch BRM, ein Team, das Lauda viel Charakter- und Willensstärke abverlangte.

Lauda ist ein Mensch, der keinen Wecker braucht, der mit Willenskraft aufwacht — eine beachtliche Leistung, bei den oftmaligen Zeitverschiebungen. Oder, ein besseres Beispiel: „Beim 2-Liter-Sportwagenrennen 1971 auf dem Salzburgring fuhr ich meinen Chevron mit hochgeklapptem Visier zurück ins Fahrerlager. Ein Metallsplitter flog mir ins Auge; der Arzt hat ihn gerade noch mit einer Nadel herausholen können. Es tat fürchterlich weh, aber der Arzt machte mir klar: ‚Wenn du dran rippelst, bleibt eine Narbe zurück und damit ein Punkt im Auge.' " Lauda überwand sich: Der Punkt kam nie.

Einmal pro Jahr geht Niki zur Durchuntersuchung (was 12.000 S kostet) und vor jedem neuen Saisonbeginn zum Zahnarzt: „Damit ich nicht einen Grand Prix nur deshalb verlier, weil ich unterwegs plötzlich Zahnweh krieg." Zu dieser Profieinstellung paßt auch Laudas neuer roter Overall (ab Kyalami 1975): Er wurde in Zürich für 10.000 Franken (etwa 65.000 S) maßgeschneidert und gerade zu Nikis 26. Geburtstag fertig.

„Ich sah den Prototyp dieses Overalls 1974 bei Fittipaldi und kümmerte mich sofort darum, daß ich ein noch weiter verbessertes Modell bekomme": Vier Griffe an Schultern und Hüfte, anders gesteppt, besser ventiliert, im SOS-Fall 35 Sekunden länger Feuerschutz.

„Regazzoni hat den gleichen Overall, verwendet ihn aber nicht. Genauso Reutemann, weil er darin zu viel schwitzt." Laudas Kühlsystem: Er bastelte ein System von drei Frischluftschläuchen, die seinen Körper (unter dem Dreß) direkt kühlen.

Weniger aufwendig ist Laudas Alltag. Er geht nicht zum Friseur, die Haare schneidet ihm seit drei Jahren Mariella. „Es gibt zwei Arten von Reichen", philosophierte er einmal, „die Gschaftlhuberfamilien und die anderen, die ruhig, gut und sauber leben." Darum erschrak Niki, als er auf seinem Salzburger Rohbau einmal gut zwanzig Fans herumklettern sah. „Ich sagte: ‚Entschuldigen, das ist mein Grund, bitte gehen Sie', worauf die Leute fast ungehalten waren: ‚Man wird ja noch schauen dürfen.' " Um Laudas Nachbar zu werden, überboten einander eitle Millionäre mit Grundstückskaufangeboten.

„In Italien kann ich in kein Restaurant gehen, ohne daß mich die Leute anstarren, um Autogramme fragen." Als sein Buch „Niki Lauda — Formel 1" auf den Markt kam, kritzelte Lauda binnen sechs Stunden in 1700 Bücher seinen Namenszug: 12,7 Sekunden pro Buch, inklusive Auf- und Zuklappen.

Lauda ist immer höflich, außerdem hat er sehr feinsinnigen Humor. Als ihn Prinz Philipp beim „Daily-Express"-Training in Silverstone fragte: „Warum hat Ihr Ferrari vorn eine so tiefe Baggerschaufel?", da antwortete Niki: „Königliche Hoheit, bei uns in Österreich ist so viel Schnee auf der Straße, daß man ohne Schaufel nicht fahren kann . . ."

Einen Fotoreporter, der ihm ein packendes Gruppenkampffoto gab, grinste Lauda an: „Hättest du nicht ein bißl später abdrücken können? Dann wär ich nämlich in Führung gelegen."

Und auf dem Höhepunkt patriotischer Rennbegeisterung 1975 — zwischen dem deutschen und dem österreichischen Grand Prix — versetzte Lauda, zu jedem Spaß bereit, dem Österreichring-Chef, Fritz Trafler, am Telefon den Schock seines Lebens: „Entweder du zahlst mir 400.000 S Extrastartgeld oder ich komm überhaupt nicht zum Rennen und sag wegen Krankheit ab." Trafler rang nach Luft: „Aber über so viel Geld kann ich unmöglich allein entscheiden, ich muß um Bedenkzeit bitten." Zehn Minuten später rief Lauda wieder an: „War ja alles nur ein Schmäh. Ich wollt' dich nur fragen, ob du Reklamezettel für meine Salzburger Rennwagenausstellung in deine Programmhefte legst, umsonst bitte." Grenzenlos erleichtert sagte Trafler sofort zu.

Lauda ist seinen Gegnern oder Partnern zumeist um einen Zug voraus. Dr. Helmut Marko erinnert sich an seine ersten Bergrennen gegen Lauda, 1968: „Die Art, wie er einen Kurs analysierte, verblüffte mich. Er kannte buchstäblich jeden Stein und jeden Riß im Asphalt. Lauda muß die Strecke nicht abgegangen ... er muß sie abgekrochen sein!"

Zu dieser unheimlichen Methodik kam Laudas Kontaktfreudigkeit: „Wann immer es nach Benzin roch, wo immer wichtige Leute beisammenstanden und redeten — Lauda war dabei. Er sagte kaum etwas, hörte nur zu und bildete nachher seine Meinung."

Vermutlich hat noch nie jemand über das Rennfahren soviel nachgedacht wie Lauda. Seine Grundmethoden — Analyse von Auto, Strecke, Gegner — hat Niki längst verfeinert, bis zur absoluten Perfektion. „Lauda", jubelte eine italienische Zeitung schon im Sommer, „ähnelt in der Art, wie er seine Rennen konzipiert und fährt, immer mehr dem fünfmaligen Weltmeister Juan Manuel Fangio." Und ein anderes Blatt schrie noch lauter Halleluja: „Lauda hat seine Gegner bis ins Gehirn seziert."

In seinem eigenen Hirn legt Niki „einen Schalter um, dann bin ich Rennfahrer sonst nichts, ohne Emotionen, daher auch ohne Angst" — diese Formulierung ist berühmt geworden. Seit Jackie Stewart hat man im Gebrüll der Formel 1 nicht mehr so kristallklar-logische Sätze gehört.

„Es gibt nur eine Haftgrenze, die für alle gilt. Durch mehr Unvorsicht oder mehr Risiko ein Rennen zu gewinnen, ist unmöglich.“
Wäre er nicht Autorennfahrer geworden, welchen Kampfsport hätte sich Lauda ausgewählt?
„Wahrscheinlich Skirennen, aber nur die Abfahrtsläufe. Slalom interessiert mich überhaupt nicht.“
Seit er sein erstes Bauernrennen fuhr, hat Lauda mit unheimlicher Härte und Konsequenz auf den Weltmeistertitel hingearbeitet — hat er ihn sich selbst irgendwann versprochen? „Man nimmt sich jedes Jahr vor, Weltmeister zu werden. Für mich ist es außerdem Berufs- und Lebensziel, in diesem Sport so gut zu sein wie nur möglich. Der Weltmeistertitel ist für alle, die unmittelbar mit dem Grand-Prix-Zirkus verwickelt sind, nicht unbedingt das Kriterium, diese Leute wissen, was los ist — aber der Titel ist immens wichtig für die Leute außerhalb. Dazu zählen auch die Sponsors.“
Im Fall von Lauda und Ferrari: Fiat. „Sieg bedeutet Erster zu sein. Nicht nur in Italien, sondern in aller Welt“, jubelt Fiat-Chef Gianni Agnelli, „Italiens Industrie zieht aus diesem grandiosen Welterfolg der Ferrari enormen Nutzen.“ Für die kranke italienische Wirtschaft: Eine lebenswichtige Injektion.
Auch daran denkt Lauda am Montagmorgen nach dem Triumph auf dem Mailänder Flugplatz, nicht nur an seinen eigenen (erhöhten) Marktwert.
Eine Lear-Jet schwebt herein. „Irgendwo in der Welt“, grübelt Lauda, „müßten tausend Leute für einen arbeiten. Dann könnte man sich so etwas leisten.“ Und, als die Motoren der „Golden Eagle“ aufheulen: „Na, endlich wieder.“ Oben in der Luft pafft er an einem dünnen „Schweizer Zigarrl“ und ist rundum happy.
Die Bodenstation St. Johann in Tirol gratuliert über Funk. Die Tankstelle in der Salzburger Alpenstraße hat ein Riesenleintuch gespannt: „Wir begrüßen den Weltmeister Niki“, schreit es kilometerweit. In der Salzburger Mietwohnung warten 30 Telegramme, eins davon hat Karajan abgeschickt.
Lauda hat noch eine selbstauferlegte Pflicht zu erfüllen: „Ich schick den Mechanikern, die in der Fabrik arbeiten, die nie zum Rennen kommen und doch so wichtig sind, ein Telex zum Dank.“

Abend, im Wiener Fernsehstudio, reißt sich Maître Leherb spontan einen Goldfisch von der Halskette und schenkt ihn Niki. Eine holländische Blumenfirma will ihre Tulpenzwiebel „Niki Lauda" taufen. Ein arabischer Ölscheich bietet 2,1 Millionen für Laudas Weltmeisterwagen, den Niki selbst zu kaufen überlegt hat, „aber jetzt sehe ich beim neuen Ferrari schon wieder so viele Verbesserungen, daß ich glaub, ich wart lieber auf den neuen."

Seine erste Woche als Weltmeister verbringt Lauda zum Großteil in der Luft. Alpeneinweisung steht auf dem Lehrprogramm. Der Ferrari-Höhenflug dagegen ist vorläufig abgeschlossen. Und vermutlich hätte kein anderer als Himmelstürmer Lauda Ferrari durch die Wolken nach oben führen können.

DAS WERKZEUG DER ARBEIT — FERRARI UND DIE ANDEREN

Knapp ein Jahr früher, November 1974, Restaurant „Al Tucano" in Modena. Atmosphäre: Gemütlich und, wie immer bei Ferrari, sehr familiär, etwas patriarchalisch: Enzo Ferrari hat seine sämtlichen Mitarbeiter eingeladen, plus ein paar Fernsehreporter. Das heißt: Bilanz und Ausblick.

Ferrari hat die Weltmeisterschaft 1974 — in der Lauda konstant schneller war als Regazzoni, aber fast immer ausfiel, während Regazzoni fast immer ankam — verloren. „Durch Fehler in der Organisation und Fehler in der Box", sagt Clay. „Alle Welt weiß, wie wir verloren haben", rätselt Chefingenieur Mauro Forghieri, „aber niemand weiß warum." Durch eine unglaubliche Serie lächerlicher Defekte, Fehler, Irrtümer — wie jener Laudas in Brands Hatch und auf dem Nürburgring?, fragt jemand.

„Aber das waren keine Fehler!", verteidigt Enzo Ferrari Lauda. „Piloten sind Menschen, die in einer abgeschlossenen Welt leben, allein mit ihren Hoffnungen, ihren Passionen — wer erlaubt sich, einen 25jährigen zu kritisieren, der nach seinem Instinkt gehandelt hat?"

Wann man Lauda als kompletten Piloten betrachten könne, wird weitergebohrt.

„Für mich war Lauda schon 1974 ein kompletter Pilot. Aber von allem, was er 1974 aufgesaugt hat, wird er 1975 profitieren."

Die Giftbecher, die ein Teil der italienischen Presse Lauda zum Trinken gegeben hat, sind langsam ausgeschüttet. Ein Magazin hat Niki sogar in aller Öffentlichkeit beschimpft, weil er zwei Grand-Prix-Rennen gewonnen hat: „Wäre dort Regazzoni statt zweimal Zweiter zweimal Erster gewesen, er wäre Weltmeister geworden. Daß er es nicht wurde, ist also Laudas Schuld." Eigenartige Logik — aber Lauda ist auch damit fertiggeworden.

Enzo Ferraris bemerkenswerte Novemberrede 1974 habe ich mitgeschrieben:

„Liebe Freunde! 1973 haben wir uns zur gleichen Zeit in Maranello getroffen, uns einen Treuevertrag geschworen, uns allen ein Versprechen gegeben. Unser Treueschwur hat viel Positives gebracht, trotz der Krise ganz zum Schluß dürfen wir zufrieden sein. 1975 wollen wir zumindest das gleiche erreichen, hoffentlich mehr. In die neue Saison gehen wir mit dem gleichen Geist und mit dem gleichen Werkzeug — den Waffen der Arbeit."

Minutenlanger Applaus festigt den neugegebenen Schwur. Lauda und Regazzoni erhalten je ein „Cavallino rampante" (sich aufbäumendes Pferd) aus Bronze. Nikis Dankrede ist sehr glasklar, Clay spricht sehr emotionell. Dr. Franco Gozzi, der PR-Chef, fungiert als Zeremonienmeister. Ferrari hat unter anderem einen Mechaniker, der so wiehernd-ansteckend lacht wie eine Lachmaschine: „Immer wenn's uns zu still wird, geh ich an seinen Tisch und erzähl ihm einen Witz." In Griechenland hätten sie das Geschirr zerschmettert. In Italien gehen sie — sogar älteste Ferrari-Mitarbeiter — zu ihrem 77jährigen Patriarchen und bitten um Autogramme auf ihre Teller. Es ist eine verschworene Gemeinschaft, die da (wieder einmal) den Kampf gegen 30 englische Autos aufnimmt — gegen die klare Übermacht, die Ferraris sensationelles Erstarken jedoch beunruhigt hat.

„Wollt ihr 500 PS gegen Ferrari?", fragt Keith Duckworth, der Vater von 250 bis jetzt verkauften Ford-Cosworth-Formel-1-Motoren, die zur Londoner Konferenz zusammengetrommelten Team-

chefs. „Ihr könnt sie haben, aber ihr müßt sie teuer bezahlen. Mit 16.000 Pfund, dem doppelten Preis."
Die „englische Mafia" feilscht auf 12.000 Pfund herunter, lehnt aber dann doch ab: „Ferrari hatte noch nie zwei aufeinanderfolgende Jahre lang Erfolg. Machen wir uns also keine Sorgen."
Der „Super-Cosworth" bleibt in Duckworths Gehirn, aber seine Motoren-Hexenküche spuckt 25 modifizierte Triebwerke aus. Stückpreis 8200 Pfund plus Steuer, total 9000, mit anderen Trichtern. Brabham-Besitzer Bernie Ecclestone argwöhnt einen Verkaufstrick („Nicht ein lausiges PS mehr") und kauft deshalb ebensowenig ein wie McLaren. Die anderen Teams aber schwören auf 20 neugewonnene PS und höhere Drehzahlen: 11.000 statt 10.500 U/min.
Die zweite wesentliche Entscheidung im Materialkrieg: Firestones Rückzug aus der Formel 1, „weil unsere Aktionäre glauben, Rennsport wäre etwas Schlechtes." Damit hat Goodyear das Monopol, aber auch die Aufgabe, bis zu 19 Formel-1-Teams mit „schwarzem Gold" zu versorgen.
Mit Tyrrell, Ferrari und McLaren existieren langfristige Verträge. Aber alle anderen Teams müssen ihre Pneus kaufen. Preis einer Renngarnitur: 200 Pfund, etwa 8000 S, Freundschaftspreis.
Goodyear-Chefingenieur Bert Baldwin knobelt als Marschroute aus: „Wir wollen kein Geld verdienen, aber auch keines verlieren. Unser Budget bleibt gleich. Jedes Team hat pro Rennen die Wahl zwischen dem Basis-Reifen (für alle) und einem Spezialreifen (immer nur für 2 Teams)." Forghieri meint bereits artig: „Was immer ihr tut, wir können nur sagen: Thank you, Goodyear, sonst müßten wir alle den Beruf wechseln."
Und der regierende Weltmeister Fittipaldi: „Endlich ist das Glücksspiel vorbei. Keiner kann den anderen mehr austricksen. Alle haben die gleiche Chance." Fittipaldi irrt: Das Reifen-Roulette geht weiter. Aber erst neun Monate später wird ein ernster Beschluß gefaßt: Die Reifen dürfen nicht mehr schneller, sondern müssen sicherer werden. Ursache für die in Monza vorgelegte Resolution: Eine amerikanische Tragödie — Mark Donohue.
Den anderen Amerikaner, Mario Andretti, kettet ein Dreijahresvertrag (eine Million Dollar) bis 1976 an Firestone. Das ganze Par-

nelli-Team lebt von diesem Reifengeld. Was also tun? Anfangs werden Marios Reifen mit „Parnelli" übermalt. Dann zahlt ihn Firestone aus, und der Italo-Amerikaner darf offiziell Goodyear montieren. Unterschied in den Fabrikaten? „Darüber darf ich nicht reden", sagt mir Mario, „weder so noch so." Lotus und Hesketh peilen eine dritte Firma an, holen sich aber kalte Füße.

So stürmisch es auf dem Motoren- und Reifensektor zugeht, so ruhig ist im Winter 1974/75 die Fahrerbörse. Hier die genaue Übersicht aller Teams:

	1974	1975
McLaren:	E. Fittipaldi, Hulme	E. Fittipaldi, Mass
Yardley-McLaren:	Hailwood (Hobbs, Mass)	–
Ferrari:	Lauda, Regazzoni	Lauda, Regazzoni
elf-Tyrrell:	J. Scheckter, Depailler	J. Scheckter, Depailler (Jabouille, Leclere)
JPS-Lotus:	Peterson, Ickx	Peterson, Ickx (Henton, Crawford, Watson)
Brabham:	Reutemann, Pace (Robarts, Opel)	Reutemann, Pace
Hexagon-Brabham:	Watson	–
Finotto-Brabham:	Larrousse (Koinigg, Facetti)	–
Hesketh:	Hunt	Hunt (Lunger)
Privat-Hesketh:	–	Palm, Jones, Ertl
BRM:	Beltoise, Pescarolo, Migault (Amon)	Evans (Wilds)
UOP-Shadow:	Jarier, Pryce (Revson, Redman)	Jarier, Pryce
March:	Stuck, Brambilla (Ganley)	Brambilla, Lombardi, Stuck
Williams:	Merzario, Laffite (van Lennep, Belsö)	Laffite, Merzario Laffite, Merzario (Ian Scheckter, Brise, Migault, Magee, Ashley, Vonlanthen, Zorzi)
Surtees:	Pace, Mass (Bell, Koinigg, Quester, Dolhem)	Watson (Morgan)
Embassy-Hill:	Hill, Edwards, Stommelen	Hill, Stommelen, Brise (Jones, Schuppan, Migault)
Amon:	Amon	–
Ensign:	Opel, Schuppan, Wilds	Wunderink, van Lennep, Amon
Maki:	Ganley	Fushida, Trimmer
Trojan:	Schenken	–
Token:	Pryce, Purley, Ashley	–
Penske	Donohue	Donohue (Watson)
Parnelli:	Andretti	Andretti
Copersucar:	–	W. Fittipaldi (Merzario)
Lyncar:	Nicholson	Nicholson

Transfer-Überraschung Nummer 1, wie so oft: March. Mitte Dezember 1974 sperren Mosley und Herd ihren Formel-1-Laden mit Krokodilstränen zu: „Kein Geld, kein Sponsor." Brambilla darf sich mit Beta-Geld (eine italienische Werkzeugfirma) sein Auto kaufen, aber Hans-Joachim Stuck ist arbeitslos. Der deutschstämmige Mosley über den langen Bayer: „Hans ist nicht präpariert, daß etwas schiefgeht, aber in der Formel 1 geht immer etwas schief."

Bei anderen, aber nie bei Mosley. Am letzten Dezembersonntag meldet sich bei ihm der italienische Versicherungsmillionär Graf Zanon: „Ich und meine Frau — der die Kaffeefabrik Lavazza gehört — hätten gern ein Formel-1-Auto für Lella Lombardi.“ Lella, „die Tigerin aus Turin“, ist Formel-5000-Pilotin und (seit Brands Hatch 1974) das erste weibliche Wesen im Formel-1-Cockpit seit fast zwei Jahrzehnten. 1975 wird das Jahr der Frau. Also: Lombardi — und ein paar Kurven noch dazu.

Graf und Gräfin haben zuerst Frank Williams, den stets Geldknappen, kontaktiert. Aber Williams hat abgelehnt, nicht wissend, wieviel Geld ihm da durch die Finger rinnt: Zanon bietet 3,5 Millionen Schilling, und seine Frau zwackt vom Lavazza-Kaffeegeld — oder ihrem Haushaltsgeld — zusätzlich etwas ab.

„Bei so viel Geld“, blutet Mosley fast das Herz, „kann ich einfach nicht nein sagen.“

Die Frist läuft am 29. Dezember um 17 Uhr ab. Mosley arbeitet, während er nachdenkt, im Garten. „Du schimpfst immer, ich sei ein männlicher Chauvinist, männliche Herrenrasse und so“, sagt er zu seiner Frau Jean, „jetzt werde ich Chef des ersten Formel-1-Teams, das eine Frau hat. Ist dir das Emanzipation genug?“ Frau Mosley zerstreut die letzten Bedenken: „Nimm sie, egal, was die Leute reden.“

So wird Lella Lombardi Grand-Prix-Werkspilotin: Immer freundlich, eher sanft, von Vittorio Brambilla wie vom älteren Bruder unterstützt, „denn technisch ist sie sehr sächlich, sie malt sich wenig und sieht immer richtig aus“, wie Mosley sagt. Er redet mit „Bella Lella“ italienisch, Robin Herd versucht's mit Brambilla französisch, „aber das klingt immer nur peinlich“, sagt Mosley.

Die Sponsors bleiben lange geheimnisumwittert. „Ein italienisch-südamerikanisches Wirtschaftssyndikat“, sowie: „Jemand, der reiche Freunde hat“, lauten die offiziellen Versionen, die nur Neugier, also Reklame entfachen — und an die „Paten“-Filme denken lassen. Erst nach ein paar Rennen wird das „Lavazza-Pickerl“ aufs Lombardi-Auto geklebt, „was für uns sehr günstig ist: So können wir zusätzliche Werbefläche vermieten“, rechnet Mosley.

Laut Statistik verunglückt jeder dritte Grand-Prix-Sieger und jeder sechste Grand-Prix-Fahrer. Ist dieses Metier für eine Frau nicht zu grausam?, frage ich Mosley.
„Die Leute reagieren zu viel. Lella und ihre Verwandten wissen, was sie tut, das genügt. Frauen sterben sehr viele im Krieg. Wie Mann und Frau auf Gefahr reagieren, ihre Angstgefühle — das ist kein Unterschied. Der einzige: Lella fährt sich auf jeder Strecke langsam ein. Aber das ist ihr Fahrstil und hat damit, daß sie eine Frau ist, nichts zu tun."
Wie soll Lombardi gegen dreißig Männer bestehen?
„Wenn sie ein paar Männer schlägt, ist das amüsant. Wenn sie am Start vor Männern steht, reden sich die ganz sicher aus: ‚Wie gut der March sein muß!' Was für uns nur gut sein kann."
Mosley war früher selber Rennpilot. Hast du, frage ich ihn, nicht ein komisches Gefühl, aus der Box einer Frau beim Rennfahren zuzusehen?
„Ja. Als würde der Mann in der Küche stehen und die Frau draußen Geld verdienen . . ."
Lella Lombardi ist erst ab Südafrika dabei, die McLaren-Veränderungen gelten ab sofort: Aus dem Weltmeisterteam scheidet Denny Hulme (Exweltmeister 1967), der seine ersten Rennen noch barfuß bestritten hat, freiwillig aus: Durch Rücktritt.
„Nach den vielen Unfällen fing ich an, am Sport zu zweifeln und beschloß, nur noch 1974 fertigzufahren, mit dem Bremspedal, wenn's heikel wird, und ohne jeden Kampf. Was dem Team gegenüber unfair war. Aber mir ist 1972, bei meinem Can-Am-Windschatten-Unfall in Road Atlanta, eins klargeworden: Wie leicht man von dieser Welt gehen kann, ohne Schmerzen, so plötzlich, daß man's gar nicht merkt."
Mike Hailwood, gleichfalls McLaren, muß unfreiwillig abtreten: Er kann den beim Nürburgringsturz schwer verletzten rechten Fuß nur in Längsrichtung, aber nicht seitlich kippen. Reaktion: Typisch Hailwood. Champagnerfeste im Spital, mehrere Operationen, danach offizielles Good-bye bei der Tourist Trophy, wo „Mike the Bike" immer noch den Rundenrekord hält (!) — und wo er hochdotierte Motorrad-Comeback-Offerte von Yamaha und Honda ablehnt. Wenig spä-

ter heiratet Hailwood seine langjährige Freundin Pauline. Nicht ganz überraschend: Sie hat ihm bereits zwei Kinder geschenkt.

Jochen Mass wird die neue Nummer 2 bei McLaren, das Yardley-Team löst sich auf, genauso wie das Hexagon-Brabham-Team. Damit hängt John Watson — vertraglich an Bernie Ecclestone gebunden — in der Luft.

Bernie fragt ihn: „Willst du warten, bis sich einer den Fuß bricht, Blödsinn macht oder in einem guten Team ein Platz frei wird? Oder willst du zu Surtees?" Einen Tag vor Weihnachten nimmt der Ire das Surtees-Angebot an. Der grauhaarige „Big John", der Helmut Koinigg im letzten Saisonrennen 1974 durch Todessturz wegen Reifendefekts verloren hat, versucht einen neuen Anfang. Jedoch mit zuwenig Geld:

Um 108.000 Pfund prozessiert er mit B & O, dem Vorjahrssponsor. „Matchbox" zahlt nur 10.000 Pfund. Sechs Mechaniker werden entlassen, die anderen sind auch bald müde, um 200 Schilling Taggeld zu streiten. Aber das Auto, sagt Watson, „ist nicht so schlecht". Surtees kann nur neidisch auf Brabham blicken, denn: Den großen Sponsor-Coup landet Bernie Ecclestone.

Jahrelang hat Bernie Firmen, die mit Schecks winkten, abgeschüttelt: „Wollen Sie mich beleidigen?" Bernie hat Geld wie Heu, ihm gehören auf vielen Flecken der Landkarte riesige Wälder, und neulich berichtete sein Teammanager Herbie Blash: „Bernie hat sich einen See gekauft." Du meinst einen Fischteich, korrigierte Jimmy Haslinger vom Österreichring, ein leidenschaftlicher Angler. „Nein, einen See, wirklich."

Jetzt bekommen Ecclestones „weiße Jungfrauen" blau-rote Streifen und heißen Martini-Brabhams. „Für wieviel Geld?" läuft bei Bernie das Telefon heiß. Für soviel: 250.000 Pfund (10 Millionen S) plus Bonusgelder für Weltmeisterschaftspunkte plus Sonderzahlungen für Placierungen unter den ersten drei plus Werbegelder für Reutemann und Pace, zusätzlich zu deren Jahresgagen (1,8 bzw. 1,3 Millionen S). Martini, the right one. „Für uns", sagen die Grafen Rossi, „ist Brabham das perfekte Formel-1-Team: Fröhlich, professionell, kämpferisch."

Als zu kämpferisch entpuppt sich ein junger Argentinier, den Fangio an Hill empfohlen hat, bei Goodwood-Testfahrten: Er schmeißt den Embassy-Hill schon in der ersten Runde gegen den Erdwall. Totalschaden. Tests bei BRM enden unfallfrei, dafür bricht sich Louis Stanley in seinem Landhaus in Cambridge beim Stiegensteigen den Knöchel: Motor Racing is dangerous. Seine Geschäfte mit den Arabern muß der BRM-Chef vom Bett aus abwickeln.

Auf holländisch schaltet Ensign-Boß Mo Nunn, die Asterix-Figur im Formel-1-Zirkus: Der niederländische Alarmanlagen-Bewachungsdienst „HB" kauft Roelof Wunderink ein, Gujs van Lennep steht auf dem Sprung.

Und Wilson Fittipaldi — der Bruder des Weltmeisters — feiert nach einjähriger Rennpause ein Comeback im eigenen Auto: Dem „Copersucar", in dem „das ganze Herz Brasiliens" steckt. Finanziert wird der silbrige, niedrige Wagen mit 500.000 Dollar (etwa 9 Millionen S) von der Zuckerindustrie, hat als Treibsatz also „Brasiliens süße Energie", wie man vom Heckflügel abliest. Jackie Stewart klopft mit den Fingern Samba: „Karneval-Trommel", sagt er, „kehrt nach Saisonende wieder in den Busch zurück."

Wilson Fittipaldi schart um sich eine Bande fanatischer Enthusiasten mit flackernden Augen. Mechaniker: Der Japaner Itoh. Konstrukteur: Der Brasilianer Richard Divila. Teamchef: Der Mexikaner Jo Ramirez, der frühere Tyrrell-Mechaniker, jahrelang für Cevert, zuletzt für Depailler. „Ich kann dir weder diesen Job noch so viel Geld bieten", hat Tyrrell Jo freigegeben, „aber wenn du zurückwillst: Ich nehm dich jederzeit."

„Als Mechaniker war ich am Abend fertig. Als Teammanager", klagt Ramirez, „fangen abends erst meine Sorgen an." Denn: „Wenn sich das neue Auto für Starts qualifizieren kann, heißt das für Wilson soviel wie einen Grand Prix gewinnen", attestiert Emerson Fittipaldi dem Bruder. „So wichtig ist der Copersucar für den südamerikanischen Rennsport."

Erste zaghafte 30 Testrunden in Interlagos, mit 8000 Touren: Benzindruckprobleme. Emerson flüstert mir: „Wilson hat an seinem Auto ein paar technische Tricks, die er sogar mir verheimlicht hat. Damit ich sie nicht an McLaren verraten kann ... Aber wenn's mir Teddy

Mayer erlaubt, probier ich gern einmal den Copersucar. Damit ich Wilson Tips und Ratschläge geben kann."
Während sich Südamerikas erster Formel-1-Wagen langsam aus den Windeln schält, schmiedet die europäische Konkurrenz, wie jeden Winter, ihre Waffen in Südfrankreich: Auf dem Circuit Paul Ricard. Ferrari schickt zu den Testfahrten, „weil auch Fittipaldi, Reutemann und Scheckter dort sind", noch nicht den neuen 312 T, sondern den alten B 3. Was für Regazzoni einen wesentlichen Unterschied ausmacht: Auf der langen Mistral-Geraden bricht ihm bei 290 km/h ein Hinterrad weg. Der Ferrari wird zwischen den Leitplanken hin- und hergeschleudert. Ohne Kratzer steigt Regazzoni aus.
Danach tankt er mit Lauda ein paar Tage lang Fitneß im „Champagnerklima" von St. Moritz. Langverdiente Ferien, denn: Zwei Tage nach dem technischen K. o. von Watkins Glen haben Lauda und Regazzoni bereits die neue Arbeit aufgenommen, wochenlang Sparringrunden Fiorano gedreht. Und Mitte Jänner müssen sie schon wieder gegen die englische Konkurrenz in den Ring. Auf neutralem, aber sehr heißem Boden: Argentinien.
Andere, wie Lotus und Shadow, absolvieren inzwischen fleißig Schattenboxen. Mit Ronnie Peterson in der Mitte.

BUENOS AIRES: FITTIPALDI — WER SONST?

Trotz Lauda behaupten im Winter 1974/75 noch viele: Der Schnellste überhaupt ist Ronnie Peterson. Aber der Schwede — und sein Team Lotus — haben schlimme Sorgen, von denen lange niemand weiß.
Im September 1974 hat Sponsor John Player noch Lotus-Chef Colin Chapman aufgefordert: „Laß dein Privatflugzeug in unseren Farben lackieren, schwarz-gold" — doch als die Lotus-Crew vom amerikanischen Grand Prix heimkam, lag da ein Brief: „Sorry, aber unsere Zusammenarbeit ist damit beendet. Erstens wegen der neuen englischen Zigarettenwerbungsgesetze. Zweitens wegen der allgemeinen wirtschaftlichen Krise. Sorry und beste Grüße — John Player und Sohn." Als Beilage mitgeschickt: Eine Presseaussendung.

Als erstes kämpfte Chapman darum, diese Presseerklärung zurückzuhalten. Als zweites holte er seinen Teammanager, Peter Warr, aus Ibiza-Ferien zurück. Und dann begann eine endlose Serie von Konferenzen.

Nur drei Monate Zeit, um einen neuen Sponsor zu finden — für Lotus die Stunde Null. Also schlug Chapman den Zigarettenleuten vor: „Zahlt, bitte, wenigstens die Löhne für drei Monate, damit wir unser Team zusammenhalten können." Gegenfrage: „Wieviel Geld ist das Minimum, damit ihr nicht nach 15 Jahren aus dem Rennsport aussteigen müßt?"

Chapman nannte eine Summe: „Aber damit fahren wir mit Jim Crawford oder irgendwem — doch nicht mit Peterson." Weitere Meetings folgten. Und langsam dämmerte es John Player: „Hätten wir 1973 schneller reagiert, hätten wir nicht Fittipaldi an Marlboro (weil an McLaren) verloren. Wir wollen nicht das gleiche mit Peterson erleben."

Ronnie hatte im November — auf einer Japanreise — erstmals gehört, daß Lotus Geldprobleme hat. Dabei hatte er, Peterson, im Sommer 1974 Traumofferte von Shadow und Penske ausgeschlagen und (in einem Wohnwagen in Zeltweg) für zwei weitere Jahre für Lotus unterschrieben. Zahlungsmodus: Erste Gagenhälfte am 1. Jänner, zweite Hälfte am 1. Juli.

Aber Chapman stand mit leeren Händen da: „Ronnie, würdest du bitte auch für weniger Geld weiterfahren?" Peterson trotzte und ging mit Shadow-Teammanager Alan Rees, seinem alten Busenfreund, abendessen. „Ich bin in Troubles ..."

Lotus war in noch größeren Schwierigkeiten: Im November/Dezember kaum ein Auto verkauft, die Wochenproduktion sank von 40 auf 16 Stück, Entlassungen wurden nötig. „Verzichten wir doch auf Argentinien und Brasilien, fangen wir erst im März in Südafrika an! Das läßt uns Zeit, einen Sponsor zu suchen, einen neuen Formel 1 zu bauen", schlug Warr seinem Chef vor. Chapman wollte davon nichts wissen: „Ich hab noch nie einen Grand Prix ausgelassen, außer Monza 1970, aber damals war Jochen verunglückt."

Wer von beiden — Chapman oder Warr — den Plan ausheckte, ist unklar, sicher ist aber: Es war Lotus' Idee, Peterson an Shadow zu

verschachern. Oder, präziser: Gegen den Shadow-Fahrer Tom Pryce, der Chapmans Gehaltsforderungen eher entspricht, zu tauschen. Am Neujahrstag 1975 fuhr Ronnie ins Shadow-Hauptquartier Northampton und ließ sich einen Sitz anpassen . . .
Shadow-Besitzer Don Nichols erinnert sich noch genau, wie Peterson im Wörterbuch nachschlug und sagte: „Die Lotus-Situation ist höchst entsetzlich, most appaling . . . or even worse. Oder noch schlimmer."
Don Nichols: Er ist die Zorro-Figur im Formel-1-Zirkus. Immer schwarz gekleidet, mit breitkrempigem Hut, Ziegenbart, pausenlos die Filmkamera im Anschlag, pflegt er durchs Fahrerlager zu schleichen: Der genaue Schattenriß des Zorro, den Nichols, als er noch ein Bub war, in den Fernsehserien so heiß verehrt hat.
Die schwarze Farbe — die Pop-Farben tauchten erst später auf — entspricht Nichols' Sinn für schwarzen, oft makabren Humor.
Früher war er Fallschirmjäger-Oberst. Er hat auf Sizilien gekämpft, mit der berühmten 101. Division die Invasion in der Normandie mitgemacht und war in Korea. „Nachher war's sinnlos, ohne Krieg Soldat zu bleiben." Von seinem Armeesold kaufte er sich 1950 einen Jaguar XK 120, „den vierten, der nach Amerika kam; den ersten kaufte sich Clark Gable". Gelegentlich fuhr Nichols Autorennen, und er verrät mir: „Ich war auch CIA-Agent in Hongkong", auf heißem Pflaster also.
Wie er den Konnex Krieg—Auto sieht? „Wie der Komiker, der behauptet, am liebsten würde er den Hamlet spielen." Nichols spielt nicht Hamlet, sondern Zorro, und zur Bühnenausstattung gibt ihm der UOP-Konzern in Chicago jährlich eine Million Dollar.
„Wir haben aber nur Handschlagabkommen", verrät mir Nichols, „bloß im ersten Jahr existierte ein schriftlicher Vertrag. Prompt ging uns nach der halben Saison das Geld aus. Aber: Für dieses Geld bin ich UOP gegenüber zu Erfolgen verpflichtet, und dieses Pflichtgefühl war zum Beispiel stärker als meine Freundschaft zu Jackie Oliver, den ich aus dem Formel-1-Vertrag entlassen mußte . . . weil er nicht schnell genug war."
Hier spricht der korrekte alte Soldat. „Und ich wüßte keine bessere Erfolgsgarantie als Ronnie Peterson."

Zwischen zwei schwarzen Autos, Lotus und Shadow, hin- und hergerissen, beschließt Ronnie, nichts zu tun. Große Veränderungen in seinem Leben hat er nie gemocht. Was bedeutet: Bei Trainingsbeginn klettert er in einen Lotus. Was Jackie Stewart bereits argwöhnen läßt: „Die Lotus-Situation ist — finanziell und politisch — die böseste, die ich seit langem erlebt habe. Und Ronnie wird eine der Tragödien dieses Jahres."

Als das erste Kapitel der Grand-Prix-Story 75 aufgeschlagen wird, hat sich technisch einiges verändert. Bei Shadow: Ein nagelneuer DN 5 für Jean-Pierre Jarier. Bei McLaren: Neue Frontpartie, neue Vorderradaufhängung. Bei Tyrrell: Die vorderen Bremsen wieder von innen nach außen transferiert. Bei Hesketh: Neue, revolutionäre Gummifederung. Und bei Brabham: 146 Detailänderungen an den BT 44, die jetzt 44 B heißen.

Goodyear hat 1200 Reifen eingeflogen, Mario Andretti (wegen angedrohtem Kidnapping) eine Leibwache gemietet und Ferrari noch die alten B 3 geschickt: Mit 615 kg um 40 kg übergewichtig, bloß die Tyrrells sind mit 620 kg noch schwerer. Aber alle anderen haben, wie die Boxersprache sagt, Gewicht abgekocht. Und so bitterhart Lauda und Regazzoni auch schuften, mit allem Risiko — sie kommen einfach nicht auf gute Zeiten.

Dieter Stappert von „Powerslide" spürt Mitleid für Montezemolo, der wie ein Bündel Elend in der Box hängt, Gesicht zwischen den Knien vergraben: „Nach einer Viertelstunde Grand-Prix-Jahr ist er schon wieder reif für einen Erholungsurlaub."

Alle im Autodrom brüllen sich heiser für „El Lole", ihren Liebling Carlos Reutemann — und kennen nicht das stille Drama des Carlos Pace: In Watkins Glen hat er, „weil der Brabham links so scharfe Kanten hat", in Rechtskurven immer heftigere Schmerzen verspürt und sich (wie später ein Arzt in Sao Paulo feststellte) während des Rennens eine Rippe gebrochen!

Jetzt, in Buenos Aires, bricht der alte Bruch wieder auf. Pace muß aus dem Auto gehoben, mit Akupunktur behandelt werden. Später bekommt er noch „Painkillers": Schmerzstillende Tabletten.

Verblüffend, daß sich Pace trotzdem in die erste Startreihe vorkämpft. Und die noch größere Sensation, wer Pol-Position heraus-

fährt: Jean-Pierre Jarier, 1974 nie besser placiert als in der dritten Reihe (Monaco und Mosport), verbläst die Konkurrenz mühelos, als würde er mit allen spielen. Er fährt wie mit Adrenalinspritzen. „All dieses Gerede wegen Peterson und Shadow“, gibt der Franzose zu, „hat mich aufgeputscht und aufgestachelt.“
Am zweiten, heißeren Trainingstag mobilisiert Lauda in sich (und dem B 3) die letzten Reserven, riskiert soviel, „daß ich sogar einmal auf der Wiese ein Polizeipferd nur um ein paar Zentimeter verfehle“ und tigert sich, hinter Jarier—Pace, zu Reutemann in die zweite Reihe vor. „Grazie, Niki“, bedankt sich Montezemolo, doch alle fürchten: 1975 wird für Ferrari so beginnen, wie 1974 geendet hat. Mit einer Niederlage: Lauda Trainingsvierter, Regazzoni nur Siebenter.
Aber Clay ist erstaunlich aufgekratzt, als die Ferrari-Crew Sonntag per Taxi ins Autodrom fährt. Mit den Fingern läuft er Slalom durch die Startaufstellung: „Überhaupt kein Problem: Drei überhol ich am Start, einen in der ersten Kurve, einen in der ersten Runde, einen in der zweiten, und in der dritten bin ich in Führung.“
„Und dann?“, schaut Lauda den Teamgefährten leicht entgeistert an, „dann gewinnst du das Rennen?“
Regazzoni funkelt Niki mit seinem Katerblick an. „Vielleicht“, sagt er und trommelt lässig mit den Fingern: Charles Bronson, schweizerisch. Die Atmosphäre im Taxi knistert. „Aber dann muß auch Lauda lächeln: „Bitte, Luca“, mahnt er Montezemolo, „sag Clay, er soll nicht gleich in der ersten Kurve Casino machen.“ Doch der Rennleiter ist schon jetzt dem Herzschlag nahe, weil man das Taxi nicht ins Autodrom einfahren läßt . . .
120.000 Argentinier feuern ihre „Lole-Lole“-Schlachtgesänge zum Himmel, der verhüten möge, daß Reutemann (wie 1974) mit 28 Sekunden Vorsprung zehn Kilometer vor dem Ziel wegen Benzinmangels liegenbleibt. 30.000 Brasilianer tanzen Samba für Pace und die Brüder Fittipaldi.
An Pol-Mann Jarier denkt niemand. Die Shadow-Mechaniker haben über Nacht, „damit ja nichts passieren kann“, ein neues Differential eingebaut. Und ausgerechnet jetzt, als Jean-Pierre zur Aufwärmrunde losfährt, bricht nach dreißig Metern das Kegel- und Tellerrad.

Ferraris sechster Weltmeister – Niki Lauda im 312 T

Der „unheimliche Mann in schwarz“ — Jarier (17) schockiert zu Saisonanfang mit zweimal Pole-Position

So feiert Südamerika seine Sieger: Oben Reutemann, Fittipaldi, Hunt in Buenos Aires – unten Pace in Interlagos

Erst Totalschaden, dann Heimsieg — Scheckter in Südafrika

Am Tag nach der Weltpremiere des 312 T: Kyalami Ranch, Ferrari-Depression. Links Mauro Forghieri, rechts Luca Montezemolo, neben Niki Lauda: Heinz Prüller

Die Erpressung von Barcelona: Oben Lauda, Stewart, Scheckter, Hunt, links Ecclestone und Mosley, rechts Tyrrell. Die „Ersatzfahrer“ standen schon parat — wie Filmdoubles in Hollywood.

Montjuich-Park, 25. Runde, Rolf Stommelen

Rücktritts-Entschluß in der Badewanne: Hill mit Stommelen (links), mit Brise (rechts): „So selbstbewußt wie Clark und Stewart“

Die Monteure, in Panik, schieben den Shadow zur Box zurück. Alle Zähne sind ausgebrochen. Acht Minuten vor dem Start kann das kein Mensch mehr reparieren — und Ersatzauto hat Shadow keines da.

Der Trainingsschnellste muß kampflos aufgeben. Grenzenlos enttäuscht, den Tränen nahe, nimmt Jarier den Helm ab, legt die flammensicheren Handschuhe hinein und setzt sich auf die Boxenmauer, um den Start anzuschauen. Sein Platz, neben Pace und vor Reutemann, bleibt leer. Deprimierende Perspektive: Dem Franzosen muß zumute sein, als wäre er beim falschen Rennen.

Pace beginnt es, ehe die blau-weiße argentinische Nationalflagge gefallen ist. Aber Reutemann nützt alle Heimatrechte (und den freien Platz vor sich) und startet noch früher, genau wie Peterson — Ronnie jedoch aus der sechsten Reihe! Im Startrundengetümmel kollidieren Scheckter und Maß, beide müssen an die Box: Jody zum Reifen-, Jochen zum Schnauzenwechsel.

Aber die außer Rand und Band geratene Menge hat nur Augen und Ohren für die weiße 7: Carlos Reutemann. „El Lole“ führt vor Pace, Lauda, Hunt, Fittipaldi, Peterson — schon etwas zurück: Regazzoni nach einem kurzen Ausflug ins Gras, gefolgt von Depailler und Andretti.

Die führenden Martini-Brabhams wirken schnell und beherrscht; Hunt ist unberechenbar; Fittipaldi lauernd; aber der Mann im ersten halben Dutzend, der sich das Herz aus dem Leib fahren muß, um mitzukommen, ist Lauda: Hier Gegenlenken, dort ein Rad im Gras. In der 7. Runde geht Hunt an Lauda vorbei, ist also Dritter; in der 13. überholt Pace seinen führenden Brabham-Kameraden Reutemann, ist also Erster. Fast gleichzeitig bricht an Wilson Fittipaldis „Copersucar“ eine Halbwelle. Das Rad blockiert, das Auto kracht in die Leitplanken, Wilson rettet sich — aber sein Wagen geht in Flammen auf.

Das Vorbeirasen am Feuer- und Rauchpilz raubt Pace für einen Moment etwas Konzentration: Er dreht sich und fällt, weil Reutemann, Hunt, Lauda, Fittipaldi, Regazzoni, Depailler vorbeistechen, auf den 7. Platz zurück. Emerson, formatfüllend in Laudas Rückspiegel, blickt zweimal fragend zu seiner Box. Endlich kommt das Signal heraus: „Fitti ok“, Bruder also unverletzt.

Der arme Jarier hat bis jetzt Rundenzeiten gestoppt. Was die Uhr anzeigt, bestätigt ihm, was er heute noch fest glaubt: „Es wäre mein Rennen gewesen, und ich hätte es sicher gewonnen.“ Denn: „Die anderen fahren so langsam, ich wäre viel schneller gewesen. Jetzt bin ich noch mehr enttäuscht.“ Kurz vor Halbzeit streift Jarier den Overall ab, schlüpft in Jeans und läßt sich vom argentinischen Tourenwagenmeister Pepe Miglio ins „Sheraton Hotel“ zurückbringen. Wie der Gran Premio weitergeht, hört Jean-Pierre im Autoradio, und Pepe dolmetscht für ihn.

Den großen Angriff startet Fittipaldi in der 22. Runde: Er überholt Lauda „und fährt mir glatt davon“, wie sich Niki wundert. Sein Ferrari übersteuert immer bösartiger. Lauda wittert zuerst einen geometrischen Fehler, dann einen defekten Stoßdämpfer. Tatsächlich aber hat Goodyear auf der Innenseite des linken Hinterreifens eine Schicht Gummi vergessen . . . so fährt Lauda bald nur noch mit halbem Reifen: Bloß 20 cm Auflage.

Auf Fittipaldis Tempoverschärfung reagiert Hunt als Erster: Mit der schnellsten Runde nähert er sich Reutemann, der nicht mehr schneller fahren kann: „Da tut sich plötzlich im Rennen eine Mauer auf, die die anderen durchstoßen können; ich kann's nicht.“ In der langgezogenen 5.-Gang-Kurve vor der Gegengeraden, dem einzigen Überholplatz, hat Carlos zuviel Untersteuern, „was mich 200 Touren kostet“.

Genau dort kämpft ihn, in einem Balanceakt ganz ohne Netz, James Hunt in der 25. Runde nieder, genau dort donnert in der 26. auch Fittipaldi an Reutemann vorbei. Den Weltmeister im Nacken, diesem Druck hält Hunt nur bis zur 34. Runde stand: Er dreht sich in der Haarnadel, Fittipaldi geht erstmals in Führung und bleibt auch dort.

Pace holt auf Platz 4 auf, bis sein Motor zerplatzt, was auch Peterson passiert ist. In der 38. Runde tauschen die waidwunden Ferrari-Krieger ihre Positionen: Regazzoni mit einer riesigen Rauchfahne, Lauda mit seinem halben Hinterreifen. Niki muß auch noch Depailler vorbeilassen. Als Draufgabe bekommt er später im Fahrerlager von den Polizisten mit Tränengasgewehren eine auf den Kopf.

Fünf verschiedene Marken auf den ersten fünf Plätzen, vier Mann in Führung: Was für ein Saisonauftakt. Gewonnen hat dieses taktisch schwierig anzulegende Hitzerennen einer, der schon viele Große Preise aus dem Hinterhalt gewonnen hat. Fittipaldi — wer sonst?

„Wenn die Zielflagge näherrückt, ist Emerson immer da. Oft aus dem Nichts, von irgendwoher kommend“, sagt Carlos Reutemann, der seine Heimniederlage (3. Platz) einem abgefahrenen linken Hinterreifen verdankt. Fittipaldi gilt nach seinem 13. GP-Sieg, vor Beginn der Lauda-Triumphserie, noch als Musterbeispiel des „denkenden Piloten“.

McLaren-Chefmechaniker Dave Luff: „Das ist der Grund, warum der kleine Mann so viele Rennen gewinnt und so viele Punkte macht.“

Ein abendfüllender Film preist Fittipaldi als „Twice und future king“; den zweimaligen und auch künftigen König. „Emerson ist immer noch der Mann, den es zu schlagen gilt“, notiert Stewart, „aber viele andere sind heutzutage schon schneller als er.“

„Fitti“ startet zumeist schlecht. Gewaltaktionen à la Regazzoni oder Peterson, die sich aus der vierten Reihe in die zweite Position vorpracken können, sind ihm fremd. „Wahrscheinlich, weil er sein Auto schonen, ihm nicht weh tun will“, vermutet Dave. Und im Zweikampf? „Im Monza-Duell 1974 mit Peterson hätte sich jeder andere zum Überholen verleiten lassen, was einen Doppelunfall ausgelöst hätte. Emerson blieb lieber Zweiter.“ 1973 waren Emerson und Ronnie noch Lotus-Teamkameraden. „Vor dem Schweden“, bekennt der Brasilianer, „habe ich aus irgendwelchen Gründen mehr Respekt als vor allen anderen.“

„Wie lange willst du noch Rennen fahren?“, hat kürzlich Maria-Helena, Fittipaldis Frau, gefragt. „Nicht mehr allzu lang“, hat Emerson geantwortet. Seiner Gattin konzediert er in diesem Punkt kein Mitspracherecht: „Ich entscheide mich unbeeinflußt, ganz allein.“ Und bald seufzte Maria-Helena: „Als ich sah, wie enthusiastisch Emerson im Hotelzimmer seine Sachen auspackte, wie begeistert er

schon vom bevorstehenden Rennen sprach, da war mir klar: So bald hört er nicht auf.“
Wenn „Fitti“ auspackt, ist auch immer eine speziell für ihn entwikkelte, speziell bearbeitete Rennunterwäsche dabei: Von Genf nach Österreich geschickt, hier weiterbehandelt, dann wieder zurück. Und pausenlos wird im Labor getestet — mehr eigentlich als (bis Juni) bei McLaren.
Emerson beschäftigt sich viel mit Sicherheitsproblemen. Aber er gibt zu: „Keiner von uns hat das Recht, über Fangzäune und Leitplanken zu reden, wenn er in Monte Carlo startet.“ Fittipaldi ist nicht abergläubisch, aber gläubig. „Er vertraut“, sagt Maria Helena, „in seinem Metier ganz dem alten Mann da oben. Und nicht seinem Horoskop.“
1974 waren Fittipaldis Sterne günstig gestanden: Weltmeister im letzten Rennen. Zwei Tage nach Watkins Glen jagte er damals mit einem USAC-McLaren durch die „Hölle von Indianapolis“. McLaren hatte ihn nicht gedrängt, es war „Fittis“ eigener Wunsch.
Er blieb zwei Tage und fuhr auf Anhieb Rundenschnitte von 295 km/h! „Fantastisch“, schwärmte er, „aber ein Rennen würde ich in Indianapolis nie fahren. Solang man allein bleibt, ist alles kein Problem. Aber im Pulk, bei diesem Tempo, wenn vor dir etwas passiert — du hast einfach keine Chance.“ Als Maria-Helena von diesem Experiment hörte, hat sie (sagt man) geweint.
Die Tränen trockneten beim stürmischen Weltmeisterempfang in Sao Paulo: Die ganze Stadt stand kopf, auf Emerson prasselte ein Konfettiregen nieder. Danach versteckte sich die Familie für ein paar Ferientage — unerreichbar, ohne Telefon — auf einer Urwaldinsel. Mit Baby Juliana, die Maria-Helena zärtlich „Miß Brasilia“ nennt.
Emerson führt Julianas Foto immer im Cockpit mit: Zwischen Benzin- und Öldruckmesser, gleich neben dem Madonnenbild. „Leider habe ich für Juliana viel zuwenig Zeit. Einmal, als ich sie nach ein paar Wochen in Europa auf den Arm nahm, hat sie geweint. Irgendwann wird sie anfangen, ‚Onkel‘ zu mir zu sagen ...“ Inzwischen verdient Fittipaldi Geld. Am meisten von allen. Etwa 10 Millionen Schilling pro Jahr, schätzt man.
„Geld ist nicht alles“, sagt Maria-Helena, „aber leider doch sehr viel.“

Ein fettes Business jedoch rann „Fitti" durch die Finger: Im November 1974 schloß er mit BMW einen Generalimport-Vertrag für Brasilien ab. Im Dezember erließ die Regierung Einfuhrverbot. Im Jänner mußte Emerson nach München, um den Vertrag zurückzugeben. „Ich hatte schon alles fix und fertig, sogar die Büroräume", klagte er, „und jetzt hab ich viel Geld und Zeit verloren. Zeit vor allem."
Emerson fehlt jeder Zeitbegriff. Sein Sao-Paulo-Haus zum Beispiel hat nicht eine einzige Uhr. Dafür befiehlt im McLaren-Team pausenlos der Sekundenzeiger. Dave Luff über das Firmenprinzip: „Du mußt eisern, diszipliniert, kühl, ruhig bleiben; genau überdenken, was du willst; und es dann in größtmöglicher Eile tun. Sonst bist du immer in Schwierigkeiten."
Bei McLaren haben alle das Recht, etwas zu sagen: Auch die Piloten und Mechaniker. Alles Zahnräder einer Maschinerie, denn so funktioniert McLaren: präzise, aber cool. Es fehlt die überschäumende Leidenschaft von Ferrari, der trockene Schmäh von Tyrrell, die Warmherzigkeit von Brabham, die Fan-Stimmung von Lotus . . . wenn man dort gewonnen hat.
Manchmal denke ich: Schade, daß der emotionsstarke, aufrichtige Fittipaldi, von dem sein Manager Domingos sagt: „Er hat nie in seinem Leben gelogen!", den Firmengründer Bruce McLaren niemals getroffen hat. Bruce war im Juli 1970 verunglückt, Emerson im Juli in die Formel 1 eingestiegen.
„Du hast meinen Grand Prix gewonnen", verabschiedet sich Reutemann in Buenos Aires von Fittipaldi, „dafür gewinne ich in Brasilien deinen." Die Zeit bis dahin verbringen viele am Strand von Guaruja. Stommelen bleibt am längsten in Buenos Aires. Jarier taucht auf der Copacabana unter, zum Wellenreiten und Tennisspielen. Und Lauda ist auf der riesigen Hazienda des Agnelli-Neffen eingeladen: Christiano ist Hobbyflieger. „Arbeitest du auch manchmal?", fragt ihn Niki. „Ja, als Kunst- oder Turmspringer", sagt Christiano.
Forghieri, den Ferrari extra zum brasilianischen Grand Prix einfliegt, reklamiert: „Als Bub bin ich von Felsen, aus 24 Meter Höhe, ins Meer gesprungen." Damit hätte er sich sogar bei den „fliegenden Azteken", den Todesspringern von Acapulco, etwas Taschengeld verdient.

INTERLAGOS: PACE — IM SCHATTEN DES SHADOW

Zwei Teammanager fliegen von Buenos Aires via Europa nach Sao Paulo. Alan Rees (Shadow) liefert bei der Firma Hewland Jariers zerbröseltes Kegel- und Tellerrad ab, wobei sich ein Materialfehler herausstellt: Das Rad war aus dem falschen Stahltyp gefertigt, „EN 24“ statt „EN 34“. Peter Warr (Lotus) holt komplett neue Hinterradaufhängungen.

Mag sein, daß sich die beiden Gentlemen in England treffen, denn der Kulissenkampf um Peterson geht Mitte Jänner weiter.

Ronnie unterzeichnet bei Shadow-Sponsor UOP in Chicago einen Vertrag, und sein Manager Sven-Erik Eriksson unterschreibt gleichzeitig in England für Shadow. Mit der Klausel: „Wenn ihn Lotus freigibt.“

Lotus gibt nicht. Chapman kämpft wie ein Verrückter um Ronnies Weiterverbleib und bombardiert den Schweden, der im Hilton Hotel von Sao Paulo am Dach-Swimmingpool liegt, mit Telefonanrufen: „Ich erlaub dir Shadow nicht! Du mußt bleiben.“

Die brasilianischen Zeitungen sind längst voll von Fotobeweisen: Peterson im Shadow-Cockpit, ganze Serien von Aufnahmen. Aber Ronnie ist gehorsam: Chapmans letztes Verbot — am Tag vor Trainingsbeginn — gilt für ihn.

Und so wechseln die Blätter bald zur Frage über: „Wer wird Dritter hinter Fittipaldi und Pace?“ Sao Paulo hat 9 Millionen Einwohner, aber ein Großer Preis kann hier nicht untergehen. Als Emersons Baby Juliana aus dem Bett fällt, schlagen die Zeitungen sofort Alarm . . .

Lauda kommt von seinen argentinischen Ferien stark verkühlt zum „glühenden Kohlenhaufen“: Interlagos. Diese bucklige, wellige, trickreiche Strecke stellt die Konstrukteure jedes Jahr vor neue Probleme. Manche wie Ken Tyrrell hassen diesen Kurs: „Hier und auf dem Österreichring haben meine Autos noch nie gewonnen — aber sonst schon überall.“

Goodyear offeriert nur zwei verschiedene Reifentypen: Die härtere Interlagos- und die weichere Buenos-Aires-Mischung. Und das Team, das sich wieder am besten auf die neuen Reifensituation einstellt, ist Shadow. Bei Ferrari ist die Aufregung am größten. „In Linkskurven untersteuern, in Rechtskurven übersteuern", rapportiert Lauda an Forghieri, der nur den Kopf schüttelt: „Das gibt es nicht." Später kommt man drauf, daß durch Mechanikerschlamperei Laudas B 3 links hinten um zwei Zentimeter höher gesetzt worden ist als rechts.

Fittipaldi bricht die Benzinpumpe. Peterson rauft mit unwuchtiger Bremsscheibe. Und der arme Pace kämpft mit Schmerzen im Genick, die so stark sind, daß er eine Halsmanschette braucht — plus Gummibänder, die den Helm am Cockpit festschnallen, weil in den schnellen Interlagos-Kurven die Fliehkräfte enorm sind. Dazu kommen die nicht ausgeheilten Rippenverletzungen.

Das größte Kopfweh bereitet aber dem gesamten Feld der „unheimliche Mann in Schwarz": Jean-Pierre Jarier im Shadow.

Am kühlen Freitagmorgen dominiert er das Feld mit 2:31,52. Am zweiten Tag knallt er, als noch niemand unter 2:31 gekommen ist, 2:29,88 auf die Bahn, — um 0,8 Sekunden schneller als der Nächste, Fittipaldi.

14 Tage nach Buenos Aires also: Schon wieder Pol-Position für Jarier. Und die schockierte Konkurrenz rätselt: Wird der bisherige Statist auf der Grand-Prix-Bühne zum Hauptdarsteller? Reift hier ein Superchampion heran, den man bislang arrogant übersehen hat? Oder ist der neue Shadow DN 5 ein Wunderauto?

Jarier hat dem Shadow-Konstrukteur Tony Southgate (früher BRM) schon im Sommer 1974 vorgeschlagen: „Wir brauchen ein leichteres Auto, wir sind um 30 Kilogramm zu schwer." Southgate schaffte 575 Kilogramm, ohne von den lebenswichtigen Stahlteilen auf Titan zurückzuwechseln. Vorn wanderten Stoßdämpfer und Federn nach innen (höhere Geschwindigkeit auf der Geraden), mehr Luft kam zu den Kühlern (keine Überhitzungsprobleme mehr), dazu kam eine neue Hinterradaufhängung (kein abruptes Übersteuern mehr in schnellen Kurven).

Die Lenkung, die Jarier am DN 3 als so schwergängig empfand, „daß ich glaubte: Nach 20, 30 Runden fallen mir die Arme herunter", wurde leichter. Und ein Metallteil zwischen Motor und Getriebe kann den Radstand beliebig um zehn Zentimeter verkürzen oder verlängern.

Aber das ist der anglo-amerikanische Job. In Jean-Pierre Jarier sehen viele „den typischen Franzosen": Enthusiastisch, eifrig (zu Trainingsbeginn fast immer als Erster auf der Bahn), Freude am Risiko. Dem Drachenfliegen zum Beispiel. „Ich hab schon an die 50 Drachenflüge hinter mir, will aber erst im Winter wieder fliegen. Nicht, daß es mir vertraglich verboten ist. Aber die Formel 1 ist für mich einfach wichtiger."

Jarier: Pausbäckig, etwas verspielt, oft nachdenklich. Dieter Stappert, der sich mit ihm einmal durch den Stoßverkehr von Brasilien kämpfte, denkt bei Jarier immer „an den Springinsfeld-Musketier d'Artagnan: Einer, der gar nicht richtig dazugehört, sich dank seiner Pfiffigkeit aber überall durchmischelt."

Jarier, früher Welthandelsstudent, hat immer Kumpels mit Geld. Schon 1973 hatte er sich mit Freunden zusammengetan und war die ganze Saison mit einer einmotorigen Maschine zu den Rennen geflogen — Formel 1 und Formel 2 (in der er damals Europameister wurde). Das Unternehmen wurde längst auf eine Piper-Navajo ausgedehnt. Jarier und sein Clan gelten im Grand-Prix-Zirkus als die „grenouilles" oder „French frogs": Die französischen Frösche.

Manchmal stellt ihm ein reicher Fan seine Privat-Jet zur Verfügung. Der Möbelmillionär Arnold — Jean-Pierres Sponsor aus Formel-3-Tagen — schenkte ihm voriges Jahr einen beige-metalliséefarbenen Ferrari GTB, einfach so, zum Spaß, „weil ich ihn mag"; gebraucht zwar, aber überholt und vollgetankt natürlich, nach dem Service.

„Ich begreife das nicht", schüttelte Jarier-Mechaniker Pete Kerr den Kopf, „mir hat noch nie jemand etwas geschenkt. Nur die Leute, die schon alles haben, bekommen alles weitere gratis." Und, grinsend: „Ich wüßte kein Stück, das sich Jarier selbst gekauft hat."

Doch hinter dieser leichtlebigen Fassade verbirgt sich ein zäher Berufssportler, der auch rechnen kann. Sein Shadow-Gehalt wird in Pfund gerechnet, aber in Dollars ausbezahlt. Weil jedoch das Pfund immer schwächer wurde, ärgerte sich Jarier über den Vertragstext.

Einen anderen Vertrag bereitet der Franzose zur Zeit der Südamerikarennen bereits vor. Einen längerfristigen — mit seiner Braut Caroline, einer Air-Inter-Stewardess, die er in der Luft kennengelernt hat. „Schon wieder typisch Jarier", grinst Pete Kerr, „mich hat noch nie eine Air-Hosteß angeschaut.“ Doch ist bereits beschlossen: Caroline wird, weil sie will, in ihrem Beruf weitermachen wie Jean-Pierre in seinem: „Ich bin jetzt das dritte Jahr in der Formel 1, höchste Zeit, daß ich zu entsprechenden Resultaten komme.“

Steht Jarier unter Druck? „Er steht immer unter Druck“, sagen seine Freunde. Beispiel: 1973 führte er im Formel-2-Rennen von Rouen nach der ersten Runde bereits mit vier Sekunden, in der zweiten drehte er sich. Warum? „Weil ich sechs Sekunden Vorsprung herausholen wollte“, sagte er selbstbewußt.

1974 wurde Jarier Nachfolger Francois Ceverts in der Prototypen-Mannschaft von Matra, als Copilot von Jean-Pierre Beltoise, der „Vaterfigur“ aller jungen französischen Rennfahrer. „Beltoise hat Jarier oft geschimpft, ihm jeden Fehler vorgehalten“, weiß jemand. „Es war eine strenge Schule, aber wahrscheinlich eine gute.“

Und jetzt merkt Jarier plötzlich, „daß ich Grand-Prix-Rennen gewinnen, ja sogar Weltmeister werden kann.“ Und: „Ich brauche nur einen Sieg, das wird mein Durchbruch, ich kenne mich. In der Formel 2 hab ich zwei Jahre lang überhaupt nichts gewonnen, bis Mallory Park, dann regnete es Siege: Weil ich Selbstvertrauen gefunden hatte.“ Für den Franzosen macht es einen großen Unterschied, „ob mein Auto ein Mitläufer ist oder ein potentieller Siegerwagen.“ Heißt das, daß er sich früher nicht restlos eingesetzt hat? „Früher fuhr ich mit 100 Prozent, jetzt mit 150.“

„Unser Auto“, lächelt Tony Southgate, „ist so gut, daß sogar der dicke Alan Rees damit gewinnen könnte.“ Rees selbst: „Wenn Jariers Auto und die Strecke zusammenpassen, ist er besser als jeder andere. Sobald er einen Vorteil hat und glücklich ist, kommt keiner mit ihm mit. Aber wehe, er muß kämpfen, strampeln, raufen. Dann verliert er die Lust. Wenn's nicht leicht geht, gibt er dem Auto die Schuld. Und sagt Unwahrheiten.“

Ein Rennsportweiser, der in Südamerika an einen „neuen Superstar Jarier“ nicht glauben will, ist Stewart: „Diese Überlegenheit resultiert aus einer Kombination Auto-Strecke, nicht mehr. Durchaus möglich, daß der neue Shadow das schnellste Auto ist. Aber siegen, das verlangt eine spezielle chemische Formel . . .“

Der DN 5 hat die große Chance, als erster amerikanischer Wagen seit Dan Gurney's Eagle (in Spa 1967) einen Großen Preis zu gewinnen. Weil Jariers Motor im Abschlußtraining zerplatzt ist, muß er mit dem einzigen übriggebliebenen Ersatzmotor ins Rennen: Tom Pryce's Reservetriebwerk von Watkins Glen.

Beim Sonntagfrühtraining kann Jarier auf der Geraden statt 10.700 nur noch 10.300 Touren drehen. „Damit kann ich den Windschatten der Brabhams nicht halten." Lauda trifft ein anderer Schreck: Die Welle einer der drei Ölpumpen ist gebrochen. Um den Motor zu wechseln, ist zuwenig Zeit. Also schraubt Ferrari das Heck des Muletto (Trainingswagens), somit Motor und Getriebe, ans Vorderteil des Rennwagens. Niki fährt, strenggenommen, mit zwei Autos. Und könnte nicht einmal das, müßte man nicht den Start, weil die Piste mit Dreck und Flaschen übersät ist, verschieben. Zehn Minuten, ehe die Flagge fällt, ist Laudas „Zwitter" rennfertig.

Niki steht neben Reutemann in der zweiten Reihe, hinter Jarier-Fittipaldi, vor Regazzoni-Pace. Der „Unheimliche in Schwarz" ist siegessicher: „Vom ersten Training weg hab ich hier ans Gewinnen gedacht", gibt er zu.

Jarier startet gut, Fittipaldi miserabel; seine Hinterräder drehen wild durch, der McLaren rührt sich lange nicht vom Fleck. Reutemann schießt mit einem Frühstart in Führung, verfolgt von Jarier, Pace, Regazzoni, Lauda, Scheckter und Fittipaldi. Vier Runden lang rechnet sich Jarier den Argentinier aus, studiert den Brabham und weiß bald: „Mit dem flachen Heckflügel ist er auf der Geraden sehr schnell, in den Kurven aber langsam."

Das Überholmanöver — in der 4.-Gang-Kurve nach der Geraden — ist atemberaubend: Jarier fährt, ohne zu bremsen, in die Kurve, an Reutemann vorbei, schlägt das Lenkrad ein und fängt erst jetzt an zu bremsen! „Mit dem DN 5 ist das möglich, aber sonst glaube ich mit keinem Auto."

Jarier führt also, erstmals in seinem Leben, in einem Grand Prix — und erschrickt. „Plötzlich wird's ganz ruhig um mich, eine unheimliche Stille, ohne die Auspuffgeräusche der anderen. Mich verblüfft das völlig. Prompt verlier ich die Konzentration und brauch ein paar Sekunden, bis ich wieder alles völlig unter Kontrolle hab."

Dann aber fährt der Franzose, ohne sichtliche Anstrengung, das Feld in Grund und Boden. Sein Vorsprung wächst pro Runde um zwei, drei Sekunden. Der enteilte, einsame Shadow erinnert viele an Jim Clarks größte Lotus-Tage; oder an Jackie Stewart 1971: Als würde Jarier außer Konkurrenz fahren. „Dabei hätte ich noch viel schneller sein können. Aber ich will Auto und Reifen schonen, die Reifen vor allem, also heißt es: Achtgeben, nicht zuviel rutschen."

Fast unwirklich, beängstigend für die anderen, aber wahr: 28 Sekunden Vorsprung hämmert Jarier bis zur 22. von 40 Runden heraus. Die Dramen ereignen sich heute im Schatten des Shadow: Reutemann sackt wegen Reifenschadens Platz um Platz zurück, bis er an die Box muß. Scheckters Öltank zerplatzt. Pace ist jetzt Zweiter vor Regazzoni und Fittipaldi; Jochen Mass, vom 12. Platz weg durchs halbe Feld nach vorne gestürmt, ist Fünfter, an Lauda bereits vorbei.

Niki hat seine schnellste Zeit in der 3. Runde gefahren, mit vollen Tanks, jetzt ist er vier Sekunden langsamer. So störrisch arbeitet sein „Zwitter". Außerdem beunruhigt ihn die bösartige Depailler-Schleifspur in der 280 km/h-Kurve nach den Boxen — die direkt in den Leitplanken endet.

Lauda argwöhnt einen Tyrrell-Reifenschaden, tatsächlich ist Depailler rechts vorn die Radaufhängung gebrochen. „Ich mahn' mich zur Vorsicht. Erst als mich Hunt angreift, fahr ich wieder mit mehr Risiko", beschließt Lauda. In Regazzonis linkem Vorderreifen fällt der Luftdruck um 0,8 atü . . .

Problemlos hält Jarier seinen 28-Sekunden-Vorsprung bis zur 25. Runde. Dann zeichnet sich das Ende der Ein-Mann-Show ab: Plötzlich fällt der Benzindruck, fast stirbt der Motor ab. In einer einzigen Runde verliert Jarier 12 Sekunden, hat also immer noch 16 in der Hand. Bis zur 30. Runde geht alles normal weiter. Dann läßt sich das Gaspedal immer schwerer durchtreten.

Jarier sucht nach einem raschen Entschluß: „Mir dämmert: Die Einspritzung. Also schalte ich die elektrische Benzinpumpe wieder ein, versuche zwei Runden lang alles, um den Motor am Leben zu erhalten." Aber Jarier verzweifelt.

Carlos Pace, schon um 28 Sekunden distanziert gewesen, kommt in Schlagdistanz. „Zuerst seh ich den Shadow, wenn ich in die Gerade einbiege: Nichts ermutigt den Verfolger mehr, als wenn er das Opfer vor sich hat. Und dann seh ich den Shadow im Sand stoppen."

Das ist die 33. Runde; Jariers Einspritzung ist endgültig festgegangen, das Gaspedal steckt fest. Was folgt, ist der lange Fußmarsch an die Box.

Ist Jarier zornig?

„Nein, nur enttäuscht, aber nicht wütend — auf wen auch? Ich weiß ja, was schuld ist; nicht ein Fehler, nicht Schlamperei, nur einfach Pech."

Woran er während des langen Rückwegs denkt?

„An Ronnie Peterson in Schweden 1973, weil ich sah, wie schlimm es für ihn war. Er verlor damals wegen der Reifen ... dafür hätten meine heute noch einen zweiten Grand Prix durchgestanden." Jarier hat recht: Bis auf den Einspritzungsdefekt ist der DN 5 völlig in Ordnung.

Der „Unheimliche" ist aus dem Weg, jetzt rüsten 180.000 Brasilianer zu einem Doppelsieg Pace vor Fittipaldi. Carlos hat 8 Runden vor Schluß 12 Sekunden auf Emerson. „In der nächsten Runde sind es 11 Sekunden, also: Wenn ich keinen Fehler mach, muß ich gewinnen." Die Hals- und Rippenschmerzen werden immer ärger, aber das Bewußtsein: „Heute gewinn ich meinen ersten Grand Prix", peitscht Carlos weiter. „Nur einer ist ausgefallen, Jarier, sonst keiner, und der Weltmeister liegt hinter mir", sagt sich Pace. „Schöner kann man nicht gewinnen."

Knapp sechs Sekunden trennen die beiden Brasilianer auf dem Zielstrich. Eine halbe Minute später kommt, als jubelnder Dritter, Jochen Mass, gefolgt von den Ferrari, Hunt, Andretti und einem bitter enttäuschten Reutemann. Der Abschleppdienst bringt zwei Shadows zurück ins Fahrerlager: Nummer 17, Jarier, und Nummer 16, Pryce — wegen Handlingproblemen in die Fangnetze geflogen.

Premierensieg für Carlos Pace, noch dazu zu Hause — was denkt er während der Auslaufrunde? Stewart hat sich 1966 in Monte Carlo nach der Zieldurchfahrt selber applaudiert „Bravo, Jackie, endlich dein erster Sieg! Bis mir einfiel: Ich hatte ja schon in Monza gewonnen." Auch Pace spricht mit sich und, mehr noch, mit seinem Auto, auf portugiesisch. „Ich bin sehr glücklich, tief befriedigt, aber ich jauchze nicht himmelhoch."

Zwei Brasilianer und ein Deutscher auf dem Siegespodest: Zersplittert das brasilianische Volk in zwei Parteien — pro Pace und pro Fitti?

„Ich glaube: Die Leute freuten sich mehr, weil ich gewann und nicht Emerson. Weil ja alle wissen: Ich hatte solang schlechte Autos, falsche Reifen . . . und nie Glück in Interlagos: Ein einziges Formel-2-Rennen gewonnen, sonst nichts, all die Jahre."

Fittipaldi gratuliert neidlos: „Du hast's ehrlich verdient", und das ist für Pace Evangelium.

Auch Martini dankt: Carlos on the rocks, pausenlos hochgeschupft von den tobenden Fans, „so daß mir schon egal ist, was sie alles mit mir anstellen. Da ist nur noch lauter Jubel in mir."

Juan-Carlos Pace, genannt „Moco" („der Schwerhörige") feiert in einer Discothek von Sao Paulo mit Ronnie Peterson „und etwa dreißig Freunden" — was für brasilianische Verhältnisse eine äußerst intime Party ist. Dann kehrt er in seine Drei-Zimmer-Wohnung in der Avenida Indianapolis zurück.

Was folgt, sind drei Tage Hektik. „Plötzlich ist mein Leben völlig verändert. Es gibt nur noch Fernsehen, Radio, Zeitungen, Magazine. Nach drei Tagen halt ich's nicht mehr aus und flüchte ans Meer, an den Strand von Guaruja."

Entweder dort oder auf dem Land, außerhalb Sao Paulos, will Pace einmal einen Bauernhof, „damit ich in aller Ruhe weiterleben kann. Das ist mein Traum, wenn ich mit dem Rennfahren aufhör."

Paces Familie bleibt, während sich der WM-Film 1975 weiterdreht, in Sao Paulo: „Mich beruhigt's, wenn ich weiß, sie ist zu Hause und es geht ihr gut." Carlos' Vater ist Italiener, der als 21jähriger nach Sao Paulo ausgewandert ist, seine Mutter Brasilianerin.

Den „Babyspeck", den z. B. Jarier mit sich herumschleppt, ist Pace im Winter 1974/75 losgeworden: Er hat 10 Kilo abtrainiert und wiegt nur noch 73. Sein Rezept? „Kein Cola, kein Brot, normal essen und viel Sport." Als Judokämpfer (brauner Gürtel) ist der Brasilianer seit 1973 nicht mehr aktiv.

Aber sein Aufbauprogramm vom letzten Winter ist beachtlich: Viermal pro Woche zumindest vier Stunden Körpertraining; in Brasilien

Schwimmen und Laufen, in England Laufen und Gymnastik. „Wahrscheinlich tut das niemand richtig gern, auch ich nicht, weil ich ein fauler Brasilianer bin — aber es hilft." Später, in Südafrika, sieht man Pace täglich von der Kyalami Ranch zur Rennstrecke laufen; und zurück: „Bis zum spanischen Grand Prix schwitz ich noch vier Kilo ab."

Pace drillt sich in Gedanken bereits für den letzten WM-Lauf in Watkins Glen: „An diesem Tag, wenn der Titelkampf entschieden wird, muß ich die beste Leistung meines Lebens bieten." Zum Weltmeister fühlt sich „Moco" befähigt, „denn heuer habe ich erstmals das richtige Material."

Den BT 44 sagt man nach, sie wären nur bei Backofentemperaturen und jenseits von 200 km/h, also in schnellen Hitzerennen, in Hochform. „Haben die Zeitungen erfunden", dementiert Pace, „das Auto ist überall gut. Aber auf schnellsten Strecken tut sich's leichter, und auch ich mag die schnellen Kurse mehr." Teamkamerad Reutemann auch: „Am liebsten jene, auf denen ich mit zwei Fingern lenken kann."

In noch einem Punkt stimmen die beiden Carlos überein: „Es wird die schwerste Saison der WM-Geschichte. Mit zehn Piloten, von denen jeder Weltmeister werden kann." Mit dem eigenen Teamkameraden als — vielleicht — schärfstem Rivalen? „Wenn es um den Titel geht", lächelt Pace, „bin bestimmt auch ich Egoist. Bis dahin sind wir alle ein Team; ein gutes, mit netter Atmosphäre."

Was ist, hat ein Freund des Brabham-Teams Bernie Ecclestone gefragt, wenn bei uns die Ferrari-Situation von 1974 eintritt?

„Wird nie eintreten", erwiderte Bernie, „Pace wird nie schneller sein als Reutemann." Abwarten, meinte der Freund, Pace gewinnt noch Rennen, die Reutemann nicht gewinnen kann.

„Also, wer ist jetzt deine Nummer 1?", fragt Lauda den Brabham-Boß.

„Der in der WM besser dasteht, also momentan Pace ... oder nein: Derjenige, der schon länger bei mir fährt."

Niki grinst Ecclestone an: „Das sagst du nur, weil Reutemann da im Liegestuhl lümmelt." Worauf der „Indianer" ein Auge halb öffnet

und gedehnt sagt: „Ach was, wir wechseln die Nummer 1 jede Woche."
Bei Ferrari teilt Montezemolo die Rechte und Pflichten so: „Fürs Testen hat Lauda Vorrang, weil er technisch so sensitiv, außerdem so fleißig ist. Regazzoni hat oft unheimliche Steigerung im Rennen. Einerseits ist Niki jünger und der große Mann der Zukunft. Aber Clay wollen wir, solange er bei Ferrari fährt, keine Nummer 1 aufzwingen."
Beiden, Lauda und Regazzoni, ist der Terminus „Nummer 1" „wurscht, solange mir Ferrari jederzeit die optimalen Konditionen bietet" (Niki) oder „solange ich gleich gutes Material bekomme, wovon ich überzeugt bin" (Clay). Da die „Squadra" in Südamerika mit dem B 3 schlecht abschnitt, wird für Südafrika die Entwicklung des 312 T beschleunigt. Für beide Piloten. „Das", nickt Montezemolo, „ist wohl unsere beste Antwort."
Zwischen Lauda und Regazzoni besteht totaler Gedankenaustausch. „Mit Jacky Ickx", erinnert sich der Schweizer, „gab's da immer kleine Eifersüchteleien." 1974 wurde die Lauda-Abstimmung immer haargenau aufs Regazzoni-Auto übertragen. 1975 nicht mehr. „Aber mehr oder minder finden beide den gleichen Weg", sagt Lauda-Mechaniker Cuoghi. „Nur weiß Niki meist den besseren Kompromiß zwischen vollen und leeren Tanks."
Nicht jeder mag, was auch der Teamkamerad mag:
Bei Brabham: Pace will sein Auto „stiffer" (härter) als Reutemann.
Bei Tyrrell: Wenn Scheckter und Depailler das gleiche Auto fahren, behauptet Jody: „Es übersteuert", Patrick jedoch: „Es untersteuert."
Bei McLaren: „Hulme hat nicht die Art gemocht, wie ich mein Auto abstimmte, und Mass mag's auch nicht", sagt Fittipaldi. „Der einzige, mit dem mein set-up übereinstimmte, war Peterson."
Also muß Mass allein weitersehen: „Fittipaldi schaut auf sein Geschäft, ich auf meines. Sorgen hat er selber genug" (trotz 15 WM-Punkten).
Das Problem verschlimmert sich, wenn zwei im gleichen Auto sitzen: Beim 1000-km-Rennen von Spa fuhr der von „Autosprint" zum „Weltmeister der Prototypenfahrer" hochgelobte Arturo Merzario (angeblich absichtlich) pro Runde um 20 Sekunden langsamer, damit

sein Copilot Jacky Ickx verlieren muß: „Meine Rache für alles, was er mir früher bei Ferrari angetan hat.“ Ickx entschuldigt den Kollegen: „Wahrscheinlich hat er sich nicht wohlgefühlt.“ In Belgien aber heißt Merzario seither nur noch „Merzero“ („zero“ = Null).

Objektive Perspektiven hat Jackie Stewart, als er im österreichischen Fernsehen auftritt: Mit grüner Weste und der Aufschrift „Sport am Montag“. Kichert Jackie: „Ich weiß nicht, soll ich mich wie Niki Lauda fühlen oder soll ich jodeln?“

Mögliche Champions sieht Stewart sechs: „Lauda, Fittipaldi, Pace, Reutemann, Hunt, Scheckter. Dazu kommt Regazzoni, der den Titelkampf sicher beeinflussen wird.“ Bei einem Londoner Buchmacher hat Stewart zum Kurs 10 : 1 bereits 10 Pfund auf „Weltmeister Lauda“ deponiert, „wenig für eine Niki-Wette, aber viel Geld für einen Schotten“. Und: „World Champion zu werden, das bedeutet viel mehr als Lenkraddrehen. Das hat Lauda gelernt. Er hätte schon 1974 Weltmeister sein können. Aber das wäre noch falsch gewesen.“

„. . . und wäre auch 1975 falsch“, donnert Ken Tyrrell, so dröhnend lachend, daß er hundert Zähne zu haben scheint. Aber bevor die jungen Löwen in die Arena von Kyalami stürmen, treffen sie Artgenossen.

KYALAMI: ERST TOTALSCHADEN — DANN HEIMSIEG

Fittipaldi (mit Maria-Helena), Mass und ihr Teamchef, Mayer, verbinden den Südafrika-Grand-Prix mit einer Safari im Krüger-Park. Einmal verlassen sie ihren Jeep, um eine faustgroße, rot-goldene Spinne anzustarren, minutenlang. „Als wir weiterfahren, um den Busch herum, warten dort sieben Löwen“, erzählt Mass. „Hätten wir die Spinne zwei Minuten länger angeschaut . . .“

Fittipaldi ergänzt: „Wir waren nicht mehr in unserer Welt, da galten schon die Gesetze des Dschungels.“ Auf freier Wildbahn findet sich Mass auch auf der Autobahn Johannesburg—Kyalami: Ein Betrunkener rempelt ihn solange, bis es zum Unfall und zur Schlägerei kommt. Der Deutsche erstattet Polizeianzeige.

„Innenpolitisch" sind bis Südafrika alle Probleme gelöst: Peterson zerreißt, weil Lotus zusätzliches Zigarettengeld bekommt, seinen Shadow-Vertrag. Für Tom Pryce ist ein zweiter DN 5 bereits fertig. In Tyrrells Hexenküche ist binnen zwei Wochen, aus dem Nichts gezaubert, ein neuer 007 entstanden: Mit geändertem Heck, mit Federn statt Torsionsstäben. „Höchste Zeit", sagt Depailler, „in Südamerika waren wir viel zu langsam."
Tyrrell läßt den Franzosen in Kyalami 120 Testrunden abspulen (eineinhalb Grand-Prix-Distanzen) und Scheckter mit flackernden Augen zusehen. Jodys Heißhunger ist geschürt. Als ihn Tyrrell endlich einsteigen läßt, ist Scheckter prompt um 0,3 Sekunden schneller als Depailler.
Dafür hängt Reutemann mit dem Ersatz-Brabham in den Fangzäunen der Crowthorne-Startkurve: „Kalte Reifen, neue Bremsbeläge, zu spät gebremst: Viel auf einmal." Der Holzpflock schlägt vor Carlos' Augen quer aufs Auto. Aber der Wagen, auf den alles wartet, ist der neue Ferrari 312 T — „t" für „tangenziale", quer eingebautes Getriebe.
Debütantensiege, also Erfolge neuer Modelle beim ersten Start, sind höchst selten. Mercedes-Benz hat es 1939 in Tripolis mit Hermann Lang im W 156 geschafft und 1954 in Reims mit Fangio—Kling und dem W 196; Lotus 1963 in Zandvoort mit Jim Clark und dem Lotus 33 und nochmals 1967 in Zandvoort, wieder mit Clark, diesmal aber im Lotus 49.
„Endlich unser erster direkter Vergleich mit der Konkurrenz", freut sich Montezemolo auf die „Stunde der Wahrheit", die auf sich warten läßt: Regazzoni, die Mechaniker und die „Wunderwaffen" treffen wegen eines Flugzeugdefekts mit 21stündiger Verspätung ein. Aber rechtzeitig fürs Training.
Als Lauda im 312 T als Erster von den schattigen Boxen in die Kyalami-Gluthölle hinausbiegt, wirft Montezemolo beiden (Niki und dem Auto) mit Operettengestik eine Kußhand nach. Schon in seiner sechsten fliegenden Runde fährt der Österreicher 1:16,83 — seine schnellste Zeit des ganzen Weekends! „Zuerst lag das Auto noch nicht ideal, dafür zog der Motor fantastisch. Später war's umgekehrt: Perfektes Handling, aber dafür PS-Verlust", rechnet Niki.

Bei 35 Grad Hitze und in 1700 Meter Höhe ist die Luft nun einmal dünn. Und Ferraris 12-Zylinder brauchen mehr Sauerstoff als die anderen — von denen die Brabhams die schnellsten sind: Pace gleichauf mit Lauda, dem in der entscheidenden Phase das Gasgestänge bricht, Reutemann um 0,2 Sekunden voran.

„Jetzt brauch ich einen kleinen Martini", seufzt Regazzoni und schaut auf einen Sprung zur Brabham-Party. Das Erfolgsgeheimnis der weißen Dreikant-Bomber? „Gordon Murray", prostet Ecclestone mit Grandezza seinem südafrikanischen Designer zu.

Später verläßt Reutemann sogar die Mitternachtsshow in der Kyalami-Ranch, um zur Strecke hochzufahren: Zu überprüfen, ob die Mechaniker — wie er ihnen auftrug — wirklich sein Getriebe gewechselt haben. Graham Hill hat diese Sorgen nicht mehr: Mit 200 km/h hat er seinen Lola in die Fangzäune geworfen. Mike Hailwood, immer noch in Gips und Krücken, hat für den Formel-1-Opa ein stichhaltiges Alibi: „Ich hab Öl schimmern gesehen."

Tags darauf: Lauda winkt auf der Geraden Fittipaldi vorbei, „damit ich den McLaren genau studieren kann." Eine Runde später verliert Emersons Motor eine Schraube, explodiert und überschwemmt die ganze Sunset-Kurve (etwa 200 km/h) mit Öl. Lauda liegt zehn Meter zurück: „Fitti fährt wie ein Spritzwagen vor mir her." Niki hat keine Chance, steht quer, durchreißt den ersten Drahtzaun, prallt gegen den Holzpflock. Depailler dreht sich, ohne jedoch anzuschlagen.

„Sorry, Niki, tut mir ehrlich leid", entschuldigt sich Emerson. Als Lauda eine Stunde später in die McLaren-Box kommt, lächelt er bereits: „Ihr Kerle schreckt wirklich vor nichts zurück. Schon wieder so ein übler Trick von euch." Der arg zerknitterte 312 T hält die Ferrari-Mechaniker 15 Runden lang in Atem und Schweiß.

Trotz der Hitze: Ein Abschlußtraining mit Gänsehaut. Um 17 Uhr kracht Merzario gegen den Erdwall, kommt zu Fuß zurück, läßt den Zeigefinger kreisen (Codezeichen für Dreher) und lacht: „Bumm!" Wenn Arturo Unfälle beschreibt, klingt das immer nach Spaghetti-Western.

Carlos Pace bemerkt, daß die Bahn schneller geworden ist, läßt also sofort Benzin auspumpen — und fährt prompt Pol-Position. 1:16,41 ist die Marke, die Scheckter angreift. 17.10 Uhr: Scheckter ist gerade

an Fittipaldi vorbei, unterwegs zu superschneller Rundenzeit. Vierter Gang voll, 230 km/h. Scheckter lenkt in die abschüssige Barbecue-Rechtskurve — nichts.
Also nimmt er Gas weg. Der Tyrrell schwänzelt ein-, zweimal. Scheckter korrigiert vergeblich. Augenzeugen ist bewußt: „Das wird ein Flugzeugabsturz." Der königsblaue Tiefflieger durchreißt zwei Fangzäune, der dritte stoppt ihn — wie die Seile auf Flugzeugträgern.
Der Unfallpunkt: 70 Meter weiter als die Stelle, an der 1974 Peter Revson (auf Shadow) verunglückt ist. Daß Revson starb, rettete Scheckter das Leben. Denn: Erst nach Revsons Unfall hatte man für eine halbe Million Schilling Fangzäune montiert.
Der Scheckter-Unfall gibt Rätsel auf. Zu schnell gewesen? „Die Kurve geht absolut voll. Mehr als Vollgas kann niemand geben." War die Bahn schon gummi- oder ölverschmiert? Waren Jodys Reifen noch zu frisch, noch zu kalt? „Ein winziger Fehler, ein minimales Abweichen von der Linie, die kleinste Fehleinschätzung und der Unfall ist da", bestätigt Stewart über die Barbecue-Kurve.
Carlos Pace, als Erster am Unfallort, hält sofort an: „Aber dann sehe ich Jody herausklettern, und die Leute strecken die Daumen hoch: Alles ok."
Der Kranwagen schleppt den Tyrrell-Totalschaden ins Fahrerlager: Häßlich, staubverkrustet, verdreckt. Jody lächelt mühsam, seine junge Frau Pamela tapfer, aber mit verdächtig schimmernden Augen. Depaillers blonde Frau Michele wirkt echt verängstigt.
Als Minuten später Jodys Landsmann Guy Tunmer weitere Fangzäune zerreißt, bricht der Rennleiter das Training ab. „Üben wir hier für einen Grand Prix? Für ein Rennen rund um den Kirchturm? Was ist los?", schimpft Regazzoni.
Die Teamchefs stimmen ab: Weitertrainieren oder auf morgen verschieben? Da organisiert Fittipaldi-Mechaniker Dave Luff als Rädelsführer den Streik aller Monteure. „Six o'clock, no more work, Arbeitsschluß!", trommelt er an die Fensterscheiben: Feierabend. Fittipaldi ist auf dem 11., Mass auf dem 16. Trainingsplatz festgenagelt. Teddy Mayer brüllt Dave in der Box zusammen: „Überlaß künftig Entscheidungen, die das Team betreffen, mir!" Ein paar Stunden

dicke Luft, dann aber ist die McLaren-Welt wieder in Ordnung, im Gegensatz zu Shadow.

Jarier steht nur in der siebenten Reihe, neben Stommelen. Getriebeprobleme, entschuldigt sich der Franzose. Aber Rees sieht es anders: „Hätte er gekämpft wie in Brasilien, er wäre in die zweite Startreihe gekommen. Aber er ist schon die ganze Woche außer Form."

Grund genug für einen UOP-Gesandten, Peterson ins Ohr zu flüstern: „Sag, Ronnie, können wir nicht erneut das Gerücht lancieren, du kämst zu Shadow — damit Jarier wieder fester Gast gibt?" Peterson steht mit Sakko und Krawatte am Swimmingpool der Kyalami-Ranch, als Pace daherschlendert und fast pikiert fragt: „Warum, zum Teufel, bist du so fein angezogen?" Weil er gerade von der offiziellen Veranstalterparty kommt. Wo sich Graham Hill bei Scheckter bedankt hat, „daß auch er sein Auto zerschmissen hat. Somit steh ich nicht als einziger Idiot da."

Wie weit Jody seinen Unfall schon verkraftet haben mag?, frage ich Stewart. „Mein Gott", meint Jackie beiläufig, „diese Leute vergessen solche Sachen schnell." Diese Leute: Vor eineinhalb Jahren hat er noch selbst zu ihnen gehört.

Gegen Saisonschluß 1973, als sich die Indizien für Stewarts Rücktritt häuften, also er zum Beispiel zu seinen Mechanikern sagte: „Ein wunderschönes Lenkrad, darf ich's behalten?" — damals hatte der grobschlächtige Ken Tyrrell seine Mechaniker ausgehorcht: „Falls Jackie aufhört, wen wollt ihr dann statt ihm am liebsten?"

Drei Tyrrell-Monteure stimmten für Fittipaldi, zwei für Reutemann, zwei für Jacky Ickx, aber kein einziger für Scheckter! Die Folgen des bösen Rufes. Doch seine Sünden hat Scheckter 1974 — WM-Dritter hinter Fittipaldi und Regazzoni — längst getilgt: Unter der Knute Tyrrells, über den sogar Helen Stewart zärtlich sagt: „Mein zweitliebster Mann."

„Jody ist aggressiv, ambitioniert, hat Hunger nach Sieg und Erfolg. Tyrrell ist der ideale Mann, ihm dazu zu verhelfen", ist Jackies Expertise. Was Niki Lauda an dem kraushaarigen „Baby-Bären" aus Südafrika mag: „Er hat einen offenen Charakter und ist eine ehrliche Haut." Außerdem: Sensibler, als seine oft schnoddrigen Sprüche ahnen lassen:

„Jody, in dieser Kurve ...“ Doch der Südafrikaner unterbricht den englischen Reporter grinsend: „Für dich: Mr. Scheckter. Aber dreh dich einmal um: Hast du schon je ein so fantastisches Backgammon-Brett gesehen?“

Wenn ihn der todernste Tyrrell-Designer Derek Gardner, sich über ein technisches Problem den Kopf zerspragelnd, manchmal fragt: „Können wir reden?“, erwidert Jody bisweilen: „Gern, aber ich weiß ehrlich nicht, worüber wirklich.“ Für 1975 hat Derek die vorderen Bremsen wieder von innen nach außen transferiert, aus Sicherheitsgründen, denn 1974 sind mehrere Bremswellen gebrochen: Etwa im Brands-Hatch-Training und im kanadischen Grand Prix. Stewarts Befürchtung, die Tyrrells würden pro Runde 0,7 Sekunden verlieren, traf nicht ein: Die Zeiten blieben in etwa gleich.

Glücklicher? „Ich bin nie wirklich happy“, glaubt Scheckter, dessen Manager Nick Brittan viele Businesstermine aushandelt. Ob Jody — der wie Lauda täglich 9 bis 10 Stunden Schlaf benötigt — genug Atempausen findet? „Sobald ich einen Scheck seh, hol ich ganz tief Luft. Das ist für mich die beste Entspannung“, grinst er.

Scheckter leidet oft unter Heuschnupfen. Vielleicht ist diese Allergie mit ein Grund dafür, daß seine Ausflüge in die Wiesen seltener geworden sind ... Auf Atlantikflügen nimmt er immer eine Tüte frisches Obst mit. Als er einmal nach Wien zu einer TV-Sendung kam, rief er vom Flugplatz an: „Bitte abholen — in meinem Tyrrell-Vertrag steht nämlich ausdrücklich: ‚Taxifahren verboten!‘ “

Was ihm Kopfweh macht, ist sein Wohnsitz. Von Südafrika ist Scheckter weggezogen, um in England große Karriere zu machen; von England, um in Spanien Steuern zu sparen. „Aber leider liegt Malaga so weit abseits. Das Heimreisen ist so umständlich und das Telefonieren unheimlich kompliziert. Zwei Ferngespräche, und der ganze Tag ist beim Teufel.“ Das sind echte Argumente.

„Schön wäre Frankreich, in der Nähe von Genf. Aber ich schaff's einfach nicht, Französisch zu lernen.“ Irgendwie kommt Scheckter auf Holland: „Nicht superkomfortabel, aber gut und vor allem zentral.“ Was aber für Jody besonders zählt: „Mittels Spezialantenne kann ich in Holland das ganze BBC-Programm einfangen. Für mich

besonders wichtig. Ein Tag ohne Fernsehen ist für mich eine Katastrophe: Ein Tag ganz ohne Kultur."

Bald findet Scheckter sein Haus neben Windmühlen, sogar mit Tennisplatz. Aber als er die Steuern durchrechnet, wird ihm klar: „In Spanien bin ich besser dran, 1976 sollte ich dann wieder nach England ziehen."

Die Tennisschlachten, die Scheckter in Malaga liefert, sind nicht berühmt. Um so auffallender sein Privatauto: Ein Renault-5-Kleinwagen. Das ist wieder die Querverbindung zu Sponsor „elf" (30 Millionen Schilling für Tyrrell?) und zu Stewart.

Am Abend des Trainingsunfalls ziehen sich Stewart und Scheckter zu einem halbstündigen Geflüster zurück: An einen Separee-Tisch, weg von den Negerkellnern, sogar weg von Pamela und den Mechanikern. Was Stewart predigt, ist das Formel-1-Evangelium. Und Jody hat noch einen Tag Zeit, denn der Freitag ist trainingsfrei.

Aus den üblichen Kyalami-Ranch-Wettbewerben hält sich Scheckter heraus. Interessant das Tennisdoppel Fittipaldi/Mass: Emerson pirscht sich, wie im Rennauto, unauffällig ans Netz vor, dort, wo Mass viele Bälle killt. Jochen hat schnelle Reflexe, Emerson einen guten, sauberen, aber nicht sehr scharfen Schlag. Es reicht, um Stappert und mich 6 : 3 zu besiegen. Danach schlägt Stewart Fittipaldi 6 : 2. Auch das Doppel Stommelen/Lauda erntet Beifall: „Immer wenn Niki einen Ball nicht erwischt", sagt Rolf, „ruft er nach mir." Gegen Peterson/Forghieri gibt es einen 6 : 4-Sieg.

Dafür verliert Stommelen-Chef Hill gegen Hunt im Backgammon 79 Pfund, die er sofort auszahlen muß. „Kein sehr gutes Weekend für Graham", bedauert Stewart. Seine Prognose: „Fittipaldi kommt unter die ersten vier, Scheckter unter die ersten drei, gewinnen muß ein Brabham."

Pace, der „seit Brasilien nicht besser, aber viel lockerer" autofährt? Oder Reutemann, der hier 1974 gewonnen hat? 0,07 Sekunden trennen die beiden Carlos. Erstmals seit Kyalami 1967 (Brabham und Hulme) stehen zwei Brabhams auf Startplatz 1 und 2.

„Und wer gewann damals?", fragt mich Pace. Pedro Rodriguez auf Cooper-Maserati — weil alle anderen ausfielen. Beunruhigt pfeifen

die „Carlitos“ durch die Zähne. Bernie gibt ihnen Feuer frei: „Fahrt beide euer eigenes Rennen, ohne jedwede Stallorder.“
Lauda aber rechnet: „Die beiden fahren gegeneinander.“ Was ihm Stirling Moss — der berühmteste Nicht-Weltmeister der Geschichte — am Swimmingpool bestätigt: „Ich hab auch nie Rücksicht auf irgendeinen Kameraden genommen.“ Niki grinst den Engländer an: „Die alten Zeiten sind wieder da.“
Lella Lombardi hat sich qualifiziert, nicht aber Wilson Fittipaldi, dessen Betteln nichts nützt. CSI-Sekretär Claude Le Guezec (der beim nächsten Grand Prix eine noch bösere Rolle spielen wird) bleibt hart wie Granit.
Der Hubschrauberflug von der Ranch über den Krokodilfluß hinüber zu den Boxen ist abenteuerlich. Bei Scheckter, Lauda, Reutemann springt rechts vorn die Tür auf. „Als ob ich nicht schon genug Sorgen hätte“, stöhnt Jody. Im Morgentraining ist sein Motor zerplatzt, die Mechaniker haben in fieberhafter Eile einen neuen montiert, Nummer 162.
„162 bloody good engine“, schätzt Reutemann, der auf seinen Schleichpfaden immer wieder Informationen sammelt. Tyrrell trocknet seine ölverschmierten Hände: „Im Gegenteil, 162 ist mein schwächster Motor.“
Die über Scheckters Doppelpech (Unfall/Motorschaden) verdatterten 150.000 Südafrikaner tröstet Stewart über Lautsprecher: „Auch ich hatte hier 1973 einen Totalschaden und gewann nach Wagenwechsel. Auch mir explodierte in Monza 1973 im Aufwärmtraining ein Motor . . . trotzdem wurde ich am gleichen Tag Weltmeister.“
Am Start hat Reutemann Hemmungen: „Weil immer alle behaupten, ich stehle am Start, halte ich bewußt zurück.“ So sehr, daß er die rechte Seite der Startaufstellung aufhält. Pace katapultiert sich als Erster ins Rennen. Dahinter wird Lauda in der ersten Kurve von Regazzoni innen abgeklemmt, muß auf die Kerbe ausweichen.
„Nächstes Mal bleib ich auf meiner Linie, und dann kracht's“, ärgert sich Lauda anfangs, ist aber später versöhnlich: „Wenn sich 26 Autos einfädeln müssen, wird die erste Kurve immer eng.“
Pace — Scheckter — Peterson — Reutemann — Depailler — Regazzoni — Fittipaldi — Lauda — Hunt — Brambilla heißen die ersten

Zehn bei der ersten Boxenpassage. Danach bremst Scheckter in Crowthorne unter prasselndem Beifall Pace aus — und führt. Am Ende der 15-Sekunden-Geraden spielen sich alle Überholmanöver ab. Peterson fällt hier pro Runde um einen Platz zurück. Mass bremst nach 8 Runden den knallharten Andretti so spektakulär aus, daß Mike Kranefuß von Ford-Köln aufjault: „Das kostet mich fast einen Herzschlag."
Als Lauda hinter Regazzoni erstmals richtig aufs Gaspedal tritt, ist er ernüchtert: Alleinfahrend kommt er auf nur 11.600 Touren, in Clays Windschatten auf 11.900.
Vorne kann Pace Scheckter nicht halten, darum winkt er in der 13. Runde Reutemann vorbei. Was folgt, ist doppelte Manndeckung: Vorne Scheckter gegen Reutemann, dahinter Depailler gegen Pace. Tyrrell ist „überzeugt, daß Reutemann in Führung sticht", weiß aber nicht: Beide Brabhams schlittern in enorme Bremsschwierigkeiten.
Der Rekord an Boxenstopps: Fittipaldi. Seltsam: Wann immer Emerson mit der Akribie eines Buchhalters fährt, kommt er hoch oben placiert an — aber wenn er attackiert, geht's zumeist schief. Diesmal schließt „Fitti" ein 7-Sekunden-Loch, holt von 10 auf 3 Sekunden auf, ist schon Vierter (hinter Depailler, vor Pace), „als die blöden Zündaussetzer anfangen". Ein Zündkabel ist gebrochen. Fünfmal stoppt Emerson aus elektrischen Motiven, zweimal, um eine neue Airbox auszuprobieren. „Test ein bißl", klopft ihm Mayer auf den Helm.
Peterson jagt trotz alarmierend flatternder Frontpartie weiter, „weil ich ja nicht wissen kann, wie gefährlich das ausschaut". Ist ja nur Plastik, das vibriert, beruhigt Peter Warr. Jarier gibt mit gebrochenem Auspuff auf, sehr zum Ärger von Alan Rees.
Aber noch zorniger wird Montezemolo, als ihn die Rennleitung alarmiert: „Regazzoni wegen Frühstarts disqualifiziert." Und später: „Nicht Regazzoni, sondern Lauda wird zu einer Strafminute verdonnert. Wir haben das Polaroidfoto." Montezemolo kann richtigstellen: Der Starter hat die Flagge zweimal gesenkt. Luca rutscht also nicht aus.
Um so glatter wird die Fahrbahn, als Brambilla Öl verliert: Für ein paar Runden Schmierseife. Depailler fliegen ab der 30. Runde Gum-

mifetzen seiner Vorderreifen um die Ohren. Was sich aber ausgleicht, weil sein direkter Gegner Pace immer mit dem Bremspedal pumpen muß. Trotzdem: Schnellste Runde für den Brasilianer, „wie immer, wenn ich nicht mehr bremsen kann".

Das Duell Scheckter—Reutemann wird mitleidlos geführt, mit Brechstangen. „Ich bin absolut am Limit", keucht Jody nachher, „so sehr, daß ich mit vollen Tanks später bremse als mit leeren." Der Südafrikaner spürt, daß Reutemann in einer gewissen Rennphase schneller ist. „Ein-, zweimal bin ich sicher, daß er mich ausbremst, aber er tut's nicht."

Beim Überrunden passiert Jody einmal ein kleiner Fehler, „der mich fast die Führung kostet — aber wahrscheinlich hat Carlos genauso gepatzt." Der weiße Brabham bleibt in Jodys Rückspiegel kleben, und der Führende greift fast zur Selbsthypnose: „Konzentrier dich! Mach ja keinen Fehler!"

15 Runden vor Schluß beginnt Jody langsam an den Sieg zu denken: Er spürt fast körperlich, daß Reutemann die Krallen einzieht. Weil Carlos jetzt überhaupt keine Bremsbeläge mehr hat.

Regazzoni und Lauda fahren eineinhalb Stunden lang, wie an einem Gummiband, hintereinander durch die Gluthölle. Dann bricht Clays Gasgestänge, und Niki erbt Platz 5 vor Mass und Stommelen, der auf seinen Landsmann pro Runde eine Sekunde gutmacht. Rolf hat alle Zweikämpfe gewonnen (gegen Donohue, gegen Ian Scheckter): Sein bestes Formel-1-Resultat seit 1971.

„Great Job, verdammt gute Arbeit", gratuliert ihm Graham Hill hocherfreut. Jochens 6. Platz wird nüchtern quittiert: „Für McLaren nicht weltbewegend."

Scheckter erlebt einen triumphalen Empfang. „Nach allem, was du zuvor über mich gesagt hast", grinst er Stewart an, „hätte ich aber nicht mit 4 Sekunden, sondern mit 4 Runden Vorsprung gewinnen müssen." Reutemann ist bitter enttäuscht: „Ich habe 9 Punkte erwartet, nicht 6." Daß Scheckter trotz Unfall und Motorschaden gewonnen hat, ist dem „Indianer" unbegreiflich: „One big joke."

Ken Tyrrell ist, wie Depailler findet, „so happy, wie ihn noch keiner gesehen hat". Das Gegenstück: Montezemolo, der zitternd und nervös in der Telefonbox hockt. Enzo Ferraris Stimme im Ohr, vor

sich zwei Metallstücke vom gebrochenen Gasgestänge, mit denen er Puzzle spielt.
Tags darauf wühlt Jody Scheckter im Gold. Für ihn knabbert sogar die Nationalbank ihren Reserveschatz an Krügers-Rand an. „Alles für dich", sagt Organisationschef Alex Blignaut, als er Scheckter bei der traditionellen Gartenparty eine riesige Schmuckkassette in die Hand drückt, vollgestopft mit Goldmünzen. „Lieber Alex", bittet Jody in seiner Dankrede, „gib mir nächstesmal die Goldmünzen ohne Zeugen. Damit ich nicht zwei Drittel davon an Ken Tyrrell abliefern muß . . ."
„Was passierte wirklich in Kyalami?" Und: „Der neue Ferrari ist nichts wert." Böse italienische Zeitungsschlagzeilen, in die Kyalami-Ranch telefoniert, alarmieren die Ferrari-Squadra. Von Enzo Ferrari kommt ein Fernschreiben mit mysteriösem Text: Alle Erklärungen an Reporter verboten — zumindest vorläufig.
Tags darauf, bei Reifentests in Kyalami, quillt schon nach zehn Runden weißer Rauch aus Laudas Auspuff: Requiem für einen Kolbenring. Doch Dienstag fährt Lauda mit gewechseltem Triebwerk, aber dafür halbvollem Tank (100 Liter) übereinstimmend gestoppte 1:16,20 — um 0,21 Sekunden schneller als Paces Pol-Position-Zeit! Was zu beweisen war: Der 312 T muß trotz allem ein Bombenauto sein.
Dem geheimnisvollen PS-Schwund kommt Ferrari aber erst später, auf dem Prüfstand, auf die Spur: Während des Rennens haben sich Zünd- und Einspritzzeitpunkt verstellt, weil der Riemen, der Einspritzpumpe und Verteiler antreibt, gesprungen war — und sich um vier Zähne verschob.
Was 85 der 495 PS kostete. Zuviel, selbst für Niki Lauda, dem nicht genügen kann, daß er als einziger in allen drei bisherigen WM-Läufen gepunktet hat.

FERRARI UND DER 312T-ANATOMIE EINES SIEGERTEAMS

In Italien gibt es nur Vergötterung oder Steinigung, kein Mittelmaß. Das Sperrfeuer gegen Ferrari wird zum Trommelfeuer. Wie Ende

1973, als Montezemolo den Österreicher importiert hat, wird die Anti-Lauda-Stimmung angeheizt. Besonders Andrea de Adamich, ein frustrierter Ex-Pilot, spuckt im Magazin „Autosprint“ Gift und Galle: „Eine Dummheit von Ferrari, ein solches Auto zu bauen, weil das quergestellte Getriebe nie funktionieren kann — und Lauda ist dumm, weil er dieses Auto fährt.“

Die pausenlose Kritik stürzt die Techniker in Panik, verunsichert alle, bis zu den Mechanikern. Nur Lauda — und mit ihm Regazzoni — glauben felsenfest an den 312 T.

„Wir waren schon in schlimmeren Krisen und haben sie überwunden. Jetzt heißt es nur, fest zu arbeiten.“

Als die Stimmung schon recht verzagt ist, läßt Lauda den alten B 3 und den neuen 312 T nach Fiorano rollen, um den direkten Vergleich zu erzwingen: Der 312 T ist um eine Sekunde schneller! Das ist die entscheidende Mutinjektion. Ferrari verdoppelt den Eifer. Man sieht wieder Land. „Alle arbeiten wie die Wahnsinnigen.“

Der 312 T — mit querliegendem Getriebe — war im November 1974 in Fiorano fürs Fernsehen vorgestellt worden. Lauda fuhr mit (für ORF und RAI) montierter Kamera, um den zweiten 312 T (mit Regazzoni) „in Aktion“ zu filmen. Aber Clay blieb draußen auf der Strecke liegen. „Ein Schlauch war verkehrt angeschlossen“, sagte Forghieri zerknirscht. Und Niki: „Peinlich, Mauro, vor der ganzen Television ...“

Normal wandert ein neuer Ferrari zuerst in den Windkanal und wird erst anschließend auf Herz und Nieren getestet. Weil aber der Spätherbst 1974 in Italien so schön war, zog man das Testprogramm vor.

Das Cockpit des 312 T ist etwas enger: Die Karosserie reicht höher hinauf als beim B 3. Die Oberschenkel haben 10 Zentimeter weniger Platz. Aber viel wichtiger waren für Lauda und Regazzoni immer die Fahreigenschaften: „Der 312 T ist der erste Ferrari, der nicht untersteuert, der in Kurveneingängen nicht so faul reagiert — der erste Ferrari, der optimal neutral liegt und bremst.“ Wenn Ex-Ferrari-Rennleiter Peter Schetty später beobachtet: „Zum erstenmal, daß ein Ferrari auch besser liegt als die anderen“, dann heißt das: Lob für Lauda, den Testpiloten.

Das Ferrari-Problem im März 1975 heißt nur: Abmagern. Mit 605 Kilogramm (startbereit, aber ohne Benzin) ist der 312 T um 30 Kilogramm über dem Limit. „Wir müssen Stahl- gegen Titanteile austauschen, um Gewicht zu sparen", ist Lauda bewußt. Über Dieter Quester und BMW gelangt er zum Flugzeugwerk Dornier, das Titanteile liefern kann. Wie schon Mosley sagte: „Lauda ist Ferraris heimlicher Rennleiter."

Die Grundidee bei Ferrari war — praktisch über Jahrzehnte hinweg — diese: Das Auto ist fantastisch und hat keinen Fehler. Wenn ein Problem auftaucht, muß es also der Fahrer sein, zumindest zu 80 Prozent. Selbst wenn die Reifen schlappmachen: Dann eben darum, weil der Fahrer die Kurve falsch gefahren hat.

Ferraris Vorstellung von einem Grand Prix ist nicht übertrieben bescheiden: Pol-Position, Sieg, Rundenrekord. 1968 in Brands Hatch fuhr sich Chris Amon (damals Ferrari) die Seele aus dem Leib und wurde, total abgekämpft, Zweiter. „Wenn du die schnellste Runde drehen konntest", vergattert ihn Forghieri gleich nach der Zieldurchfahrt, „warum hast du dann nicht gewonnen?"

Einmal, als Lauda mit Goodyear-Leuten beim Abendessen sitzt, tritt Montezemolo auf wie ein Operettenstar und verbeugt sich: „Ich gratuliere Niki, dem besten Fahrer der Welt, und ich gratuliere Ferrari, weil es ihm das beste Auto der Welt gebaut hat."

Aber die Chefs sind mehr als liebenswert: Montezemolo, der schon rein äußerlich der Bruder der Giftmischerin Lucrezia Borgia sein könnte („was ich auch oft hören muß"); der cholerische Forghieri, bei dem es schon nach Riesenstreiterei ausschaut, wenn er nur „buon giorno" sagt (Copyright: Ernst Graf, „Sport-Zürich"), und die beiden anderen Mitglieder der „Troika": Der blonde Motorenchef Bussi und der Sicherheitschef Rocchi, der nach Siegen immer wortlos dasteht, unfähig zu reden, mit feuchten Augen.

Montezemolo gilt bei Ferrari, weil er von jeder Rennstrecke telefonischen Rapport erstatten muß, als „Mister hello". Symbolisch darum des Commendatore Weihnachtsgeschenk: Ein lila Telefon für seinen Rennleiter.

Luca ist schmächtig, äußerst gefühlsbetont, auch im ärgsten Boxenchaos höflich, wenn er Störenfriede hinausschmeißen muß („ich lade

Sie ein, von hier wegzugehen") — vor allem aber ist er Enzo Ferraris Auge und Ohr.

Begreiflich deshalb Laudas Bestürzung, als ihm der adelige Römer später in der Saison eröffnet: „Mit Jahresende bin ich von der Formel 1 weg, entweder ich gehe ganz zu Fiat (in einer diplomatischen Position) oder ich tu etwas schrecklich Uninteressantes, in einem großen Büro. Der Rennsport ist für mich vieles im Leben, aber nicht alles."

In Lauda schlugen sofort alle Alarmglocken an. Er ging direkt zu Fiat-Chef Gianni Agnelli. „Wir haben die totale Kooperation, Luca muß bleiben." Montezemolo sagt: „Jeder Italiener hat ein Stück Ferrari im Herzen." Er auch, und ein sehr großes Stück noch dazu.

Zwölf Jahre älter als Montezemolo ist der 40jährige Mauro Forghieri, über den ein Mechaniker flüstert: „Der Traum von einem Chefingenieur — wenn man ihm nur einen Korken in den Mund stopfen könnte." Mauro übersteht kein Rennwochenende ungezeichnet: Zumeist ist er total heiser und seine Hose an allen unmöglichen Stellen zerrissen.

Außer am 312 T arbeitet Forghieri auch an einem GT-Ferrari, „der für die Firmenkasse wichtig ist." Meinungsverschiedenheiten mit Lauda hat Forghieri, der dem Auto vorschreibt, wie es sich verhalten muß, immer schnell vergessen: „Niki ist ein Pilot, der alles leichter macht", muß er zugeben.

Forghieris Stellvertreter an den Rennplätzen ist Ing. Tommaini, und der Sportdirektor heißt Sante Ghedini: Früher Fernsehtechniker und Fotoreporter gewesen ...

Und die Mechaniker?

„Niki ist anders als alle anderen", weiß sein „Capo" Ermanno Cuoghi, der sich als Lebensmittelverkäufer, Fahrradmechaniker, Tankwart und Zuckerlverkäufer („aber nichts länger als sechs Monate") durchgefrettet hat — bis er Rennmechaniker wurde: Erst beim US-Team „Scirocco" (mit dem Barbara-Hutton-Erben Lance Reventlow, der später mit einem Sportflugzeug abstürzte), dann bei Carroll Shelby und den Cobra-Rennwagen, ab 1964 bei John Wyer, ehe er 1971 in Ferarris Prototypenmannschaft kam. Und Ende 1973, mit Lauda, zur Formel-1-Crew.

Cuoghi weiß also, was er tut und worüber er redet.

„Lauda bewerkstelligt seinen Job auf eine ganz spezielle Art", analysiert mir Cuoghi, „er hat für alles, was er tut, ein ganz genaues Konzept. Andere Rennfahrer investieren vielleicht mehr menschliche Kraft — aber weniger Hirn. Niki denkt mehr als alle anderen."

Wie behandelt Lauda sein Auto — was ja aus den Innereien nach dem Rennen sehr leicht abzulesen ist?

„Er schont Bremsen, Getriebe usw. und spart Benzin. Pedro Rodriguez war in diesem Punkt ähnlich: Sehr hart zu sich selber, aber sehr weich zum Auto. Aber so cool wie Niki war Pedro nie. Der hatte immer die glitzernden Augen. Und Jo Siffert zitterte buchstäblich. Niki aber fährt Auto als ginge er Einkaufen, ungefähr wie Jacky Ickx, so entspannt, nur viel schneller."

Lauda gibt immer 100 Prozent, seinen letzten Einsatz — also verlangt er das auch von allen, die mit ihm arbeiten?

„Ja, Niki sagt immer: ‚Mach das schnell!' Er verlangt eine andere Arbeitsart als andere Rennfahrer, viel mehr Tempo, will immer alles sofort, blitzartig. Wenn Clay etwas am Auto verstellt haben will, geht's immer gemütlich zu. Aber wenn Niki an die Box kommt und ich nicht gleich zum Auto stürz, ist er fast bös. Aber was soll's? Ich mag Niki, ich bin stolz auf ihn. Mit seinem logischen Denkvermögen steckt er alle in den Sack."

Wann immer man Cuoghi gratuliert, wehrt er ab: „Nicht mir, dort drüben ist der Mann. Jesus Christus, ist er gut, aber ich hab das immer gesagt." Von seinen Preisgeldern gibt Lauda regelmäßig fünf Prozent an seine Mechaniker, die etwa 300.000 Lire im Monat verdienen, inklusive Überstunden — also relativ wenig.

Cuoghi hat einen 15jährigen Sohn, Roberto, der es schon zum Juniorenchampion der Radamateure gebracht hat. „Roberto will aber studieren und Ingenieur werden, genau wie Forghieri. Nur etwas stiller, hoffentlich."

Lauda redet mit Cuoghi „italienisch, wenn's ein leichtes Rennen ist, aber englisch, wenn wir ernste Probleme lösen müssen". Der „Capo" beginnt jedes Rennwochenende ruhig, wird aber um so nervöser, je näher das Rennen heranrückt. Noch am Startplatz fragt er Niki oft: „Soll ich noch dieses oder jenes tun?“ Einmal müsse Schluß sein, sagt Lauda darauf, „jetzt wird nur noch gefahren und sonst nichts.“

Ferrari fehlt beim „Race of Champions“ auf der Buckelpiste von Brands Hatch, die viele zur Verzweiflung bringt: Schneeregen ein paar Minuten vor dem Start! Noch ehe die Flagge fällt, stiehlt sich Ickx in Führung, wird aber bald von Scheckter niedergekämpft ... und stehengelassen. Aus dem Hinterhalt attackiert Tom Pryce und ist drauf und dran, Jody zu überholen, bis dessen Motor zerbricht. So gewinnt Pryce sein (und Shadows) erstes Formel-1-Rennen vor Watson (Surtees), Peterson und Ickx (beide Lotus), einem enttäuschenden Fittipaldi (McLaren) und Evans (BRM).

Was dieses Resultat wert ist, muß sich vier Wochen später zeigen, beim „International Trophy Race“ von Silverstone: Alle Engländer gegen einen einzigen Ferrari, Laudas weiterentwickelten 312 T. Trainingsschnellster ist Hunt, der auch prompt bis zur 25. Runde führt, dann geht sein Motor k. o., und Lauda übernimmt die Spitze, unter pausenlosem Feuer von Fittipaldi.

Niki greift in diesem Rennen mehrmals ganz tief in die Trickkiste. Als plötzlich der Wind dreht und Lauda am Drehzahllimit von 12.600 anstößt, klemmt er einfach den Drehzahlbegrenzer ab. Beim Überrunden rempelt ihn Graham Hill beinahe in die Wiese; ihre Hinterreifen touchieren. Und dann beginnt der Ferrari in der gefürchteten Woodcote-Zielkurve zu untersteuern. Nikis Antwort: Er fährt jede Runde mit vollster Absicht auf den überhöhten Woodcote-Randstreifen, „damit der Ferrari aus der Balance gerät, das Heck ausbricht — ein Gasstoß, und ich bleib vor Fittipaldi. Bis zum Schluß.“

Niki gewinnt mit einer Zehntelsekunde. Ein Sieg, der ihm (und Ferrari) viel geben muß: Es ist England — und darum Genugtuung, „weil Ferrari nie vergessen wird, was man uns 1974 in Brands Hatch angetan hat“. Es ist ein Zentimetersieg des „moralischen“ über den echten Vorjahrsweltmeister Fittipaldi — „worüber sich unser Commendatore besonders freut“, nach ätzenden Bemerkungen, die Emerson in Südamerika über Ferrari herausgerutscht sind, weil er sich von Regazzoni aufgehalten fühlte.

Und drittens muß Silverstone den vorlauten italienischen Kritikern endgültig den Mund stopfen. „Denn jetzt ist bewiesen, daß der 312 T ein echtes Siegerauto ist, daß wir nichts und niemanden zu fürchten haben“, sagt Lauda, ehe er weiterarbeitet.
Ferrari simuliert die ersten europäischen Grand-Prix-Strecken: Den Montjuich-Park von Barcelona und das Kurvenkarussell von Monte Carlo. In Fiorano werden Schikanen aufgestellt, drei Zentimeter dicke Eisenstangen auf den Asphalt geschraubt: Eine höllische Waschrumpel, ein erbarmungsloser Materialtest, den Ferrari besteht.
Und dann wird der Große Preis von Spanien zum verlustreichsten und katastrophalsten Formel-1-Rennen seit Monza 1961, damals, als der Deutsche Graf Trips und mehrere Zuschauer starben.

DIE ERPRESSUNG VON BARCELONA: SCHULD UND SÜHNE

Das Barcelona-Wochenende beginnt harmlos: Mit dem „Trial of San Antonio“, einer Motorrad-Geländefahrt, zu der „Senor Bultaco“, Paco Bulto, den Formel-1-Zirkus eingeladen hat. Sehr mutig braust Jarier durch die Gegend, eher vorsichtig Regazzoni, und am technisch besten klettert Lauda. Aber den Steilhang schafft keiner.
„Schluß jetzt“, fleht Paco Bulto, „sonst tut sich noch jemand weh, und Montezemolo verprügelt mich.“ Aber Lauda versucht's immer wieder, fünfmal, und ermuntert auch Regazzoni. Paco Bulto kann nicht mehr hinsehen. Der am höchsten kommt, ist der frühere siebenfache Motorradweltmeister John Surtees, „obwohl ich seit 1961 nicht mehr auf einem Motorrad gesessen bin.“
Als Graham Hill etwas verspätet in der Finca von San Antonio eintrifft, kommt ihm sein neuer Nummer-2-Pilot mit blutigem Gesicht entgegen: François Migault, Formel-1-Gelegenheitsarbeiter, ist gestürzt und hat sich drei Zähne ausgeschlagen. Hill bewahrt Humor: „Was wirst du erst mit meinem Auto aufführen, wenn du schon ein Motorrad so zurichtest?“, fragt er.
Hill hat an den Montjuich-Park böse Erinnerungen. 1969 ist ihm hier, zehn Runden, ehe Jochen Rindt aus gleichem Grund verun-

glückte, der Heckflügel weggebrochen: In der schnellsten Passage des Kurses, der Bergauf-Linkskrümmung nach den Boxen — die mit 10.600 U/min im 5. Gang gefahren wird, laut Diagramm 265 km/h. Hill kniete damals minutenlang neben seinem Wagen, um ihn zu inspizieren. Plötzlich bemerkte Stewart, „daß auch Jochen gestürzt war, aber von Hill sah ich nichts mehr. Einer der Streckenposten schlug sich mit der Handkante quer gegen den Hals. Ich mußte annehmen, Rindt hätte Hill überfahren.“ In Wahrheit war Hill unverletzt geblieben und hatte mit seinen „goldenen Händen“ geholfen, Jochen zu bergen.

Während der Moto-Cross-Party bei Bultaco ist Emerson Fittipaldi schon auf der Piste: Für Sonnenbrillen-Reklamefotos. Dabei registriert der Weltmeister mit Entsetzen: „Die Bolzen, die die Leitplanken halten, rutschen durch.“ Später kommt Scheckter und tritt mit dem Fuß gegen eine Leitplanke — die sofort herunterplumpst.

Lauda und Regazzoni kommen gegen Abend, drehen im Leihauto eine langsame Runde und erschrecken, als sie merken: „Viele Planken sind bloß durch Draht zusammengehalten.“ Lauda braucht nicht viel Phantasie, um sich die Folgen auszumalen: „Wennst da rausfliegst, bist du tot, weil die Leitplanken sofort nachgeben und sich öffnen.“

Es sind also zwei Gefahren, die den Formel-1-Zirkus alarmieren: Erstens die Leitschienen — noch schlampiger montiert als 1974 in Watkins Glen, wo sie den Tod Helmut Koiniggs verschuldet haben. Und zweitens die fast körperliche Nähe der Zuschauer — wegen des höheren Tempos noch gefährlicher als auf dem anderen übriggebliebenen Stadtkurs, Monte Carlo.

„Ich frage mich, wie viele Koinigg-Unfälle noch passieren müssen, um den Verantwortlichen die Augen zu öffnen“, grübelt Stommelen. Sogar der gewiß nicht ängstliche Ronnie Peterson, der als „Fahrer ohne Unfallangst“ gilt, sagt mir: „Wir haben schon einmal einen Kameraden verloren, weil wir wußten, daß etwas schlecht ist, wir aber nichts dagegen taten. Rennfahren ist gefährlich genug. Warum es also mutwillig noch gefährlicher machen?“

Sein Chef Colin Chapman schließt die Augen, als er sagt: „Die Leute sind so nahe der Strecke. Wenn hier ein Zuschauerunglück passiert — ich wage gar nicht daran zu denken.“

Die Diskussionen im Fahrerlager laufen alle in die gleiche Richtung. Das Fahrerlager: Ein uraltes Stadion, zerbröckelt wie das Colosseum in Rom, mit einer Laufbahn (auf der die Transporter und Rennwagen parken), aber ohne Fußballgoals. Es gibt ein einziges Tor, was bedeutet: Mit einem einzigen Schlüssel kann man den gesamten Formel-1-Zirkus, dieses Millionenunternehmen, einsperren . . .
Noch nie, nicht davor und nicht mehr danach, sind die verschiedenen Machtgruppen dieses Sports mit solcher Heftigkeit aufeinandergeprallt wie in Barcelona: Die Fahrergewerkschaft, die Konstrukteure, ihre Sponsors, die Veranstalter und die oberste Sportbehörde, die CSI.
Die Fahrervereinigung (GPDA) ist ursprünglich mit einer ganz anderen Sorge nach Spanien gekommen. Sie fürchtet fast stündlich das Herauskommen der „Transferliste" à la deutsche Fußball-Bundesliga. „Dann wird auf den Groschen genau festgelegt sein, wieviel jeder von uns wert ist, man kann uns nach Belieben eintauschen oder verkaufen — wir sind auf jeden Fall die Dummen." Weshalb die Piloten darauf drängen, „diesen Sklavenhandel zu verbieten, noch bevor er anfängt".
Ein rasch gegründetes „Aktionskomitee" — bestehend aus Fittipaldi, Reutemann, Pace, Scheckter und Lauda — hat scharf gemacht und für 100 Pfund (4500 Schilling) einen Londoner Rechtsanwalt beauftragt, den Formel-1-Teams scharfe Briefe zu schreiben: „Niemand darf gegen seinen Willen verschachert werden, seinen Kurswert legt jeder selber fest." So weit, so schön. An der Frage, wer die 100 Pfund Anwaltskosten berappt, entzündete sich aber die große Streiterei. Bis man beschloß: Wir teilen.
Weil Hill zu den Konstrukteuren „überlief", ist Denny Hulme neuer Präsident der GPDA. Und hätte Denny, der Bär, bei der entscheidenden Sitzung in Kyalami abgelehnt, wäre Fittipaldi der Chef geworden. „Hulme ist der ideale Mann", sagt Reutemann, „weil er außerhalb steht, sich aber in Sicherheitsfragen perfekt auskennt" — und außerdem keine Sehnsucht mehr nach dem Cockpit hat:
„Gäbe es einen 1000-PS-Turbo-Formel-1 oder etwas Ähnliches, das würde mich reizen. Aber die Kollegen fahren heute immer noch die Autos, die auch ich schon gelenkt habe", sagt Hulme, vor Barcelona,

denn das ist das Dilemma: Er ist gar nicht in Barcelona, weil er beim spanischen GP 1974 in einen tödlichen Streckenpostenunfall verwickelt war. Ohne seine Schuld.

Die GPDA hat auch einen „Sicherheitsinspektor" — Jean-Pierre Beltoise. Zweimal hat der Franzose den Montjuich-Park besucht und Forderungen gestellt. Reaktion: Manana, manana. Dabei existieren exakte CSI-Vorschriften über die Leitplanken, zum Beispiel: Höchstens 7 Zentimeter Bodenfreiheit. Beltoise hat ein System ausgeklügelt, daß Pflöcke drei Meter zurückfedern. Aber soviel Platz bietet Montjuich nicht.

Die Veranstalter: Spanische Grande, die gern in die Mythologie des Rennsports hinabsteigen. „Ein Nuvolari oder Caracciola haben sich auch nie beschwert", mokieren sich die Herren mit den grauen Schläfen. Und: „Auch ein Torero weiß, was er riskiert, wenn er in die Arena steigt." Die Kontrollbehörden dieses Sports haben die gleiche Denkungsart:

Die CSI: Jene Leute, „bei denen es letztlich immer aufs gleiche herauskommt: Sie stehen auf der anderen Seite der Leitplanken" (sagt Fittipaldi). Nehmen wir Huschke von Hanstein. Der „Rennbaron", während des Krieges einmal Mille-Miglia-Sieger, vergnügt sich mit Spielchen wie diesem: „Einmal fuhr ich in Stockholm mit dem schwedischen König Carl Gustaf und Prinz Bertil ein privates Formel-Vau-Rennen. Wir ließen den König gewinnen, man ist ja schließlich Kavalier."

Jetzt, in Barcelona, hört man von Hanstein befremdende Sätze: „Es gibt eben Männersport und es gibt Golfsport." Oder: „Es wird ja niemand gezwungen, und wer weiterleben will, soll es sagen — wie Johnny Servoz-Gavin, der 1970 plötzlich abgetreten ist." Und: „Sollen sich die Herrschaften eben künftig ihr Geld als Popsänger verdienen."

Bei diesen Ansichten kein Wunder, wenn eine andere Machtgruppe der CSI mehr und mehr das Steuer aus der Hand nimmt:

Die Konstrukteure. „Sie sind die Mafia", sagt Jimmy Haslinger vom Österreichring, „eine nette Mafia zwar, aber die Mafia." Die Firma Ecclestone, Mosley & Co verkauft, ehe das Geld untereinander geteilt wird, eine Grand-Prix-Packung 1975 für knapp 90.000 Pfund (etwas

mehr als 4 Millionen Schilling), also kosten die Rennen weniger als zum Beispiel 1973: Weil sich die Engländer mit der Pfundabwertung verspekuliert haben.
Für 1976 stellt Ecclestone bereits eine Preiserhöhung um 65 Prozent in Aussicht. „Wir sind nämlich viel zu billig. Sammy Davies jr. verlangt für fünf Konzerthaus-Auftritte in London 75.000 Pfund, uns aber schauen in Monaco 800 Millionen Menschen zu; fürs gleiche Geld.“
Bernie war es auch, der der CSI ein System für die Formel-1-Lizenzvergabe vorschlug: Soundso viele Formel-2- oder Formel-5000-Rennen usw. Wer aber schreibt den „Formula One Constructors“ etwas vor? „Mehr Gewicht oder viel schwerere Radaufhängungen mag kein Konstrukteur“, meint Fittipaldi über das Phantom eines 1000-Kilo-Autos, „weil's die Performance beeinflußt.“
Auf ihrem eigenen Terrain bekämpfen sich die Konstrukteure oft genug. So preßt Shadow-Designer Tony Southgate oft seinen Hüftknochen an den Heckflügel der Konkurrenz — wie ein Cowboy, der aus der Hüfte losknallt: „Bis hierher sind's, vom tiefsten Punkt des Wagens aus gemessen, 80 Zentimeter. Höher darf der Heckflügel nicht sein.“ Beim McLaren argwöhnte Southgate sehr bald: „Sieht mir gefährlich illegal aus.“
Die Sponsors: Manche sind allgegenwärtig, manche praktisch überhaupt nie zu sehen. Für 180 dieser Herrschaften ließ Ecclestone einmal 180 Armschleifen „Organisation“ nachdrucken, „weil ich denen nicht zumuten kann, daß sie sich für Spezialausweise fotografieren lassen.“ Lotus hatte von John Player bis 1974 pro Saison immer nur einen Dankbrief bekommen, plus spätere Weihnachtsgrüße. Die Texaco-Korrespondenz dagegen füllt ein dicker Akt, und 1000 Pfund kosteten die Anwälte, die den Sponsorvertrag ausheckten. „Man hat“, sagt Mario Andretti grundsätzlich, „auch den Sponsors gegenüber Verpflichtungen.“

Mit den mehr oder minder deutlich ausgesprochenen Worten: „Wir sind doch keine Selbstmörder“, lassen die Fahrer das erste Training platzen. Was folgt, ist eine Serie von Konferenzen, umgeworfenen Beschlüssen, Streitigkeiten. Juristisch betrachtet: Die Fahrer können von sich aus einen Grand Prix nicht absagen. Ihre Teamchefs sind

„nicht direkt verwickelt, weil es nicht ihr Kampf ist. Sie sind nur an dessen Ausgang interessiert" (Graham Hill).

Mehrere Fahrer fragen Huschke von Hanstein: „Ist der Kurs sicher?" „Nein", sagt der deutsche Rennbaron.

Frage: „Glauben Sie noch an einen Großen Preis von Spanien?" „Unfair, das schon jetzt zu sagen", erwidert Hanstein.

Das GPDA-Aktionskomitee — Fittipaldi, Hill, Scheckter, Lauda, Hunt — ersucht Hanstein um eine schriftliche Bestätigung über den Kurszustand. Er weigert sich: „Wir sind ja nicht zum Korrenspondieren da." Wozu sonst, und wozu wirklich?

Eine Unterschriftenaktion der Fahrer folgt: „Wir steigen hier nicht ein, wenn die Sicherheitsbestimmungen nicht den CSI-Gesetzen entsprechen." Der Freitagsboykott wird geschlossen durchgeführt — bis auf eineinhalb Ausnahmen.

„Jesus Christus, jetzt bin ich aber in der Klemme", ächzt Colin Chapman um 16.35 Uhr, als Jacky Ickx (längst aus der GPDA ausgetreten) unter Zuschauerapplaus im Sturmschritt an die Box kommt: Pokerface, Sonnenbrille, Helm in der Hand.

Ickx zu Chapman: „Ich hab denen (er meint die Kameraden) gesagt: Ich fahr nur heute, geh aber ansonsten mit ihren Beschlüssen konform."

„Mr. Lotus" seufzt: „Hör zu, Jacky. Ich habe zwei Verträge zu erfüllen. Erstens dem Veranstalter, zweitens dir gegenüber. Dein Auto steht da, die Piste ist offen. Alles hängt von dir ab. Ich persönlich würde dir aber raten: Trainier nicht." Ickx fährt trotzdem zweimal drei Runden, bis seine Bremsbeläge verbraucht sind. „Cavaliere solitario", sagt ihm Regazzoni nach, „der einsame Reiter."

Peterson steht in Zivil daneben. „Schau dir an, wie Ronnie danach dürstet, selber einzusteigen", sagt mir seine langjährige Freundin Barbro — seit ein paar Wochen Frau Peterson. Doch Ronnie rügt seinen belgischen Stallkameraden: „Dumm von Jacky, da hinauszufahren. Er stößt viele vor den Kopf."

Auch Brambilla fährt drei Runden, jedoch nur, weil er falsch informiert worden ist. Die „Gehirnwäsche" für den Italiener ist schnell und einfach.

Die kritische, die Grenzsituation ist erreicht. Man kann nicht Rennen wie Clermont-Ferrand (wo Helmut Marko ein Auge eingebüßt hat) absagen, hier aber fahren, nur weil alle da sind. Freitag um 18 Uhr verlassen die CSI-Herren im Klubblazer den Montjuich-Park, für ihre Galadinners oder Cocktailparties, und gemächlich tauchen sie Samstag mittag wieder auf.

12 Uhr ist als „Stunde X" vereinbart worden. Aber fast nichts ist besser geworden. Dafür sind die Konstrukteure — 1973 in Barcelona haben sie ihre streikenden Piloten noch in die Autos gebrüllt, 1975 in Barcelona jedoch Abwartestellung bezogen — mit ihrer Zuschauerrolle nicht mehr ganz zufrieden:

Ken Tyrrell fängt an, selber an den Leitplanken herumzuschrauben. Andere Teams delegieren ihre Mechaniker — wofür sich Hanstein onkelhaft mit ein paar Weinflaschen bedankt. Mosley gibt mir gegenüber zu, daß er bereits mit Bernie Ecclestone geredet hat, „daß es passieren kann, daß man unsere Autos hier im Stadion einsperrt und beschlagnahmt. Und was dann?"

Im Texaco-Bus ergibt eine Fahrerabstimmung: Mit zwei Ausnahmen (die Amerikaner Andretti und Donohue) sind alle gegen das Rennen. Danach folgt ein kurzer Feuerwechsel mit der CSI in einem anderen Wohnwagen, durch dessen Preßlufttüren das CSI-Kommunique herausgereicht wird, das jeder Beschreibung spottet: „Wir geben zu, daß die Piste nicht sicher ist, aber sie ist nicht unsicher genug, um abzusagen." Die Leute, die den Motorsport regieren, schlagen sogar allen Ernstes vor: „Fangen wir mit dem Training an, schauen wir, ob jemand stürzt, wie weit die Leitplanken das aushalten und ob jemand verletzt wird."

Daß die CSI die Absage verweigert, spitzt die Situation zu. Das heißt: Wenn die Formel-1-Teams ihre Startverpflichtung nicht erfüllen, bekommen sie kein Geld. Langsam, aber unaufhaltsam dringen die Teamchefs zum GPDA-Bus vor. „Sag mir jetzt ja oder nein", fordert Tyrrell, mit bereits energischer Stimme, von Scheckter. Jody wehrt ab.

„Und du?", fragt Teddy Mayer Fittipaldi. Der Brasilianer sieht ihn mit stillem, ernstem Blick an: „Teddy, no", sagt er dann, was Mayer

akzeptiert. Er schlägt sogar vor: „Was immer ihr Fahrer tut: Ihr müßt nur einig bleiben."
Montezemolo hat seinen Piloten alle Entscheidung überlassen, „denn ihr seid es ja, die riskieren". Enzo Ferrari hat am Telefon Lauda ausrichten lassen: „Entscheide, wie du willst, aber überleg dir ganz genau, was du tust. Und vergiß nicht: Rennfahren ist gefährlich." Forghieri aber läßt durchblicken, Lauda wäre „immerhin Angestellter der Firma Ferrari". Rolf Stommelen fürchtet bereits: „Es ist immer das gleiche. Einer wird den Motor anwerfen — und dann fahren alle."
Bereits drei Autos sind es, die man fahren hört: Ickx, wie gestern, und dazu die Formel-1-Greenhorns Wunderink und Evans, denen der mörderische Stadtkurs fremd ist. Motorengeräusch mischt sich mit bösen Worten. Nie habe ich Wilson Fittipaldi wütender gesehen als Samstag nachmittag, als er die zum Konferenzbus hochgeturnten Teamchefs anbrüllt: „Sorry, das hier ist unser Meeting, raus mit euch! Geht ihr ruhig um euer Geld streiten, wir reden hier über unser Leben." Als Wilson die Tür zuschmeißt, springt sie aus den Angeln, und Mosley hat blaue Zehen.
Was kaum jemand weiß — und was auch später für viele im Dunkeln bleibt: Die meisten Teamchefs haben für den Fall, daß ihre Vertragspiloten streiken, schon Ersatzfahrer parat — perfekte „Doubles" wie in Hollywood, wo allzu geldgierige Filmstars mit ihren perfekten Spiegelbildern konfrontiert werden: Gleich geschminkten, gleich frisierten, nur wesentlich billigeren Schauspielern.
In Barcelona schickt Ecclestone den zufällig anwesenden Südafrikaner Guy Tunmer mit dem Motorrad ins Hotel: „Hol schnell deinen Sturzhelm." Mosley sichert sich den Abarth-Testpiloten Pianta. Und andere Teams lassen die Telefondrähte nach England glühen . . .
Die Erpressung der im Bus versammelten Elitefahrer wird langsam eine totale. Die letzte Abstimmung: 21 : 8 gegen das Rennen. Die acht sind Andretti, Donohue, Peterson, Brambilla, Lombardi, Brise, Ickx, Evans, also Vertreter dreier Gruppen: an Härte gewöhnte Amerikaner; fatalistische Europäer; und junge Fahrer, wie Evans und Brise, die „Repressalien fürchten", aber überzeugt sind: „Hätten wir einen Fixplatz im Team, würden wir anders stimmen." Evans fürchtet um

seinen BRM-Sitz, und Brise wartet, weil Williams-Pilot Laffite Formel-2-Verpflichtungen hat, auf seinen allerersten Grand Prix.
Im GPDA-Bus prallen Pro und Kontra aufeinander. Wortführer derjenigen, die fürs Rennen plädieren, wird immer mehr Mario Andretti.
Der Italo-Amerikaner, gehärtet im amerikanischen Auto- und Menschendschungel, gilt für Stewart als „der Aggressivste der Formel-1-Truppe, der erbitterste Challenger und der Unnachgiebigste im Zweikampf". Sein einstiger Gegner und jetziger Teamchef, Parnelli, sagt ihm „das Gesicht eines Engels, aber die Angriffsfreude des Teufels" nach.
Andretti haben Stürze nie sonderlich beeindruckt. „In Indianapolis", erzählte er einmal Niki Lauda, „ist mir bei 320 km/h die Lenkung kollabiert. Ich hab mich sofort gedreht, bin mit immer noch 200 km/h gegen die Mauer gekracht — aber ich wußte ja: Beim ‚Eagle' zerbirst, wenn er frontal anprallt, immer die Frontpartie, die Pedale werden zusammengequetscht, klemmen die Füße ein — darum hab ich sie rechtzeitig eingezogen." Das einzige, das Andretti von diesem Unfall blieb: „Für ein paar Tage ein steifer Hals."
Mario braucht, weil er pausenlos zwischen Amerika und Europa pendelt, kein Körpertraining, um fit zu bleiben. „Ich muß nie länger als drei Tage warten, bis ich wieder in einem Rennwagen sitze."
Das Parnelli-Team lebt immer noch vom Firestone-Geld, aber die „Lotus-Dependance" — weil mit Konstrukteur Maurice Philippe, Teammanager Andrew Ferguson, Rennleiter Dick Scammel und einigen Mechanikern fast alle früheren Lotus-Leute bei Parnelli arbeiten — sieht schon Geldprobleme am Horizont auftauchen. Der dicke Vel Miletich verrät mir: „Zwei Jahre haben wir noch mit Mario einen Vertrag, aber wenn wir keinen neuen Sponsor finden, können wir ihn nicht halten, fürchte ich."
Bald beginnen die ersten Ex-Lotus-Leute wegzulaufen, und das Gerücht, Parnelli müsse Ende 1975 zusperren, macht bald die Runde durch die Boxen. Andretti ist immer hungrig nach Siegen, und das Team braucht Geld.
„Ich habe keine Lieblingsstrecken, ich hasse nur jene Pisten, auf denen mein Auto nicht richtig läuft. Umgekehrt habe ich schon die schreck-

listen Plätze liebgewonnen, wenn sie meinem Auto gepaßt haben", gesteht mir Mario. *Der Montjuich-Park ist ihm nicht fremd. „I love it! Ich bin hier schon 1971 gefahren, damals war's noch viel ärger, da schwankten die Leitplanken im Fahrtwind." Und dann prägt Andretti seinen berühmt gewordenen Satz: „Die Bühne ist fertig, und wir sind hierhergekommen, um zu tanzen — also los!"*

So wird Andretti zum großen Gegenspieler Fittipaldis. Die beiden prallen mit voller Wucht aufeinander. Mario hat beteuert: „Ich will fahren, aber ich beuge mich dem Mehrheitsbeschluß." Darauf Fittipaldi: „Was immer von euch beschlossen wird, ich fahr auf gar keinen Fall. Wenn jemand von euch fahren will, dem kann ich nur wünschen: Viel Glück."

Worauf Andretti aufbraust: „Wenn du dich nicht ans Abstimmungsergebnis halten willst, dann fühl ich mich nicht mehr an die Mehrheit gebunden. Ich geh rennfahren." Es ist 15.50 Uhr, als die GPDA zerbröckelt. Wie gemäß Filmdrehbuch ziehen jetzt dreißig der „Los Guardias", der spanischen Dreispitzpolizisten, ins Stadion ein. Organisationschef Fabregas hat Ecclestone gedroht: „Wenn nicht gefahren wird, sperren wir die Autos ein." Darauf Bernie mit seinem schwarzen Humor: „Nicht die Autos, denn die stehen ja in der Box. Ihr müßt die Fahrer ins Gefängnis stecken . . ." Ein typischer Bernie-Scherz, den Fabregas aber bitterernst nimmt.

So steht plötzlich der spanische Ex-Pilot Alex Soiler-Roig (als Vertreter der Veranstalter) in der Tür des GPDA-Busses, um die spanischen Rachepläne zu dolmetschen: „Es kann passieren, daß alle Formel-1-Autos beschlagnahmt werden. Das hieße: Bis zur Gerichtsverhandlung, zumindest bis Sommer, kein Grand Prix." Ecclestone steht neben dem Spanier. Und Mosley ist, „um die Sache weiterzupeitschen", mit ein paar anderen Teamchefs gleich nachgestürmt.

„Kann ich ein Wort mit meinen Fahrern reden?", fragt Chapman lauernd. Peterson steht langsam auf, zögernd, aber doch gehorsam. Brambilla rennt los, um seinen Helm zu holen. Reutemann erhebt sich lustlos. Tyrrell packt Scheckter am Kragen: „Du verdammter Kerl gehst jetzt rennfahren." Der senible Jody ist von seinem Chef echt enttäuscht — was man ihm auch ansieht.

Die GPDA stiebt auseinander, ist in diesem Moment praktisch gestorben. Jochen Mass' Vorschlag von einem „Autokorso mit Überholverbot" wird kaum mehr gehört, und auch Reutemanns Idee: „Drehzahllimit 5000 Touren, Lella Lombardi soll gewinnen, Zweiter wird Wunderink, Dritter Evans" geht völlig unter. Nur die Brüder Fittipaldi und Regazzoni bleiben noch 40 Minuten im Bus sitzen.
Lauda sieht nichts mehr, wofür er noch kämpfen kann. Halb ohnmächtig vor Zorn gehen Niki (und die meisten anderen) zu den Boxen, um ihre Arbeit aufzunehmen. Man hat sie verkauft, verraten und erpreßt, förmlich in ihre Cockpits getreten. „Mit der Pistole im Genick", ärgert sich Lauda, „denn da hinauszufahren, heißt sich am Türhaken aufzuhängen."
Prompt tut Patrick Depailler der CSI den Gefallen eines Testunfalls. „Ich hab wegen Lenkungsdefekts soviel Zeit in der Box verloren, daß ich nervös und übereifrig war", gibt der Franzose zu: Unverletzt geblieben.
Emerson Fittipaldi fährt nur ein paar betont langsame Runden, ganz außen, den Arm hochgestreckt, unter gellendem Pfeikonzert. „Und wenn ich deswegen meinen Titel verlier: Ich starte nicht!" Teamkamerad Mass bemerkt an den meisten anderen „die gleiche Trotzreaktion wie nach Jochen Rindts Tod in Monza: Jetzt erst recht."
Lauda fährt trotzig und wütend 1:23,4 — Pol-Position, knapp vor Regazzoni, der das Training arg verspätet aufgenommen hat, aber Niki im Transporter anfaucht: „Ihr macht immer alle großes Casino, mit Langsamfahren und so, aber kaum sind die Funktionäre da, ist in fünf Sekunden alles weg, fahren alle wie die Verrückten. Besonders du. Als ich deine Rundenzeiten sah, hab auch ich Vollgas geben müssen."
Lauda antwortet: „Aber um Langsamfahren abzusprechen, dazu hat doch kein Mensch mehr Zeit gehabt." Freude spürt der Trainingsschnellste keine. Nur als Montezemolo sagt: „Schau, Niki, jetzt, da wir zwei Autos in Pol-Position haben", korrigiert ihn Lauda: „Ein Auto, Luca."
Montezemolo betont immer wieder: „Ich bin nicht Tyrrell. Ihr beiden sagt mir, ob ihr wollt oder nicht." Lauda bedankt sich: „Wahnsinnig nett von dir, aber stell dir vor: Ich starte hier nicht, und Pace

macht neun Punkte. Was, glaubst du, ist dann Montag in Italien los?“

Laudas Pflichtgefühl gegenüber Ferrari ist stärker als die Sorge um die eigene Sicherheit: „Ich muß Barcelona als eines von 14 Rennen sehen, also an die Weltmeisterschaft denken, für die bei Ferrari Hunderte Leute arbeiten — und in die Fiat vielleicht 50 Millionen investiert hat.“

Direkt erzwungen hat kein Teamchef den Start, „denn du kannst ja auch einen normalen Unfall haben. Wer übernimmt dann die Verantwortung?“ Fittipaldi bleibt bei seinem Nein, „und wenn ich deshalb die Weltmeisterschaft verlier. Mag sein, daß meine Entscheidung heute falsch ist, für die Zukunft aber richtig.“ Emerson ist „enttäuscht von meinen Kameraden. Sie machen da einen Fehler.“

Warum niemand mitstreikt? Weil niemand in der Position des Weltmeisters ist. Teamchef Teddy Mayer und seine Sponsors, alle vollzählig vertreten, geben volle Rückendeckung: „Was immer du tun willst, fühl dich frei, wir respektieren alles.“ Auch Mass hat freie Wahl, „aber entweder machen's alle oder keiner. Ich fahr, um Repressalien zu vermeiden.“

Hanstein versimpelt den bitteren Ernst: „Mein Junge, ist doch nicht so schlimm.“ Mass prallt entsetzt zurück: „Es ist noch viel schlimmer. Wir können nur hoffen, daß nichts passiert, sonst geht's euch an den Kragen.“

Mass schläft in der Nacht vor dem spanischen Grand Prix schlecht. „Aber das“, fürchtet Maria-Helena Fittipaldi, „ist vielen so gegangen. Ich hab den einzigen wirklich tapferen Mann.“ Emerson ertappt sich am Rennmorgen bei einem komischen Gefühl: „Das erstemal, daß ich mich am Renntag anziehe, ohne daß ich denken muß: Welchen Gang lege ich dort ein?“ In Zivil auf der Piste, bereut Emerson nichts, nur seine Frau plagt ein Alptraum: „Es gibt nur eine Möglichkeit, zu beweisen, daß Emerson Recht hat, aber das wäre der entsetzlichste Beweis: Ein Unfall.“ Als die Fittipaldis um 12.20 Uhr ins Flugzeug nach Genf steigen, rollen die Wagen zum Start . . .

„Wenn etwas passiert“, gibt Soler-Roig zu, „sind wir im Herzen alle ein wenig schuld.“ Und der Mann aus der fünften Startreihe, Stommelen, sagt mir: *„Wenn man gewisse Teamchefs, nicht meinen, brül-*

len hörte: ‚Marsch in eure Autos!' — dann kann man nur sagen: Fittipaldi ist der einzige Tapfere. Aber ich kann mir's nicht erlauben, wie Emerson zu handeln. Und das ist die Ansicht von fast allen von uns, egal, ob sie's zugeben oder nicht. Glaub mir: Ich schäme mich dafür, daß ich starte ... und mir ist nicht wohl in meiner Haut."

Rolf, der 32jährige Kölner Bürgersohn, ist bedrückt und nachdenklich — wie fast alle an diesem 27. April. Dabei hat er sich so auf die europäische Saison gefreut, förmlich gespürt, „wie mein Embassy-Hill von Rennen zu Rennen konkurrenzfähiger wird." Stommelen scheint etwas zu gelingen, was ganz, ganz selten ist: Eine „Zweite Karriere" in einem Sport, in dem es die „zweite Chance" normal nicht gibt.

1970 mit dem zweiten Werk-Brabham inmitten der Weltklasse etabliert; 1971 in Argentinien Pol-Position und Sieg im ersten Lauf, im zweiten Kollision mit Chris Amon — danach auf Surtees der Weg bergab; die skurrile Zeit im „Team dream", den Tagträumern von Eiffelland; danach zwar der höchstdotierte Alfa-Romeo-Vertrag aller Zeiten, aber nur noch gelegentliche Formel-1-Einsätze, bei Brabham, dann bei Hill. „Als mir Graham den Platz anbot, war ich gebauchpinselt." Rolfs große Herbstauftritte 1974: Schneller als Mass und Stuck, die ihn inzwischen aus vielen bundesdeutschen Herzen verdrängt hatten. Und jetzt fünfte Reihe in Spanien.

In Stommelens Box sitzt Marlene, ehemalige Chefsekretärin der Technischen Hochschule von Aachen. Rolf hat sie 1971 auf Wörthersee-Ferien kennengelernt: „Ich hatte keine Ahnung, daß Rolf Rennfahrer war. Sonst hätt' ich ihn sofort laufenlassen." Stommelen hatte in seiner Karriere zwei Unfälle: Rossfeld 1968 (Lenkungsbruch), Watkins Glen 1973 (weggebrochene Motorhaube, Feuer). Er hat beides genauso abgeschüttelt wie seinen Schulterbruch beim Eisspeedway in Sölden in Tirol. Den für zwei Wochen verpaßten Gips hat der Deutsche nach einer Woche selbst zerschnitten und stattdessen eine Spezialsalbe verwendet.

Was an Stommelen immer wieder verblüfft: Woher dieser extrem nette, hilfsbereite Mensch die Brutalität fürs Stahlgewitter der Formel 1 nimmt. Ein Beispiel: 1974 in Watkins Glen, vor dem entscheidenden WM-Finale, verletzte sich Regazzoni bei einem Testun-

fall. Stommelen klemmte sich stundenlang ans Telefon, um den gerade in Kanada arbeitenden Schweizer Journalisten Roger Benoit aufzutreiben, ihn zu informieren: „Hätte ich dich nicht gefunden, hätte ich selbst deine Zeitung angerufen. Weil ich ja weiß, wie wichtig Regazzoni für euch ist . . .“

Pflichtbewußtsein prägt Stommelens Verhältnis zu seinen Rennwawagen: „Sie sind so sensibel, daß du mit ihnen nicht über Gras, Dreck und Randsteine räubern darfst. Ich begreife die anderen nicht, die schon am Start riskieren, ihr Auto wegzuschmeißen. Mit kriminellen Manieren (wie manchmal Hunt) glauben sie oft, sie müssen schon in der ersten Runde gewinnen.“

Gewonnen hat seit 1961 (Graf Trips in Holland und England) kein Deutscher mehr in einem Grand Prix. Aber darüber denkt weder Rolf noch Marlene: „Barcelona ist für mich zunächst ein Tag wie jeder andere. Ohne Gefühle, weil du ja immer denkst: Dir kann nichts passieren“, sagt sie.

Barcelona beginnt unheilvoll: Mehrere Wagen touchieren. Der führende Lauda bremst für die Spitzkehre normal, hat die Hand am Schaltknopf, ist aber noch im 5. Gang, als ihn von hinten Andretti rammt. Der Ferrari steht quer, schießt im 90-Grad-Winkel auf die Leitplanken zu. „Zum Glück kommt gerade Regazzoni und schubst mich wieder in Fahrtrichtung.“ Lauda ist auf der Stelle eliminiert, Clay muß an die Box.

„Watson hat mich torpediert und gegen dich gestoßen. Im Pulk verteidigt jeder seine Position“, sagt Andretti später. Doch Fotobeweise existieren: Watson hat Andretti erst 300 Meter nach der Kurve gerammt. „Dann muß es also das Phantom sein, daß mir immer hinten reinfährt“, gibt Lauda zurück.

Wilson Fittipaldi und Merzario geben, wie angekündigt, nach einer Runde auf. Hunt führt, bis er auf Scheckters Öl ausrutscht und — genau wie Donohue und Jones — gegen die Leitplanken kracht. Damit übernimmt Andretti die Spitze, gefolgt von Watson. „Wir können gewinnen“, hofft Surtees, nicht wissend, daß der Ire „brake spots“ hat: Weggefetzten Gummi, aber nur an einer Stelle, heraufbeschworen durch ein blockierendes Rad, „das jetzt läuft als hätte es einen viereckigen Reifen.“

Aber Andrettis Auto ist viel deutlicher angeschlagen: Ein Frontflipper ist verbogen (vom Rammstoß gegen Lauda), die rechte Hinterradaufhängung ist verbogen (Gruß von Watson). Mario weiß und spürt das, „aber ich fahre solange das Auto zusammenhält." Bis zu 20 Sekunden Vorsprung bolzt der Italo-Amerikaner heraus, dann kollabiert die Aufhängung und Andretti stürzt in die Leitschienen. Das ist die 15. Runde, und der neue Spitzenreiter heißt Stommelen, mit Pace und Peterson im Nacken.

Zum erstenmal seit 14 Jahren führt ein Deutscher in einem Grand Prix. Aber Rolf fährt „nicht am Limit, nicht am letzten Drücker, damit hinterher ja keiner sagen kann: Kaum führt er, fährt er wie ein Verrückter, bis er prompt sein Auto rausschmeißt." Der Kölner kontrolliert Carlos und Ronnie immer von der Spitze. Peterson lobt nachher: „Er imponiert mir vor allem in den schnellen Bergaufkurven, die viel Herz verlangen."

Rundum ist der enge Straßenkurs längst von vielen Wracks gesäumt. Peterson weiß nie, „was die gelben Flaggen wirklich bedeuten: Ist das noch ein alter Unfall oder ist schon der nächste passiert?" Deshalb wohl versuchen Peterson und Pace gelegentlich, Stommelen unter gelber Flagge (strengstes Überholverbot!) auszutricksen. Rolf aber paßt auf.

„Mass schon Vierter", sagt ein deutscher Reporter zu einem Schweizer, der mit dem Bleistift nur auf seine Rundentabelle trommelt: 22 führt. „Ach, Migault", sagt der Deutsche geringschätzig — er hat Stommelen und Migault verwechselt. Als der Franzose überrundet wird, läßt er zwar Stommelen und Pace durch, nicht aber Peterson, der über Migaults Vorderrad springen muß — was seine Aufhängung k. o. schlägt.

Damit bleibt Stommelen mit Pace allein. Rolf ist „absolut sicher, daß ich dieses Rennen gewinnen werde." Nach der 23. Runde signalisiert er seiner Box noch mit dem Daumen: „Alles okay." Nach der 24. beträgt sein Vorsprung auf Pace, wie sein Mechaniker Steve notiert, 1,1 Sekunden. Nach der 25., als Steve 1,6 schreibt, reißt es ihm beim Komma den Bleistift aus der Hand. Steve und alle in den Boxen hören den explosionsartigen Knall, auch Stommelen, der jedoch denkt: „Aufhängungsbruch, vielleicht Reifenplatzer."

„Was ist das eigentlich, Grand-Prix-Racing?“, hat Jochen Rindt im Spätsommer 1970, wenige Tage vor seinem Tod, gefragt — plötzlich auf der Straße innehaltend, nachdenklich, fast im Selbstgespräch, nach seinem letzten Heurigenbesuch in Grinzing. „Du fährst rundherum, im Kreis, immer rundherum, und auf einmal kommst du nicht mehr vorbei.“

Stommelen ist der Heckflügel weggebrochen, an der bösesten Stelle, der Bergauf-Linkskrümmung, in der sich das Auto in den Federn hochschaukelt, an der absoluten Rutschgrenze balanciert. Der Flügel fliegt vier Meter hoch. Der Embassy-Hill, außer jedweder Kontrolle, prallt links gegen die Leitplanken, wird quer über die Bahn nach rechts geschleudert, alles vor Paces Augen.

Carlos erzählt mir später: „Ich brems sofort, danach schließ ich die Augen und bete. Als ich sie wieder öffne, sehe ich Rolfs Auto über mir in der Luft.“ Was Pace nicht mitbekommt, was aber Fotodokumente beweisen: Stommelens Auto rotiert, halb umgekippt, auf der rechten Leitplanke. Und ist gerade in jenem Sekundenbruchteil, als Pace unterhalb durchschlittert, in Längs-, nicht in Querrichtung — die für Pace katastrophal gewesen wäre: „Irgendwie bin ich dem Inferno entronnen. Aber das war nicht ich — das war Gott, der mir geholfen hat.“

Während Paces Brabham mit demolierten Rädern die Leitplanken bis zur Haarnadel weiterschlittert, kippt Stommelens Auto über die Leitplanke, nach innen, wo Streckenposten und Fotoreporter stehen, und zerbricht.

Jochen Mass, acht Sekunden hinter dem Führungsduo gelegen, sieht Aufhängungsteile und Reifen herumliegen. „Mir ist sofort klar, daß Schreckliches passiert sein muß. Ich denk an Pace und hab Angst um ihn. Später erst dämmert mir: Stommelen ist über die Leitplanken — weil ich die Unterseite seines Autos sehe.“ Mass bremst auf Schrittempo herab, „und da steht Wilson Fittipaldi und streckt den Daumen hoch: Gott sei Dank, Rolf lebt.“

„Und Pace?“, fragt der junge Brabham-Designer Murray angsterfüllt. Unverletzt, sagt man ihm. Murray bekreuzigt sich.

Graham Hill und seine Mechaniker sind die Strecke hinaufgerannt. Jetzt helfen sie bei Rolfs Bergung, die wegen der neun Beinbrüche furchtbar weh tun muß. „Put me down", schreit der Deutsche auf englisch. Fittipaldis Privatarzt, der im Montjuich-Park geblieben ist, leistet Erste Hilfe. Die Spanier sind völlig konfus. Einen Toten legen sie ins Rettungsauto. „Holt unser Transitauto", befiehlt Hill, „damit wir Rolf ins Spital bringen können." Graham ist schreckgelähmt. Die das Team in diesen Minuten zusammenhält, ist seine Frau Bette.

Und die draußen den Verkehr regeln, sind die Mechaniker. „Langsam! Langsam!", warnen sie mit weitausgestreckten Armen. Regazzoni und Reutemann bremsen so brüsk, daß ihre Autos vorn herunterkippen. Andere fahren Schlangenlinien. Aber Ickx überholt Mass, Jarier überholt Reutemann mit Vollgas. „Bastard", ruft ihm Steve nach. Mass erwartet jeden Moment den Abbruch, begreift aber, „daß es jetzt ja um den Sieg geht." Eine Runde später verschaltet sich Ickx, Mass geht vorbei.

Längst beschwört Lauda an Start und Ziel die Funktionäre: „Da ist eine Katastrophe passiert, ihr müßt abbrechen, bevor jemand überfahren wird." Aber die Spanier klopfen ihm nur onkelhaft auf die Schulter: „Wird schon nicht so schlimm sein." In der 29. Runde kommt endlich die Abbruchflagge heraus.

„Well done", empfängt Mayer den freudlosen Sieger Mass, „gute Arbeit." Da war ein Unglück, sagt Mass. Vier Tote, sagt Mayer, worauf Jochen derartiger Zorn packt, daß er dem CSI-Generalsekretär Le Guezec ans Kinn greift — prompt drohen die Polizisten mit Gummiknüppeln. „Halbe Punkte", sagt ein Funktionär, im Regelbuch blätternd, „aber volles Geld."

So rasch er kann fliegt Mass nach Deutschland. Nachts schreckt er aus dem Schlaf: „Ich hab Barcelona nur geträumt", glaubt er, aber: „Dann war alles nur noch schlimmer."

Stommelen liegt in der „Clinica Soler-Roig" — wie 1969 Rindt, wie er in Führung liegend verunglückt, wie er wegen Flügelbruchs. „No visitas", hängt an der Schnalle von Zimmer 5. „Das Atmen tut weh, ich kann nicht schlafen, mich nicht bewegen, das macht mich fertig", klagt Rolf leise, etwas apathisch, und gibt mir klare Schilderungen des Rennverlaufs und Unfalls. Der Satz, der oft wiederkehrt: „Ich hätte gewonnen."

Monte Carlo, Regen-Roulette: Lauda in der Mirabeau-Kurve vor Jarier (17), Brambilla (9), Peterson (5), Pryce (16), Scheckter (3), Regazzoni (11)

Vom bösen Fluch erlöst – Ferraris erster Monaco-Sieg seit 1955!

Die Anti-Saison des Ronnie Peterson — Bremsdefekt in Zolder

Der Sommer des Niki Lauda – viermal Erster, einmal Zweiter, binnen acht Wochen 42 WM-Punkte! Oben: Zolder, unten: Anderstorp, überall: Ferrari-Jubel. Mit Nikis Helm: Mechaniker Ermanno Cuoghi

Schon wieder ein Regenstart: Zandvoort. Hinter Lauda (verdeckt) Scheckter, Hunt, Fittipaldi, rechts Regazzoni (11), Mass (2)

Lord-Umarmung, Lord-Mutter, Lord-Sieg: James Hunt (Hesketh) gewinnt in Holland

Indianer gehen einsam — Carlos Reutemann

Graham und Bette Will waren schon da und waren sorry. „Immer das gleiche“, sagt Rolf, „einer ist immer sorry“. Professor Soler-Roig, Alex' Vater, ist überzeugt, daß alles wieder in Ordnung kommt. „Aber das haben sie bei Hailwood auch behauptet“, zweifelt Rolf.

Es geht ihm schlecht, und er weiß noch nichts von den Unfallfolgen. Bis CSI-Präsident Fürst Metternich wie ein Elefant in den Porzellanladen in Zimmer 5 tritt und sagt: „Tag, Rolf, hat schlimm ausgesehen, nicht wahr, hat Tote gegeben.“ Von Hanstein beschwert sich am Flughafen, weil er nicht Erster Klasse fliegen kann, ist aber „nicht einmal für eine Million“ bereit, bei einer TV-Livesendung in Wien auszusagen. Lauda und Mass verteidigen ihren Sport gegen alle Angriffe, danach gesteht der Deutsche, als wir im Maxingstüberl zusammensitzen: „Am Montag, da hasse ich die Rennstrecken. Ich glaub, ich bin gar kein richtiger Rennfahrer.“

Mit gesenktem Kopf geht er auf sein Hotelzimmer, Jochen Mass, Deutschlands erster Grand-Prix-Sieger seit 1961. „Aber ich denk nicht dran, daß ich irgendetwas gewonnen hab, ich hab nur das saublöde Gefühl, daß etwas falsch war.“ Die Schatten verblassen nur langsam.

MONTE CARLO: DAS ENDE DES FERRARI-FLUCHES

Barcelona hat die Rennsportgegner alarmiert, aber auch innerhalb des Grand-Prix-Sports Vertrauen zerrüttet und Freundschaften zerstört. Durchs „glücklichste Team der Formel 1“, Brabham, läuft seither ein Riß. Aber Pace hat jedwedes Angstgefühl verloren: „Seit ich Barcelona überlebt habe, fürcht ich keine Strecke, keinen Unfall, nichts mehr.“

Carlos' Gattin Elde hat den spanischen Grand Prix in Sao Paulo im Fernsehen verfolgt — und war erst beruhigt, als sie 15 Minuten später Carlos im Radio reden hörte. Neun Tage später bringt Elde einen Buben zur Welt, Rodrigo d'Andrea. Am 6. Mai, dem gleichen Tag, an dem Tochter Patricia ihren vierten und sie selber ihren 27. Geburtstag feiert: Präzisionsfamilie Pace. „So ist alles leicht zu merken“, sagt Carlos den Gratulanten, „und billiger kommt' mich auch.“

Enzo Ferrari hat Lauda noch Sonntag abend im „Hotel Riz" von Barcelona angerufen: „Vuoi correre tu a Monaco o no? Willst du in Monaco fahren oder nicht?" Der Commendatore war äußerst deprimiert, von Zweifeln befallen: „Ist das die Sache wirklich wert?" Der Gedanke an die vier Toten von Barcelona ließ den Commendatore nicht los, der Schock von Monaco 1967 (Lorenzo Bandinis Todessturz) kehrte wieder: „Wir verzichten auf Monaco", beschloß Enzo Ferrari im Affekt. Doch im Telefongespräch mit Lauda kam die Idee auf, das Starterfeld aus Sicherheitsgründen zu limitieren: Nur 18 Wagen. Die Konstrukteurvereinigung akzeptierte die Ferrari-Bedingung; Monaco auch.

Und die GPDA beschloß für Monte Carlo tempobremsende Streckenänderungen: Verengung der Schikane von 14 auf 11,5 Meter; Randstein in der schnellen Rechtskurve von St. Devote, damit die Autos 30 km/h langsamer an der Tribüne vorbeischießen.

Haben die Fahrer Barcelona abgeschüttelt? „Rennfahrer haben ja nichts im Kopf", sagt Mass sarkastisch. Und Ken Tyrrell: „Ich glaube nicht, daß nach Barcelona überhaupt jemand wieder normal sein kann. Die Boys hassen es nun einmal, durch Stahltunnels, so eng neben Leitschienen, zu fahren."

In Monte Carlo toben und brüllen die Rennwagen durch die engen Gassen wie die Jungstiere in der Stadt Pamplona — gleichfalls einmal im Jahr. Da ist Stahl und Stein überall, und kein Platz für irgendwelchen Irrtum.

Alan Jones, der Australier, dreht sich unten am Swimmingpool und eliminiert beinahe beide McLaren: Rechts bleibt Fittipaldi nach Vollbremsung gerade noch stehen, links schlängelt sich Mass um Zentimeter vorbei.

Genau dort unten beobachtet der Schweizer Ski-Olympiasieger Bernhard Russi seinen Landsmann Regazzoni. „Clay ist schneller als Lauda, das seh ich mit freiem Aug", wettet er mit Reifenleuten. Aber Augenzeuge Russi sieht auch das Malheur, das der Tessiner anrichtet: Links die Leitplanken gestreift, herumgewirbelt, quer zur Fahrtrichtung, Aug in Aug mit dem heranjagenden Watson. Die Folgen: Ein zerquetschter Surtees und ein Ferrari minus rechtes Vorderrad.

Regazzoni wechselt in den Ersatz-Ferrari und fährt Bestzeit vor

Peterson („zum erstenmal hat Lotus Pneus, die greifen") und Lauda („mein Auto untersteuert noch").

Nachmittags bekommt Niki die Dinge richtig in Griff, überflügelt alle — und dann „stolpert" auch er unten am Swimmingpool, in der gleichen Kurve wie Regazzoni, nur 20 Meter früher. „Beim Gaswegnehmen bin ich mit dem rechten Fuß unterm Bremspedal hängengeblieben, scusi", sagt Lauda zu Montezemolo — lachend, kopfschüttelnd. „Das kommt manchmal vor. Aber Folgen hat's normal keine." Diesmal ja: Frontpartie, Aufhängung demoliert, Chassis verzogen.

Montezemolo wirkt um Jahre gealtert. Der böse Ferrari-Fluch — seit 20 Jahren in Monte Carlo ohne Sieg — verfolgt ihn bis in seine Träume. „Solo venti anni . . .", philosophiert Motorenchef Bussi.

Lauda hat nur noch 12 Minuten bis Trainingsschluß, wechselt ins eilig restaurierte Regazzoni-Auto — und fährt nochmals Bestzeit. Praktisch steht er zweimal in Pol-Position.

Und Jochen Mass steht kopf — mit seinem für 8000 Franc gekauften Katamaran-Segler „Navahoe", bei der ersten Ausfahrt, weit draußen im Meer. „Da hab ich gemerkt, daß das Wasser noch ziemlich kalt ist. Aber ich hab das Segelschiff selbst wieder aufgestellt."

Mass kommt ohne Schnupfen davon — den Peterson schon hat; vielleicht deshalb, weil sein Reklamevertrag mit „Wick" abgelaufen ist. „Ich hab Fieber, normal nicht schlimm bei mir. Aber ich fühl mich hundsmiserabel", klagt Ronnie. Auch Tom Pryce muß leiden: Böses Zahnweh, und mit dem Motorlärm ist Kopfschmerz dazugekommen.

Trotzdem wird Pryce im Abschlußtraining der Gefährlichste für Niki — dessen Freitag schreckhaft beginnt: „Ich roll gerade aus der Box, als Donohue daherkommt, also wink ich ihn vorbei." In St. Devote, der 180-km/h-Rechtskurve, ist Donohue zu schnell. „Ich seh meinen Sturz schon kommen, aber der Indianapolis-Trick fällt mir ein: Beine schützen, Frontalaufprall vermeiden, also vorher das Auto zum Kreiseln bringen."

Donohue, auch im Stürzen ein Profi, schlägt mit dem Heck an. Unverletzt schält er sich aus den Trümmern.

Laudas 1:27,16 vom Donnerstag trotzen allen Attacken. Niki lauert „auf jeden Fall" im Cockpit, festgegurtet, wartend. Noch zehn Minuten bis Trainingsschluß. Plötzlich schlägt die interne Ferrari-Zeitnehmung — Jean Campiche von „Heuer" — Alarm: „Pryce 1:26,90!" Tatsächlich ist Pryce 1:27,09 gefahren, aber auch das ist schnell genug. „Avanti, Niki, avanti!", brüllt Montezemolo. Lauda nickt — und rollt los.

„Wenn man am absoluten Limit fährt", sagt Niki, „ist die Gefahr, daß man ausrutscht, 50:50, manchmal 60:40. Aber in dieser Runde riskier ich 80 Prozent. Da ist nirgendwo noch ein Zentimeter Platz: Die absolute Grenze." 1:26,40, die Pol-Position auf Bestellung! Als Lauda aussteigt, zittert er. Die Augen flackern. Nur langsam befreit er sich aus dem Spinnennetz höllischer Konzentration.

Stirling Moss, selbst ein ehemaliger Monaco-Held, ist hellauf begeistert: „So königlich wie Lauda hat schon lange keiner mehr ein Training beherrscht." 0,69 Sekunden: die gleiche Zeitenbarriere, die den Zweiten (Pryce) vom Neunten (Fittipaldi) trennt. Emerson verblüfft mit einer technischen Finesse: Einem linksseitigen Bowdenzug zum Verstellen des vorderen Stabilisators aus dem Cockpit heraus, während voller Fahrt — also zum Beispiel weicher, wenn es zu regnen anfängt, oder härter, wenn eine naß gewesene Piste auftrocknet.

Für technische Feinschmecker: McLaren hatte diesen Trick schon 1974 beim Indianapolis-Wagen verwendet, aber nur für den hinteren Stabilisator. Lauda, der das Auto des Weltmeisters umschleicht, befindet: „Keine Sensation, hatten wir schon 1972 bei March."

Die bittere Sensation — für sentimentale Mitglieder des Grand-Prix-Zirkus — ist jedoch Graham Hill. Der 46jährige „eiserne Londoner" ist die tragische Figur von Monaco. 1958 hat er hier sein Grand-Prix-Debüt gefeiert, später insgesamt fünfmal gewonnen (Weltrekord) — doch diesmal bleibt er im Qualifikationssieb hängen: Um 0,37 Sekunden zu langsam.

„Das Auto hat keinen Fehler", murmelt Graham, als er langsam, deprimiert, ins Fahrerlager zurückschleicht, mit gerötetem Fuchsgesicht. „Also", fordert Steve Roby, der Mechaniker, „muß Graham zum erstenmal kapiert haben: Er ist nimmer schnell genug."

Man hatte es sich — im Rückspiegel besehen — so schön ausgemalt: Stommelen hätte Spanien gewonnen und Hill daraufhin in Monaco sagen können: „Ich habe einen Siegfahrer gefunden, ich kann mich zurückziehen." Was immer jetzt kommt, der Nachgeschmack ist bit-

ter: Stommelen noch im Spital, Hill auf seiner Lieblingsstrecke nicht qualifiziert . . .
Dieser Moment in Monaco ist das eigentliche Ende der aktiven Rennfahrerkarriere Graham Hills, auch wenn er seinen Rücktritts-Enschluß
a) zwei Wochen nach Monte Carlo, in der Badewanne seines Hotels in Zolder, faßt,
b) am 13. Juli, dem Montag vor dem englischen Grand Prix, seiner Frau Bette beim Frühstück mitteilt,
c) drei Tage später, am ersten Trainingstag, „am liebsten widerrufen möchte", aber
d) schließlich doch offiziell verkündet. „Graham Hill bittet zu einer kleinen Party. Er hat eine wichtige Mitteilung zu machen", steht auf der Einladung — in Silverstone.
Bis dahin sagt er über alle Gerüchte: „Wie sollen andere wissen, was ich vorhabe, wenn ich's nicht einmal selber weiß." Leute, die auf den freien Cockpitplatz spitzen wie etwa Francois Migault sagen scheinheilig: „Wir alle wollen ja, daß er aufhört . . ." Und so bleibt Hills letzter Grand Prix (sein 175.) der brasilianische. „Last again, schon wieder Letzter", signalisierten ihm damals seine — respektlosen — Mechaniker. Weil sie, wie viele, zu vergessen anfingen, welch großartiger Pilot Graham war.
„Meine drei besten Rennen? Nürburgring 1962 im Regen; Monaco 1965, wo ich von der Bahn rutschte und trotzdem gewann; und Kyalami 1970: Sechster im ersten Rennen nach meinem Watkins-Glen-Unfall." Auch als er damals Morphium erhielt, dachte er nicht ans Aufhören. „Nur mein Schneider hatte plötzlich die größten Probleme, für mich passende Hosen anzufertigen."
Der größte Gegner, gegen der er je angetreten ist? „Einmal bin ich gegen Fangio gefahren, aber er wird sich an mich nimmer erinnern . . . Stirling Moss war für mich der größte Allroundpilot. Und in der Formel 1? Clark und Stewart, auch Rindt gehört in diese Sonderklasse — obwohl's ihm nicht vergönnt war, es lange zu beweisen."
Hill bleibt eine Top-Personality. Er geht im Buckingham Palace ein und aus. Er hat schon Lachsalven ausgelöst, wenn er einem Zirkusaffen öffentlich die Hand schüttelte und sagte: „Servus, Jackie." Vorigen Winter, Wiener Stadthalle: Beim großen Reit- und Springturnier

sollte Graham als Stargast hoch zu Roß in die Arena reiten. „Wie bremst man?“, fragte er, als er endlich obensaß. Und: „Wie komm ich heil herunter? Mit einer Leiter vielleicht?“

Monte Carlo bleibt für Hill auch als Nicht-Qualifiziertem ein „Super-Place“. Langweilig wird hier niemandem. Im „Country Club“ steigt das Tennisturnier der Grand-Prix-Piloten. Bestes Match: Hunt gegen Laffite 6:1. Im siegreichen Doppel steht Regazzoni.

Mario Andretti sonnt sich auf dem Schiff von Herrn Firestone. Shadow hat zwei Yachten gemietet. Nur Bernie Ecclestone muß erstmals auf seine Leih-Yacht „Playgirl“ verzichten, weil sie verkauft worden ist. „Seit ich Sponsors habe, kann ich mir kein Schiff mehr leisten“, witzelt Bernie und mietet sich im Holiday Inn ein — für 450 Franc pro Nacht.

Lord Hesketh hat seinen Privathelikopter zu Hause gelassen und ist im Mobilhome ans Mittelmeer zigeunert. Seine Mechaniker: „Für Alexander ist das eine Ferienreise.“

Monaco ist der Grand Prix der Feste. Freitag buhlen Martini und Marlboro — Brabham und McLaren — um die Gunst der Prominenz. Martini lädt in die Discothek „Jimmy's“, Marlboro lockt ins neue Casino am Hafen zu Can-Can und Feuerwerk. Das gesellschaftliche Duell um die Reichen und Schönen endet mit einem klaren Brabham-Sieg: Bei Martini tanzen das Fürstenpaar, Filmstar David Niven, der griechische Reedersohn Philip Niarchos, Jackie Stewart usw. — das prominenteste Autogramm im Marlboro-Gästebuch: Huschke von Hanstein.

Von den Freitagparties können sich alle bequem ausschlafen, denn der Monte-Carlo-Samstag ist arbeitslos. Für fast alle, nur nicht für Stewart. Er chauffiert Prinz Albert und Prinzessin Caroline im Renn-Capri um den Kurs: Mit Hemd, Sakko, Krawatte, aber Sturzhelm; mit wildem Stepptanz auf den Pedalen, aber ohne Reifenqualm. Leicht errötet steigt Caroline aus: „Und ich dachte immer: Rennfahren, das heißt nur schnell um den Casinoplatz zu teufeln.“

Ich teile ihr Erlebnis, kaum Stewart's, denn für Jackie ist das wahrscheinlich nur Arbeit. Unglaublich, wie eng die Straße sogar vom Nebensitz des Capri aussieht. Russi, gleichfalls Stewart-Passagier, formuliert am besten: „Auf den Geraden merkt man, daß Stewart Auto

fährt. Aber in den Kurven glaubt man, er fliegt." „Und wie hast du das 78 Runden lang ausgehalten?" „Schinderei", keucht Jackie.
Was Lauda in Monte Carlo „am meisten fürchtet: Der Tunnel ist so finster, daß du kein Öl siehst. Wennst Pech hast, fliegst dort aufs Gesicht und weißt nicht warum." Die Mechaniker entdecken links vorn ein lockeres Radlager — die GPDA aber tagt im Zimmer 921 des Holiday Inn gleichsam in Permanenz und trifft eine revolutionäre Entscheidung: Start aus Sicherheitsgründen — erstmals — nicht in Zweierreihen, sondern gestaffelt.
Das heißt: Lauda steht rechts vorn, der Trainingszweite Pryce schräg links, 12 Meter zurück, der Dritte, Jarier, weitere 12 Meter zurück, rechts, 24 Meter hinter Lauda. „Es müßte also", überlegt Lauda, „schon ganz blöd zugehen, wenn ich nicht als Erster durch die erste Kurve komm."
„Niki sagt uns allen am Start: ‚Ciao', und wenn der Ferrari nicht schlappmacht, sehen wir ihn erst in der Fürstenloge wieder: Mit dem Pokal", glaubt Reutemann. Wie Carlos, so tippen die meisten: Niki ist Favorit, muß sich aber bemühen, „so wenig wie möglich ans Gewinnen zu denken." Der Druck, der auf ihm lastet, ist enorm — und macht Monte Carlo zu seinem schwierigsten Wochenende des ganzen Jahres. Aus mehreren Gründen:
Schon der fünfte Lauf der Saison — und noch kein Sieg. Das erste Rennen nach Barcelona. Und das Rennen, über dem der Ferrari-Fluch geistert. Die hartnäckige Pechsträhne der „Squadra" ist schon Belastung genug, speziell in Monte Carlo, „wo die Nervosität aller doppelt so groß ist wie bei einem normalen Rennen." Dann kam der Super-Trainingssieg — und plötzlich hört Lauda von allen Seiten: „Er muß ganz automatisch dieses Rennen gewinnen." Zum Favoriten gestempelt zu werden, belastet, aber Superfavorit zu sein: Soviel Druck hätte manchen anderen umgeworfen. „Der Zwang, siegen zu müssen, ist fürchterlich."
Monte Carlo hat ihm schon zwei Sternstunden beschert: 1973, als Niki im BRM die Weltmeister Stewart und Fittipaldi ärgerte und Enzo Ferrari zu Hause vorm TV-Schirm spontan ausrief: „Diesen Burschen muß ich haben." Oder 1974, als er führte, bis ihn die Zündbox im Stich ließ. Zehntausende Italiener beginnen die Invasion des Fürsten-

tums — an der Spitze der Heerschar: Fiat-Chef Gianni Agnelli. Sein Tribünenplatz: Sein Zimmerbalkon im Hotel de Paris.
Lauda hält sich, soweit er kann, aus allem Trubel heraus. Aber die Einladung zur Fürstenparty — nachdem er Mittwoch schon bei David Niven zu Gast war — schlägt er natürlich nicht aus. Doch kommen Niki und Mariella als erste vom Grimaldi-Palast zurück, gegen 23.15 Uhr. Das ist die Zeit, zu der es zu regnen anfängt . . .
Es regnet auch noch Sonntag vormittag. Das heißt: Frühtraining auf nasser Bahn, in Gischtfontänen, mit völlig umgebauten Autos.
Grundsätzlich ist die Abstimmung eines Rennwagens für Regenrennen eine ganz andere als für trockene Fahrbahn: Hinterer Stabilisator weicher (mehr Spielraum für die Balance zwischen dem rechts- und linksseitigen Rad in Kurven), Flügel steiler (mehr Anpreßdruck), das ganze Auto wird „weicher" eingestellt.
Die weitere Mechaniker-Prozedur für Regeneinsätze: Der Kühlschlitz wird mit Leukoplast zugeklebt (damit kein Wasser ins Cockpit dringt), die Wasserkühler werden teilweise verklebt (damit das Wasser die richtige Temperatur erreicht. Idealwert: 90 Grad, übrigens auch fürs Öl).
Sogenannte „Allwetterreifen" gibt es längst keine mehr. Mit den profillosen „Slicks" kann man nur im Trockenen fahren, weil ein Tropfen sofort auf der Reifenoberfläche zerrieben würde — mit den gerillten schokoladeweichen Regenpneus aber nur auf nasser Fahrbahn. Und 600 Meter pro Runde sind in Monte Carlo auf jeden Fall trocken: Im Tunnel . . .
Regazzoni fährt als erster hinaus in die Waschküche, mit eingeschalteter Heckleuchte . . . und dreht sich. Desgleichen Pryce. Donohue demoliert an den Leitschienen seine Frontflipper. Bei Shadow freuen sich Rees und Southgate: „Jarier und Pryce sind im Regen stärker, unser Auto liegt auf nasser Piste besser, ohne daß wir etwas am Auto verstellen — man würde sich ja nur selbst betrügen. Denn kaum trocknet die Bahn auf, sitzt du in der Klemme."
Wankt der Favoritentip? Stirling Moss: Bei Sonnenschein würde ich nur auf Lauda setzen. Aber im Regen werden Leute glänzen, mit denen keiner rechnet." Stewart erwartet bereits „ein Duell Lauda gegen Peterson, weil Ronnie da schon im Trockenen und im Nassen ge-

fahren ist, 1972“ (Stewart vergißt: Auch Lauda. Er war damals 16.) Und jetzt fährt Peterson mit 1:50,9 die beste Regenzeit, gefolgt von Lauda 1:51,6, Jarier 1:52,6, Pryce 1:52,7, Andretti 1:53,6 ... Über diese Tabelle gebeugt, diskutieren Lauda und sein Rennleiter.
Luca: „Du bist am Start ja vorn, bestimm das Tempo, du brauchst nur anzukommen, ohne irgendwo anzutitschen.“
Niki „Aber wir müssen dies und jenes am Auto ändern, Ronnie ist um 0,7 Sekunden schneller gewesen.“
Luca: „Das Auto muß ja nicht so gut sein, du bist sowieso vorn.“
Niki: „Aber mit einem besseren Auto ist's für mich viel leichter, vorne zu bleiben.“
14.15 Uhr. Regazzoni bittet die italienischen Reporter aus dem Ferrari-Transporter: „Signori!“ Seine Gesichtsadern quellen hervor, und auch die steile, tiefe Stirnfalte ist da — bei Clay immer ein Signal für größte Verbissenheit, äußersten Stress. Er wirkt nervös. „Wenn's kalt ist, hab ich immer Probleme, den zweiten Gang einzuspannen, für die ersten paar Runden wenigstens,“ verrät mir der Schweizer und bastelt an seinem Regenvisier — mit Heizdrähten: Die gemeinsame Waffe der meisten Piloten. „Wir alle“, sagt Pryce, „sitzen ja im gleichen Boot.“ Heute besonders.
„Ferrari darf ruhig heuer ein, zwei Grand-Prix-Rennen gewinnen“, sagt Walter Hayes zu Edsel Ford, als die beiden durch die Boxen hasten, „nur dieses nicht. Weil heute alle Welt zusieht.“
Jarier sieht Beltoise und macht seinen — wie sich später zeigt — großen Fehler: „Du hast hier 1972 im Regen gewonnen, was rätst du mir heute?“, fragt Jarier und hört: „Die einzige Art, Monaco im Regen zu gewinnen, ist: Schon in der ersten Runde vorn zu sein. Anders kommst du nicht mehr an die Spitze.“ Als Jarier den Motor anwirft, denkt er an Sturmlauf ...
Die rote 12 (Lauda) ist am Start eingekesselt, umzingelt von schwarzen Autos: Der schwarzen 16 (Pryce), der schwarzen 17 (Jarier), der schwarzen 5 (Peterson). Nikis Startplatz ist so unglücklich hingepinselt, daß er mit den Hinterrädern genau auf dem Zebrastreifen stehen muß. „Und dort ist's so glitschig, daß meine Hinterräder durchdrehen.“ Laudas Regenstartgeheimnis: Im 2. Gang anfahren. Pryce versucht das gleiche, jedoch mit 10.300 Touren — zu viel.

So kommt Jarier relativ am besten weg, prescht an Pryce vorbei und droht Lauda schon vor der Casinoauffahrt mit der Faust: Voreilig, unnötig, unhöflich außerdem. Beim Versuch, Niki auszutricksen, schlittert der übereifrige Jean-Pierre gegen die Leitplanken: Reifenschaden. Das ist der Grund, warum Jarier gleich darauf gegen die Schikane kracht. Mit vier kaputten Reifen, beidseitig demolierten Felgen, schlittert der eine Shadow vor bis zur Tabakkurve ...

Der andere Shadow (Pryce) schafft in dieser ersten Runde auch schon zwei leichte Unfälle: Zwischen Mirabeau und Bahnhofskurve, also in der abschüssigen 2.-Gang-Passage, torpediert er zuerst Brambilla, danach Peterson, „weil ich nicht mehr bremsen kann“, kämpft aber tapfer weiter — trotz zwei verbogener Frontflipper!

In der Schikane geraten einander Scheckter und Regazzoni in die Haare. Jody rammt den Ferarri. Später schlägt er sich am Bordstein ein Rad kaputt.

Das Fahren verlangt Akrobatik und Balance auf Zehenspitzen: Regenwasser, Gummiabrieb und Öl haben sich zu einem gefährlich schmierigen Belag vermischt.

Vorn flüchtet das Trio Lauda-Peterson-Pryce. „Ronnie niederzuhalten, ist schwierig“, gibt Niki zu, „aber mir gelingt's.“ Einmal, in Mirabeau, bremst der Schwede den Österreicher fast aus: „Ich warte nur, bis Niki einmal ein Fehler passiert.“ Doch Niki passiert keiner, „nicht der geringste. Soweit ich mich später erinnern kann: Ich hab mich kein einziges Mal verschaltet, nichts.“

Lauda also souverän, Peterson abwartend und Pryce „am letzten Loch, was falsch ist: Statt mit Niki und Ronnie mitzuraufen, sollte ich achten, was hinter mir los ist“: Die Dreierkette reißt erst ab der 20. Runde auseinander, als schüchtern die Sonne hervorkriecht, die Bahn langsam trocknet, den ersten Piloten Gummifetzen um die Ohren fliegen — also die ersten Boxenstopps fällig werden.

Hunt rauscht als erster zum Reifenwechsel herein, verliert viel Zeit. Dann hält Mass, nach spontaner Entscheidung, ohne jede Vorwarnung — ein Fehler, denn die McLaren-Box, einigermaßen verwirrt, braucht 54 Sekunden, um Jochen abzufertigen — mehr als doppelt so lang wie für Fittipaldi, der sich genau an die Stallorder hält: 22. Runde: Arm hoch. 23. Runde: Bestätigung aus der Box. 24. Runde: Reifenwechsel.

Die McLaren-Boys gewinnen das Reifenwechselduell mit Ferrari: 32 Sekunden für Niki, aber nur 25 Sekunden für Fittipaldi, der sich damit vom 5. auf den 2. Platz vorschiebt. Tyrrell hat für Depailler 35, für Scheckter aber 58 Sekunden gebraucht; Brabham für Reutemann 30, für Pace 33; und ganz schlimm, was Lotus mit Peterson aufführt: 75 Sekunden dauert sein Stop, weil eine Radmutter festsitzt. „Nervöse Leute", sagt Ronnie sarkastisch. Chapman jedoch giftet seine Monteure mit beißendem Spott an: „Dank euch für die flotte Arbeit, boys." Daß Peterson anschließend gegen Lauda 13 Sekunden aufholt, hilft ihm nichts mehr.

Auf trockener Bahn — mit Slicks — sind die Rundenzeiten jetzt zehn Sekunden schneller. Pryce kommt mit der Regenabstimmung seines Shadow nicht zurecht. Dreimal blockieren seine Hinterräder, stirbt der Motor ab, steht der Waliser quer. Er karamboliert noch mit dem kreiselnden Watson, fällt um zwei Plätze (Pace und Scheckter) zurück und beendet sein Rennen so, wie es das Shadow-Team begonnen hat: In den Leitplanken, vorm Tunnel diesmal.

Lauda fährt sein präzises und sensationelles Rennen seit der Reifenwechsel-Phase also mit Plus-Signalen auf Fittipaldi. In der 40. Runde liegt Niki 20 Sekunden vor dem Weltmeister! Daß Emerson den Stabilisator — dank Hebel im Cockpit — verstellen kann, hilft ihm jetzt viel.

Seine Schrecksekunde: Die Ohrfeige, die er unten am Schwimmbad von den Leitplanken einstecken muß, „gerade, als ich Brambilla überrunde und, weil Vittorio untersteuert, zuwenig Platz hab." Glück für Emerson, daß er weiterfahren kann — und Glück für Lauda, daß ihn der Sturz eines anderen nicht mitreißt:

„Ickx und Jones winken mich vorbei, was nett von ihnen ist, nicht aber Donohue, der mich rundenlang aufhält. Als am Penske in Mirabeau rechts vorn die Aufhängung bricht, komm ich um Zentimeter an ihm vorbei." Längst dämmert Lauda die Erinnerung an Kanada 1974: „Auch damals führte ich vor Fittipaldi. Und auch damals standen überall am Pistenrand die Wracks herum."

Zweimal setzt Fittipaldi ein Rad ins Nasse — und kann den McLaren gerade noch abfangen. Einmal passiert es Mass — und schon ist Depailler innen durchgeschlüpft.

Lauda-Fittipaldi schieben sich im Finish näher zusammen. Erstens, weil Niki, taktisch klug, den Ferrari wie ein rohes Ei über den Kurs trägt. Zweitens, weil Fittipaldi („mit einem perfekten Auto") zum gewaltigen Schluß-Halali bläst. Und drittens, weil in den letzten drei Runden Lauda in Linkskurven der Öldruck wegbleibt.

Ferrari sagt später offiziell: „Nur ein Wackelkontakt, darum die aufleuchtende Ölkontrolle." Tatsächlich ist ein Ölabdichtring an der mechanischen Benzinpumpe undicht geworden.

„Die Lagerstellen sind schon ziemlich am Ende, weil der Motor immer heftiger vibriert. Ab der vorletzten Runde muß ich in Kurven schon auskuppeln", schildert Niki den Alptraum des Monaco-Finish, in dem Fittipaldi auf 3 Sekunden nahekommt: „Eine Runde mehr, und er hätte mich überholt."

Doch endlich hat auch Lauda einmal Glück. Die 78-Runden-Distanz wird auf 75 reduziert, weil das Limit (zwei Stunden Fahrzeit) bereits erfüllt ist. Damit ist auch Ferraris 20jähriger Monaco-Kreuzgang zu Ende. Montezemolo wird, als er auf der Ziellinie seinem Sieger danken will, von Polizisten und Ordnern geboxt, mit Füßen traktiert — aber im Cockpit spürt Lauda „ganz leise Freude und starke Dankbarkeit Ferrari gegenüber." Darum stoppt er in der Zielkurve und lädt Ermanno Cuoghi auf: Für ein paar Meter Triumphfahrt, bis zur Ehrenloge.

„Ich freue mich, daß Sie es sind", sagt Fürst Rainier III., wie er jedes Jahr zum Sieger sagt — Lauda erwidert: „Danke, Exzellenz, auch ich bin irrsinnig glücklich." Und dann küßt er — was noch kein Monaco-Sieger getan hat — Fürstin Gracia Patricia vor Millionen Fernsehzuschauern artig und galant die Hand: „Schließlich habe ich ja Kinderstube und weiß, was sich gehört . . . ich kapier nicht, warum alle deswegen so begeistert sind."

Die Massen toben, alle rotweißroten Dialekte schwirren durch die Mittelmeerluft. Monaco liegt plötzlich auf der österreichischen (und italienischen) Landkarte. Sie brüllen: „Bravo, Niki", und „Forza, Ferrari", singen, entrollen Transparente und würden Lauda heute noch wie einen Teddybären herumschubsen, hätte sich der Sieger nicht ins Ferrari-Materialauto gerettet.

Lauda fährt den Kombi nur zentimeterweise vorwärtskommend, selber ins Fahrerlager. Dort umarmt ihn Regazzoni brüderlich, schwitzend, ohne jedes Neidgefühl: „Ich weiß, was Niki dieser Sieg wert sein muß, was er empfindet.“ Mein schwerstes Rennen, sagt Lauda leise, aber auch mein schönster Sieg.

Seinen Siegerwagen sieht Niki erst abends wieder: auf einem Podest des Sporting Club, beim Galadiner des Fürstenpaares, blankgeputzt und poliert, von Scheinwerfern angestrahlt.

Es ist nicht mehr das steife Bankett wie früher im versnobten Hotel de Paris. Aber schließlich hat auch der Avantgardist der neuen Fahrergeneration gewonnen. Ein russisches Ballett tritt auf, und alle Piloten tanzen Kasatschok.

Den gewonnenen Silberpokal — den Stewart als Blumenvase und Peterson als Obstschüssel verwendet — gibt Lauda an Sante Ghedini weiter: „Zeig ihn dem Commendatore, er will ihn bestimmt sehen.“ Beim Essen sitzt Lauda neben der Fürstin. Worum sich ihr Tischgespräch dreht? Gracia Patricia erzählt von ihrer Allergie gegen Hummer („ich krieg sofort Brechreiz und keine Luft“), Lauda berichtet von seiner Allergie gegen Katzen . . .

Er ist müde und würde gern schlafen gehen, „aber natürlich warte ich, bis der Fürst das Zeichen zum Aufbruch gibt.“ Auf einen schnellen Schlummertrunk verschleppen ihn noch Hill und Stewart (zusammen achtmal Monaco-Sieger) ins Nobel-Dancing „Jimmy's“, wo Jackie schwärmt: „Dir zuzuschauen war ja aufregender als selber zu fahren.“ Und Opa Hill lobt: „Ich kann abschätzen, was du heute geleistet hast: Verdammt harte Arbeit.“

Fünfter Saison-Grand-Prix, und der fünfte Sieger. Doch Lauda arbeitet schon übermorgen weiter: Reifentestfahrten in Anderstorp. Bei 180 km/h setzt er einen Reifen auf Sand, durchreißt vier Fangzäune, ein Holzpflock schlägt aufs Cockpit. Lauda steigt mit Kopfweh aus, und Ferrari bricht den Test sofort ab.

„Der Stolperer war mein Fehler“, erforscht Niki sein Gewissen, „und wenn man die Ursache weiß, hat man das Problem für sich bereits gelöst.“ Der Ort, an dem Lauda am meisten nachgedacht hat, war Zolder.

ZOLDER: „FERRARI, VERGISS DIESES BILD NIE"

5. September 1970: Am Tag, an dem Jochen Rindt in Monza verunglückte, gab es einen Massenunfall beim Formel-3-Rennen in Zolder (Belgien), mit Niki Lauda in der Mitte. Mariella erinnert sich noch genau: „Plötzlich war Stille, kamen keine Autos mehr vorbei. Ich blieb an der Box. Die Mechaniker rannten los, nachschauen, was mit Niki los ist. Endlich kam ein Schweizer, Jürg Dubler. ‚Ach, der Niki', sagte er, ‚der ist schon längst im Spital.' Ich wußte nicht wohin, wen fragen, ich wartete ganz einfach. Bis Niki zurückkam — zu Fuß, und unverletzt."

An jenem Tag beschloß Lauda: Rennfahren als Beruf, ja, aber nie wieder Formel 3.

Und jetzt kommt er wieder nach Zolder, als bereits WM-Dritter, mit 14 Punkten eingezwängt zwischen Südamerikanern: Fittipaldi (21), Pace (16) und Reutemann (12). Und schon seine Anreise verläuft stürmisch: Als Niki mit seinem Charterflugzeug Regazzoni aus Lugano abholen will, fällt ein Teil der Navigationsanlage aus. Nach dem alten Spruch: „Wenn der Teufel kommt, dann kommt er zweimal", bricht gleichzeitig ein Höllengewitter los.

Lauda muß nach Mailand ausweichen, Radar holt ihn bei Blitz und Donner vom Himmel. Gleichzeitig rast Regazzoni, per Funk umdirigiert, im Auto nach Mailand-Malpensa, um zur „Lauda Airlines" zuzusteigen. Pünktlich kommt das fliegende Ferrari-Duo nach Belgien, wo bereits italienischer Zeitungsklatsch die Runde macht.

„Autosprint", also das Anti-Ferrari-Magazin, das schon Lauda in Monte Carlo „einen reinen Glückssieg" zugebilligt hat, verkündet angebliche Geheimpläne des Commendatore: „Laudas neuer Partner wird Peterson, Hunt oder Watson, denn Regazzonis Vertrag wird nicht mehr verlängert."

Montezemolo tobt, schimpft und dementiert über „diesen hirnverbrannten Blödsinn" und erklärt öffentlich: „Solange Regazzoni Autorennen fahren will, bleibt er bei Ferrari." Clay hat nur ein Lächeln übrig: „Ich trage", sagt er lässig, „manche Ferrari-Geheimnisse im Herzen."

Die McLaren-Geheimnisse stehen auf Schmierzetteln. Teddy Mayer hat, ehe er zum Millionenrennen nach Indianapolis abflog, seinen Vasallen alle Abstimmungsdaten aufgeschrieben: Wichtig bei der beginnenden Konfusion, denn McLaren experimentiert im Frühling und Sommer 1975 pausenlos mit neuen Vorderachsen und Radaufhängungen.

Ecclestone hat für Reutemann und Pace vier BT 44 B mobilisiert, um keinen zuwenig. Als Pace schon in der ersten Runde Motordefekt erleidet, schnappt er sich Reutemanns Ersatzauto, seine Waffe im Duell mit den Ferrari.

„Die Brabhams laufen momentan eine Spur besser", mutmaßt Lauda. Er vermißt 300 Touren auf der Ferrari-Skala. Dann bricht sein Auspuff ab. Fittipaldi rückt Niki bis auf 0,02 Sekunden nahe. Am Nachmittag steigert sich Lauda, Scheckter egalisiert Nikis Zeit, aber Pace unterbietet sie. Die Ferrari-Box ist aufgescheucht:

„Lauda —01" signalisiert Montezemolo, und prompt fährt Niki — wieder einmal — Bestzeit auf Bestellung, ehe er an die Box rollt: „Ich hör auf, der Motor grammelt." Wehrlos muß Lauda zusehen, wie Pace Tagesbestzeit fährt, aber Fittipaldi bleibt Dritter, obwohl er die geänderte Geometrie, die um fünf Zoll schmälere Spur lobt: „Jetzt kann ich in Kurveneingängen genauer zielen."

Den Haupttreffer jedoch — das ist nach dem ersten Training klar — hat Graham Hill geschossen: Sein neuer Schützling Tony Brise rüttelt mit seinem 7. Platz das Formel-1-Establishment durcheinander. Tony Brise: 1,90 Meter groß („genau wie James Hunt"), fast immer ein amüsantes Lächeln auf den Lippen, im Gespräch zumeist das letzte Wort habend. Manche bekritteln ihn: Arrogant.

Hill formuliert es so: „Für einen 23jährigen ist Tony so selbstbewußt und zielstrebig wie . . . ich weiß nicht recht, am ehesten wie Clark und Stewart. Aber natürlich seh ich das jetzt aus einem anderen Blickwinkel, von der anderen Seite der Box."

Und Hill wird langsam klar: „Wozu soll ich draußen auf der Rennbahn wie ein Verrückter riskieren, um Brise zu schlagen? Viel gescheiter, ich assistiere ihm mit Tips und Ratschlägen. Denn ich glaube, mit Tony könnten wir eines Tages noch einen ganz großen Champion bekommen . . ."

Montezemolo wird gegen Saisonschluß 1975 auf die rein akademische Frage: „Hätte es aus irgendwelchen Gründen keinen Lauda, keinen Regazzoni gegeben — wen hättest du am liebsten in der Squadra?", spontan antworten: „Fittipaldi und Brise." Um Tony hatten viele gekämpft. Am Beginn stand sein Williams-Rennen in Barcelona: „Der Unfall passierte 200 Meter vor mir und machte mir von einer Sekunde auf die andere klar: Nimm das Rennfahren ja nicht leichtherzig, du siehst ja, was alles passieren kann."

Dann kam die Monaco-Formel-3-Saison. Vom letzten Startplatz kämpfte sich Brise — den Kopf mit dem rot-weißen Helm angriffslustig vorgestreckt — bis zum führenden Ribeiro vor, ehe er mit diesem spektakulärst karambolierte. Die Bosse der Formel 1 waren begeistert. Und Tony kam zugute, daß er auf der Universität ein Management-Studium mit Auszeichnung abgeschlossen hatte, denn nun brauchte er Business-Sinn: „Vor Monaco hatte ich mich geweigert, mit Hill ein Handschlagabkommen zu treffen. Wir hatten verschiedene Ideen, wieviel Geld ich kriegen soll. Also einigten wir uns erst nach dem Rennen. Aber zu meinem Preis."

Colin Chapman — der den Jungstar gleichfalls köderte — blitzte ab. Desgleichen Williams, die arme Maus. „Aber da war noch ein englisches Team, dessen Namen ich aber geheimhalten muß. Wozu die dortigen Fahrer verärgern?"

Brise kommt aus einer Rennfahrerfamilie: „Mein Vater war einmal Go-Kart-Weltmeister. Er fuhr auch Stock-Cars und Formel 3. Aber als Zuschauer sind wir nie viel an die Rennen gegangen." Es dauerte bis Silverstone 1971, ehe Brise zum erstenmal Hill rennfahren sah, „aber er hat mich nicht sonderlich beeindruckt", wehrt er lässig ab. Seine Vorbilder sind andere: Peterson und Fittipaldi. „So schnell sein wie Ronnie und so oft ankommen wie Emerson: Dann kann mich überhaupt keiner mehr schlagen", sagt Brise im Frühjahr 1975 — später kann er für beide Namen einen einsetzen: Lauda.

Brise ist erfrischend offen: „Ich habe in meine Rennkarriere etwa 15.000 Pfund investiert: 600.000 S. Zu viel also, um es des Spaßes wegen zu tun. Man kann sich vieles kaufen, Ferien zum Beispiel. Aber Rennsport als Vergnügen ist zu teuer."

Was Hill an Brise imponiert: „Er fährt nicht wild, er räubert nicht. Aber er versteht es prächtig, das Auto als Waffe einzusetzen. Unheimlich, wieviel Selbstvertrauen ein Boy von 23 Jahren haben kann!“ sagt der Altmeister.

All dies führt zu Hills einsamen Beschluß in der Badewanne, zu seinem Rücktritt. Lauda überdenkt im „Posthaus“ von Lüttich ein Fernschreiben, das ihm Enzo Ferrari (einer seiner kleinen Scherze) aus Maranello geschickt hat: „Bravo, Niki. Aber paß beim Abschlußtraining auf Pace auf, damit er dir nicht wieder im letzten Moment die Bestzeit wegschnappt.“

Niki verspricht's, obwohl er unter starken Kopfschmerzen leidet: Kalt, windig, Regenschauer, dazwischen Sonne — das gefürchtete belgische „Grand-Prix-Wetter“ hat Lauda zugesetzt. Pausenlose Temperaturwechsel verschlimmern auch die Aufgabe der Ferrari-Techniker, das richtige Benzingemisch zu finden: Fett oder mager?

Nach fünf Samstagrunden bricht Regen los. Sämtliche Piloten flüchten unter Boxendächer, ein einziger kreist einsam um den Kurs: Jacky Ickx, den belgischen Fans ohnehin allgegenwärtig: Vor Start und Ziel hat man eine zusätzliche Schikane eingebaut, durch ein über die Bahn gehängtes Ickx-Riesenfoto dekoriert und das „S“ auch nach Jacky benannt. 400 Meter nach „seiner Kurve“ wird Ickx in der 52. Rennrunde Geburtstag feiern, als an seinem Lotus 72, wieder einmal, links vorn die Bremswelle bricht. „Zum bereits drittenmal“, sagt Ickx leise, „um dreimal zu viel.“

Teamkamerad Peterson explodiert nachmittags (auf trockener Bahn) der Motor. Pace schaltet in der Schikane irrtümlich mit dem Overallärmel die Zündung aus — der Brabham bleibt auf der Strecke stehen. Lauda muß viel nachdenken: Auto übersteuernd, Motor spukend, trotzdem ringt er in einem Superfinale alle nieder und entreißt Pace die Pol-Position — um 0,04 Sekunden, der knappste Trainingssieg des Jahres, Zeit: 1:25,43.

„Letzte Runde 25,7“, sagt Montezemolo, hypernervös, als Lauda aus dem Auto steigt.

„Vorhin hast du mir 25,4 gezeigt“, brummt Niki, „das ist alles, was mich interessiert.“

Montezemolo ist nervös, weil er wegen einem Landsmann Alarm

schlagen muß: Brambilla. „Unglaublich, was er draußen aufführt", berichtet Regazzoni, sichtlich beeindruckt, mit flackernden Augen. „Brambilla zwängt sich immer zwischen Niki und mich, wir können ihn nicht abschütteln. Und dann fährt er mir glatt davon. Hat der Kerl einen Supermotor?"
Brambilla beschäftigt alle, nicht nur Ferrari.
Peter Mackintosh, Sekretär der Formel-1-Konstrukteure, stoppt Brambilla durch die Schikane um 0,4 Sekunden schneller als alle anderen: „Er kommt als einziger quer und räubert durch, als säße er im Tourenwagen. Und Reutemann flüchtet „jedesmal, wenn ich mit Vittorio zusammenkomm, in volle Deckung. Wo ich und andere bremsen, teufelt Brambilla noch voll weiter. Er bremst jenseits von spät, so spät, daß man meint, nie könne das gutgehen."
Brambilla ist endgültig zum Favoritenschreck avanciert: Der grobklötzige Anti-Star, der mit letzter Verbissenheit gegen die Stars anrennt. Das Publikum spürt das: Man fürchtet oder man mag ihn.
Vittorio Brambilla: Biederes Auftreten, bulliges Gesicht, braune, treuherzige Augen, ölige Hände, die Arme immer angewinkelt, als müsse er sich gerade auf irgendeine Arbeit stürzen: Der „Asphalt-Cowboy" aus Monza. Die Autowerkstätte seines Vaters steht direkt neben dem Autodrom.
Heute kann man oft beobachten: Vittorio bastelt spätabends im Fahrerlager noch an seinem Formel-1-March herum, während die Mechaniker auf den Reifen sitzen, essen oder zuschauen. Was Brambilla (außer dem Kampf) am Rennsport fasziniert, ist die Technik. Und er hat früh genug gelernt, sich die Hände schmutzig zu machen.
Ehe er (38jährig) zum Ältesten der Formel-1-Truppe wurde, hatte sich Brambilla über alle Sprossen hochgeturnt: Go-Kart-Weltmeister; Mechaniker für seinen älteren Bruder Tino, der nach drei schweren Unfällen den Rennsport aufgab; Motorradcrack: Werkseinsätze bei Aermacchi, Geschwindigkeitsweltrekorde auf Moto-Guzzi, italienischer Meister.
Und gewiß wäre dem Formel-1-Establishment Brambilla erspart geblieben, hätte nicht Giacomo Agostini (heute 15facher Weltmeister) eingegriffen und MV-Agusta-Testfahrten — zu denen Conte Agusta den aufstrebenden Brambilla nach Gallarate geladen hatte — verbin-

dert. Vittorio erzählt die Story heute sachlich, ohne Groll. „Aber damals beschloß ich, mich voll und ganz auf die Autorennen zu konzentrieren."

Jahrelang fuhr er seinen Transporter selber durch Europa, tage-, nächtelang. Aber wo immer Brambilla auftauchte, gab es Stahlgewitter. Wie beim Formel-3-Rennen von Thruxton (England) 1970. Lauda erinnert sich: „Dreimal will mich Brambilla vor der Betonschikane ausbremsen, was er nie schafft. Beim viertenmal donnert er voll in die Wand. Ich frag ihn nachher: ‚Warum tust du das?' Und er sagt: ‚Ich hab an dir vorbeimüssen, egal wie.' "

Oder: Monza. „Die zweite Lesmo-Kurve geht im 4. Gang nicht voll", wird Vittorio von seinem Bruder Ernesto gewarnt. „Doch, sie muß", beharrt er. Darauf Ernesto: „Probier's nicht, du rennst dir nur den Schädel ein." Vittorio fährt los, Richtung Curva Grande, Richtung Lesmo . . . dann, plötzlich: Absolute Stille im Autodrom. Zu Fuß kommt Vittorio an die Box zurück, ein paar Trümmer in der Hand: „Du hast recht, fratello", gibt er zu, „die zweite Lesmo geht doch nicht voll."

Solche Brambilla-Geschichten existieren unzählige. Und darum sagt Lauda irgendwann später in der Saison: „Ich gönn ihm Erfolg, weil er mit soviel Herz und Einsatz fährt."

Brambilla verblüfft auch abends: Er kann am Wirtshaustisch — mit beiden Händen gleichzeitig — ein Bündel Spielkarten oder Bierdeckel von der Kante hochschleudern und auffangen. Sein Lebensstil hat sich seit den Arbeitertagen nicht geändert: Er wohnt mit seiner Frau Daria, seinen drei Kindern, seinen Eltern und der Familie seines Bruders in einem dreistöckigen Haus in Monza, bieder, aber ohne Luxus.

1975 in Monte Carlo sah ich in der Rezeption des Hotels Cecil die Zimmerbestellung von March: „Ein Zimmer mit Bad oder Dusche für Herrn Mosley, ein Zimmer ohne Bad für Herrn Brambilla." Mosley schien zu wissen, daß sein Fahrer a) im Nieselregen geduscht wird und b) recht anspruchslos ist.

Nur: „An jedem Abend, auch vor einem Grand Prix, brauch ich eine Flasche Rotwein zum Essen", verrät mir Brambilla. Die Sitte ist so: Mosley geht zumeist mit Brambilla dinieren „und ich trink soviel Rot-

wein wie nur möglich, daß höchstens eine halbe Flasche für Vittorio übrigbleibt."

„Brambilla ist gut", muß Mosley zugeben, „wie gut, ist schwer zu sagen, weil uns die Vergleiche fehlen." Bald rätselt der Grand-Prix-Zirkus: Ist Vittorio so schnell — oder der March 751? „Halb-halb", glaubt Robin Herd, aber so muß ein Konstrukteur wohl glauben.

„Mit 575 Kilo liegt unser Auto genau am Gewichtslimit, ist das leichteste Auto. Und vergiß nicht: Erstmals seit 1972 betreibt March die Formel 1 wieder ernst und seriös, also mit extra gebautem Testwagen usw." Grund? Die zusätzlichen Sponsorgelder, die Mosley bei „La vazza" aufgerissen hat, denn die Werkzeugfabrik „Beta", die Brambilla den Formel-1-Logensitz gekauft hat, blecht nur 30.000 Pfund (1,2 Millionen Schilling).

Preisfrage: Ist Brambilla schon so gut, daß er ohne Sponsorgelder weiterfahren kann? „Er kann bei uns fast ebensoviel verdienen wie woanders", behauptet Mosley, der Brambilla einmal fragt: „Wie lange willst du noch Rennen fahren?" 20 Jahre, erwidert „Vittorio der Schreckliche", wie man ihn früher gescholten hat.
Jetzt, mit 38, regt ihn nichts mehr auf. „Er ist ein sturer Mensch", sagt Mosley grinsend, und Brambilla macht sich wieder die Hände ölig.

Brambilla hat sich also in Zolder in die zweite Reihe vorgetigert, neben Regazzoni, hinter Lauda—Pace. Hauptgegner: Brambilla oder Pace? „Ich weiß nicht, was die anderen getan haben", grübelt Lauda. So haben sich die Tyrrells nur für den 9. (Scheckter) und 12. Platz (Depailler) qualifiziert, aber ihr Boß zieht einen Trick aus dem Ärmel:

„Als wir hier testen waren, fuhren Jody und Patrick nur eine halbe Grand-Prix-Distanz — trotzdem waren ihre Motoren nachher voll Sand, mußten also sofort zur Revision. Deshalb beschlossen wir: Komplettes Training mit den Monaco-Triebwerken, Motorwechsel erst fürs Rennen."

Darauf also baut sich Tyrrells kühne Prognose: „Meine beiden Autos gelangen unter die ersten vier, eines unter die ersten zwei. Ferrari vielleicht, aber sonst schlägt uns keiner!"

Jody Scheckter ist der erste Gegner, den Lauda Sonntag früh direkt ansteuert: „Wir brauchen in der ersten Runde in der ersten Schikane gelbe Flaggen, also Überholverbot. Sonst gibt's dort ein Gemetzel.“ Jody ist sofort einverstanden. „Du auch?“, fragt Lauda Peterson, der jedoch abwehrt: „Ich bin dagegen. Ich muß mich ja durchwühlen, weil ich nur in der siebenten Reihe steh.“

Lauda: „Aber mit der Monza-Schikane tun wir doch das gleiche?“

Peterson: „Vergiß nicht, wir fahren da ein Rennen, keinen Autokorso . . .“ Beim Volltanktest ist der Schwede gleich schnell wie Lauda gewesen, aber jetzt zerbricht an ihm die Aktion, und Lauda wendet sich enttäuscht ab: „Dann hoff ich für dich nur, daß dich heute in der Schikane keiner in den Hintern tritt.“

Und zu Pace sagt Lauda: „Bitte, mach nicht gleich in der ersten Kurve Casino.“ Worauf Carlos Niki an 1972 erinnert: „Damals haben wir zwei noch gewettet, wer sich fürs Rennen qualifizieren kann, wer nicht — und jetzt reden wir vom Gewinnen.“ Und von der Weltmeisterschaft, aber diesen Satz schluckt der Brasilianer hinunter.

Beim Beschleunigungsduell nach dem Start mit Pace gleichauf, überläßt ihm Lauda die erste Kurve, „weil ich nicht sinnlos riskieren will.“ Aber dann langt Brambilla tüchtig hin. Zweimal schießt er, alle vier Räder blockiert, auf den Ferrari-Piloten zu. Zweimal muß Lauda Haken schlagen, um Brambilla auszuweichen. „Ich hab doch selber genug zu tun. Muß ich auch noch schauen, was die Narrischen hinter mir aufführen? Wenn ich zweimal nicht in den Rückspiegel seh, kracht's zweimal.“

So denkt Lauda: „Laß ihn vor, meine Zeit kommt noch.“ Als Vittorio aufs Gras rutscht, sticht Lauda wieder vorbei. „Dann bereitet der Italiener die nächste Aktion vor. Also wart ich ab, bis sich die Situation beruhigt.“

Unruhe auch, wie von Lauda vorausgesagt, in der Schikane: Watson kreuzt beim Anbremsen die Mass-Linie, was Jochen gegen die Leitplanken befördert. Auch Laffite, Jones und Brise sind Schlachtopfer. An der Spitze bekommt Pace Probleme: Sein dritter Gang meldet sich ab, Carlos kann bald nur noch Zweite-Vierte oder Vierte-Zweite schalten. In der 4. und 5. Runde führt Brambilla und ist rundum selig. „Mein Gefühl? Einfach fantastico, obwohl ich weiß, daß ich unmöglich gewinnen kann: Nach 10 Runden sind meine Bremsen k.o." Vittorio irrt: Er fährt schon ab der 5. Runde mit nachlassender Bremskraft.

Ab der 6. Runde liegt endgültig Lauda in Front, und ab der 9. liegt hinter ihm, wie von Tyrrell prophezeit, Jody Scheckter.

In der 17. Runde muß Regazzoni an die Box: Ein Goodyear-Mann hat einen schadhaften Pneu montiert. Der Pneu hängt in Fetzen. 46 Sekunden ist Clay in der Box festgenagelt, — „schrecklich, viel zu lang, in Monaco hab ich in 30 Sekunden vier neue Reifen bekommen." Was folgt, ist eine der berühmten Regazzoni-Aufholjagden. Um Zehntelsekunden zurückgewinnen, fährt er mit letztem Einsatz — nachdem die Box fast eine halbe Minute hergeschenkt hat.

In der 36. Runde crasht Peterson an der Schikane: Totaler Bremsdefekt. Zolder frißt Bremsbeläge und -flüssigkeit, bei Brambilla besonders. Trotzdem verteidigt der „Monza-Gorilla" seinen 3. Platz bis zur 49. Runde, aber da bietet er dem Publikum längst eine ungewohnte Show: „Ich kann nur noch durch Zick-Zack-Fahren vor Kurven das Auto abbremsen, anders nicht."

In Vittorios Rücken tobt ein südamerikanischer Dreikampf: Pace, Reutemann, Fittipaldi. Die drei fahren so hart, daß sie mehrmals Sand auf die Piste baggern, Sand, der sich auf dem heißen Reifengummi festsaugt — so daß manche Reifen im Ziel größere Durchmesser haben als vor dem Start. Reutemann hat „bis jetzt nur 80 Prozent meiner Bremsen verwendet, weil alle warnten. Aber jetzt greif ich an." Doch was immer er tut: Kollege Pace läßt ihn nicht vorbei.

Sechs Runden lang befiehlt die Brabham-Box: „REUTE—PACE", das Signal, die Positionen zu tauschen. Aber Pace hat, sagt er nachher, a) „die Tafel nicht gesehen" und b) „gefürchtet, daß, wenn ich Reutemann vorbeilasse, auch Fittipaldi durchschlüpft". Paces Devise ist immer: „Fahren wir unser Rennen, egal wie, streiten können wir nachher immer noch."

Aber ohne dritten Gang kann Pace nicht ewig trotzen, und Fittipaldis Bremspedal klappt durch: Seine Bremsflüssigkeit brodelt. Als Lauda die beiden zurücksackenden Brasilianer überrundet, dämmert ihm: „Also ihr zwei macht's heute keine Punkte mehr."

Auf Nikis Triumphfahrt lauern aber noch zwei Nägel. Zuerst François Migault: An dessen Embassy-Hill reißt die Aufhängung, das linke Hinterrad kippt weg, gerade, als Lauda überrundet. „Länger hätt' ich nicht warten dürfen. Migault brauchte die ganze Straße, um den Unfall zu verhüten."
Noch 12 Runden. Lauda hat 11 Sekunden Vorsprung auf Scheckter herausgeholt, „aber dafür mußte ich hart am Limit fahren, höchstens zwei Zehntel von der Grenze, um nichts bequemer — und das über die ganze Distanz", weil Jody lästig bleibt. Dann, plötzlich, schlagen in Lauda alle Alarmglocken an: „100 Meter vor der Box klingt der Motor auf einmal anders, unsauber. Ich hoff: Nur jetzt keinen kaputten Zylinder." Cuoghis Stoßgebete: „Nur ja keine defekte Zündbox wie so oft 1974."
Das Finish ist — aus Sicht der Boxen — nervenzerfetzend. Montezemolo zittert. Die Tyrrell-Crew spitzt längst die Ohren, wittert einen Lauda-Motorschaden. Prompt fliegt für Jody das Signal „Go!" über die Boxenmauer: Voller Angriff um jeden Preis.
Lauda läßt die Instrumente nicht mehr aus den Augen. „Als ich seh: Überall, in allen Streckenpassagen, nur 300 Touren weniger als zuvor, ist mir klar: Motor in Ordnung, nur ein gebrochenes Auspuffrohr." Und Lauda sagt zu sich, aufatmend: „Das war's also, das heute hätt' schiefgehen sollen. Das ist passiert, also kann nichts anderes mehr kommen." So selbstbewußt peitscht Lauda den 312 T ins Ziel, während in der Schlußrunde Scheckters Motor zu stottern anfängt — wie schon seit drei Runden der Motor Depaillers.
„Ich wollte sichergehen, daß ich meinen Boys genug Bremskraft mitgebe", macht Tyrrell mea culpa. „Dafür hab ich ihnen zuwenig Benzin eingefüllt." Aber, wie vorausgesagt: Zweiter Scheckter, Vierter Depailler. In Tyrrells brutaler Sprache: „Wer noch bremsen konnte, hat überlebt."
Lauda geht von der Siegerehrung weg, „weil's mir zu chaotisch ist". Er analysiert im Transporter glasklar das Rennen, dann starrt er ins Leere. Woran er denkt? „Ans nächste Rennen, was wir verbessern, wo wir weiterarbeiten müssen . . ."
Neben ihm schüttelt Regazzoni (vom 12. auf den 5. Rang vorgestoßen) im ersten Grimm alle Gratulanten ab: „Grandios? Da war

nichts grandios. 46 Sekunden sind furchtbar." Ferrari habe einen 1-3-Sieg hergeschenkt, vielleicht den Doppelsieg, muß Montezemolo zugeben.

Zolder, mag Clay düster ahnen, hat für Ferrari die Weichen gestellt. Aber später, im „Posthaus" von Lüttich, ist er wieder die alte Tessiner Frohnatur: Während der neue WM-Leader, Lauda, bald schlafen geht, feiert Regazzoni mit den Mechanikern bis halb sechs Uhr früh.

Nur „Autosprint" fühlt sich bemüßigt, ein riesiges Farbfoto aufzublasen: Brambilla vor Lauda, und dazu in Balkenlettern die Drohung: „Enzo Ferrari, hoffentlich wirst du dieses Bild nie vergessen!"

Ein paar Tage später zieht Lauda bei Testfahrten in Zandvoort Pace den Kampfnerv: Um 1,6 Sekunden schneller. Und was Brambilla betrifft: Mosley verlängert den Vertrag mit seinem Favoritenschreck sehr rasch, „bevor der Kerl noch einen Grand Prix gewinnt und unverschämt teuer wird". Brambilla verdient 30.000 Pfund. „Mehr als ich", sagt Mosley, „aber soviel wie die meisten Piloten. Nur ein paar kriegen zuviel."

Beim nächsten Großen Preis bestätigt Brambilla, daß er sein Geld wert ist: In Schweden. Aber nicht nur Brambilla.

ANDERSTORP: LAUDAS HATTRICK IST PERFEKT

Die schwedische Flugplatzpiste von Anderstorp gilt als Ferrari-feindlich. Sie ähnelt einer geometrischen Reißbrettzeichnung: Vier überhöhte 180-Grad-Kurven (3. Gang) mit konstantem Radius — hier werden Halbachsen und Aufhängungen windelweich geprügelt, vor allem aber die Vorderreifen extrem beansprucht.

Brabham-Konstrukteur Gordon Murray: „In überhöhten Kurven müssen die Aufhängungen doppelten Druck aushalten. Wichtig ist, daß das Gewichtsverhältnis vorn-hinten stimmt, daß man ein steifes Autos hat, einen March-Typ — was immer für ein Autotyp das sein mag . . ."

„Von der Theorie her", grübelt Lauda, „müßte Anderstorp unser schlechtestes Rennen des Jahres werden." „Lauda Airlines" landet nach 3³/₄ Stunden in Malmö: Zollkontrolle. Laut Gesetz kostet die schwedische Luft, zusätzlich zu den Landegebühren, 25 Kronen. Als wir ausrollen, steigt gerade eine Piper-Navajo auf. Lauda lauscht über Kopfhörer gespannt dem Fliegerenglisch, dann grinst er: „Das ist Jarier. Ich hab seine Stimme erkannt."

Jarier fungiert als Copilot und Navigator. Mit an Bord: Patrick Depailler, der Vorjahrs-Trainingsschnellste. Und Jarier hat im Vortraining die besten Zeiten markiert. „Die Shadows, glaube ich, werden unsere ärgsten Gegner", tippt Niki.

Zunächst gewinnt Jarier das „Flugzeugrennen": Er ist schon gelandet, als Lauda in Anderstorp die Golden Eagle auf der Rennstrecke aufsetzt. Mit 200 km/h übrigens. „Im Rennwagen fahre ich dort 260. Nicht viel Unterschied, oder?"

Niki rollt vor bis zu den Boxen. „Okay, you can park", krächzt es über Funk. „Fürs ganze Wochenende?", fragt Niki grinsend. „Nein, bitte hinter die Kurve ..." Dort tummeln sich bald fünfzig Privatmaschinen.

„Anderstorp ist nicht unser Kurs, ich hab ein schlechtes Gefühl", komponiert Montezemolo zur Begrüßung gleich in Moll. Dafür hat er, erstmals seit Barcelona, Forghieri mitgebracht, was in der Box einiges „Casino" garantiert.

Aber Aufregung überall: Mass kommt erst im Flugzeug in Köln drauf, daß er Overall und Sturzhelm im Auto vergessen hat. Jody Scheckter verirrt sich und findet nicht den schwedischen Golfplatz, auf dem er eine Golfpartie verabredet hat: Mit Hulme und dem vornehmen Gentleman old english style, Rob Walker — einem früheren Marineflieger, dem die englischen Behörden den Privatpilotenschein entzogen, nachdem er mit einer Sportmaschine über eine Pferdehindernisbahn gehoppelt war.

Im ersten Training werden alle Privatflieger von Reutemann besiegt: Der „Indianer" führt vor Lauda, Jarier und Depailler die Zeitenliste an.

„Carlos schneller als ich?", tritt Lauda, bubenhaft lachend, den Zeigefinger mahnend hochgestreckt, auf Mimicha Reutemann zu. „Was ist da los? Hab ich's ihm erlaubt?"

Mimicha muß lachen: „Du glaubst wirklich, daß du so gut bist. Und wahrscheinlich ist das deine größte Stärke: Du bist so gut, weil du daran glaubst."

Von der Mentalität her wird man schwerlich zwei gegensätzlichere Formel-1-Fahrertypen finden als Lauda und Reutemann. Niki: Selbstbewußt, von sich überzeugt. Carlos: Manchmal an sich zweifelnd, Stimmungs- und Formschwankungen unterworfen, mehr als sein Teamkamerad Carlos Pace.

Doch genau in diesem Punkt hat Ecclestones Gehirnwäsche eingesetzt: „Vergiß doch völlig, daß es Pace gibt", schärfte ihm der Boß nach Zolder ein, „oder denk dir ganz einfach: Pace fährt für ein anderes Team." Bernie muß sehr eindringlich geredet haben. Denn jetzt, in Schweden, sagt mir Reutemann unvermutet: „Pace? Ach was, für mich ab jetzt auch nur irgendein anderer im Feld, mehr nicht. Irgendein anderer Pilot." Kumpels sind Carlos I und Carlos II keine allzu großen, „aber das ist ganz normal, sobald der Wettkampf losgeht. Das wissen auch die Tennisspieler Vilas und Orantes. Oder die Golfspieler Nicklaus und Palmer. Ab dem ersten Ballwechsel werden sie zu Feinden. Es ist schwer, Freund zu bleiben . . ."

Der Chef der beiden Carlos ist hungrig nach Erfolg. „Bernie will Siege, wegen Martini, für sich", denkt Reutemann laut, „er hat zwei Autos, die gewinnen können, welches, ist ihm egal — und ich mag ihm kein Kopfweh bereiten." Über die umstrittene Überhol-Situation von Zolder hat Reutemann mit Soler-Roig gesprochen: „Hätte ich unter Mike Kranefuß oder Jochen Neerpasch einen Boxenbefehl ignoriert wie Pace — ich hätte fürs nächste Rennen Zwangsferien erhalten", schürt der Spanier die Eifersucht.

Der dritte Platz hat Reutemann nichts gegeben. „Mir nichts, dem Team nichts. Als ich 1973 einmal als Vierter ankam, empfingen mich alle in der Box mit hochgestreckten Armen, jubelnd, verrückt vor Freude. Und jetzt? Dritter ist Zwölfter. Oder in der ersten Runde out."

Oft, bevor die Autos zum ersten Training auf die Bahn gelassen werden, philosophiert Reutemann: „Neues Rennen, neue Träume, mindestens zehn denken ans Gewinnen, und Sonntag wird nur einer oben

stehen." 1974 war's dreimal er, aber gehofft hatte Carlos schon lang davor.
„Hier sind zwei Rand", stopfte er einmal in Südafrika einem Mechaniker Geldscheine in die Overalltasche, „wenn ich verlier, gehören sie dir, wenn ich gewinn, krieg ich's zurück." Er wettet oft und gern, und er liebt die Gambling-Atmosphäre, Roulette im speziellen.
Als Anfang 1975 innerhalb der GPDA gestritten wurde, wie die Anwaltskosten aufgeteilt werden sollen, stand Reutemann verärgert auf: „Schluß mit allem, keine Rennen mehr, ich kehr heim nach Sante Fa." Tatsächlich mietete er im Frühling in Lloret de Mar an der Costa Brava, 80 Kilometer nördlich von Barcelona, ein Haus — zog aber im Herbst fluchtartig aus, „weil mir die Unruhen zu gefährlich wurden". Es war die Zeit der fünf Hinrichtungen.
Einmal in Belgien (Nivelles 1972) übersah der „Indianer" ein Verkehrszeichen. Polizeimotorräder jagten ihm nach, Carlos bog in den Wald ein, die Verfolger stellten ihn und zückten unbarmherzig die Pistolen.
Carlos amüsierte sich königlich. „Phantastisch", sagte er zu Mimicha, „sieh dir das an: Wie zu Hause in Argentinien." Und, zu den Polizisten: „Jetzt aber genug gescherzt, verschwindet." Mimicha verfiel in leise Panik: „Aber Carlos, sei vorsichtig. Das ist bitterer Ernst, kein Theater."
Reutemann hat — wie Lauda, aber nicht viele andere — nur ein Gesicht, sein echtes. Andere haben zwei Gesichter: Das offizielle und das private, manchmal auch ein drittes, für den Pulverdampf im Rennen. Fittipaldi-Manager Domingos nennt zwei Extreme: „Regazzoni in Zivil ist ein sensationeller Kumpel, nur wenn er sein Helmvisier zuklappt, wird er unberechenbar. Dagegen Jacky Ickx: Der Sauberste auf der Rennbahn, nur privat kommt fast keiner mit ihm zurecht."
Reutemann ist treu. „Solange er Rennen fährt", sagt Ecclestone, „wird er bei Brabham bleiben." Einen einzigen Formel-1-Wagen hat der Argentinier jemals demoliert: 1974 in Brands Hatch bei Regen. „Er hat", erinnern sich seine Mechaniker, „damals fast geweint."
Oft funkelt Carlos in der Box oder Garage — auf einem Reifenstapel hockend, in ein Golf- oder Tennismagazin vergraben — seine

Monteure an: „Ihr mögt Motor-Racing, stimmt's?" Er selber ist eine ganz seltene Mischung: Sowohl Profipilot als auch Fan. Ich höre ihm immer gern zu, wenn er Rennszenen, zum Beispiel Überholmanöver, nachher mit Handbewegungen, ja sogar Motorgeräuschimitationen, drastisch nachempfindet, und er trifft das Motorgeräusch auf jeweils zirka 500 Touren genau: Das Playback des Carlos Reutemann.

„Er ist so sensibel", sagt der Kärntner Rennfan Ernst Huppert, „daß er schon den Kopf hängen läßt, wenn ihm nur ein Hosenknopf abreißt." Im Anderstorp-Training ist es Reutemanns Getriebe, das auf der Geraden in Trümmer fliegt.

Mann des Tages ist Vittorio Brambilla. Er stimmt Lella Lombardis Auto ab und hat — mit seinem eigenen — Zeit genug, um die Gegnerschaft aufzuscheuchen. In einer Runde überholt er Fittipaldi und Regazzoni (!) und fährt Tagesbestzeit.

„Tutto bene", grinst Vittorio, ehe ihm „Bella Lella" an den Hals fliegt und ihn abküßt; schwesterlich natürlich. Es folgt der Anruf bei Gattin Daria in Monza. „Sie ist zufrieden, und damit basta", strahlt Brambilla.

In der Nebenbox, bei Ferrari, saure Gesichter: Lauda, seit Beginn der europäischen Rennsaison pausenlos Schnellster, hat auf Brambilla 0,6 Sekunden eingebüßt. „Zuwenig Bodenhaftung", klagt Niki. „Andere Autos werden auf die Fahrbahn gepreßt, wir aber fliegen. Darum ist alles, was wir probieren, erfolglos. Flügel steiler, Stoßdämpfer gewechselt, vier härtere Federn — ich fahr immer nur 1:26." Bei Regazzoni genau das gleiche.

„Vi non credo, vi non credo . . . ich glaub euch nicht", zetert Forghieri und weist die Fahrerklagen zurück. „Ihr müßt um 0,6 Sekunden schneller sein." Lauda stemmt sein Kinn mit dem Zeigefinger hoch: „Aber glaub mir, Mauro, es geht nicht schneller. Das Auto hat einen Fehler."

Der Fehler liegt bei den Reifen. Goodyear hat Werksferien eingelegt. Ergo gibt es Pneus, die vor, und Pneus, die nach dem Urlaub fabriziert worden sind. Differenz: Sie sind verschieden groß. Der Unterschied im Abrollumfang beträgt teilweise bis zu fünf Zentimeter!

Zwei Arten von Hinterreifen werden offeriert: Nr. 34 (erprobte Mischung) und Nr. 31 (in Zandvoort erstmals getestet, härter, daher

langsamer). Dreißig Exemplare vom Typ 34, je 12 Kilogramm schwere Dampfwalzen, bringt Bert Baldwin als Handgepäck, was rund 18.000 Schilling kostet. Und für die 31er-Reifen baut er eine gigantische Luftbrücke Wolverhampton—Anderstorp.
Der grauhaarige Derek — der Ferrari zugeteilte Goodyear-Mann — hat am schwedischen Wochenende offenbar ein Formtief. Er findet im Gummisalat nicht und nicht zwei Reifen, die wirklich zusammenpassen . . . aber darauf kommt man erst viel später.
Forghieri schreit Zeter und Mordio. „Wir wollen Niki und Clay siegen sehen", macht ihm Montezemolo klar. „Aber zuerst kommt bei mir immer der Fahrer. Wenn er sagt: So, dann ist es auch: So. Also schauen wir künftig zuerst beim Auto nach."
Ferrari baut den Lauda- und Regazzoni-Wagen auf den Stand vom Freitag zurück, hat also einen vollen Trainingstag verloren. „Du zwingst mich, in deine Richtung zu arbeiten, also gut", sagt Forghieri plötzlich zu Niki.
Bei der traditionellen Party Königs Carl Gustaf XVI. erzählt Prinz Bertil den Witz über die Galeerensträflinge, die zuerst eine gute Nachricht hören: „Sonderration Verpflegung für alle, die im Ruderboot sitzen." Und dann die schlechte Nachricht: „Der Kapitän will heute Wasserski laufen."
So etwa kommen sich die meisten Piloten vor. In Anderstorp jammern fast alle. Vorjahrssieger Scheckter: Waidwunder Blick, Stimme verzagt, mutlos — so deprimiert wie noch nie: „Es ist völlig egal, ob ich das Rennen mitfahr oder nicht, so langsam bin ich." Oder Lokalmatador Peterson: Die trüben Lotus-Aussichten in seinem Heimat-Grand-Prix lassen sogar seine Eltern zu Hause verharren. Oder McLaren: „Wie teuer ist guter Rat von dir?", fühlt Mass, der „das beste schlechtliegende Auto" hat, bei Robin Herd vor. Sehr, sehr teuer, erwidert der March-Mann.
Brambilla beherrscht auch das Abschlußtraining. Er und Jarier (im Shadow) können etwas, das den anderen auf Grund ihrer Wagenhandikaps nicht möglich ist: Sie rollen in die heiklen Kurven hinein und beschleunigen ab dem letzten Drittel voll.
Jarier schafft sich — ungewollt — die Konkurrenz vom Hals: Er wirbelt einen Stein auf, der Depaillers Ölkühler zerfetzt. Patrick fährt

weiter, bis er die Rauchwolken im Rückspiegel ortet, aber da ist die Schikane schon ölverschmiert. Der gleiche Stein hat, als Querschläger, Fittipaldi getroffen, aber Emerson hat nur ein paar Öltropfen verloren. Depailler dagegen braucht einen neuen Motor.

Das unwirkliche, aber wahre Bild von Anderstorp: Brambilla in der Hektik des Abschlußtrainings auf der Boxenmauer lümmelnd, mit Sonnenbrillen, lässig zusehend, wie die Weltklasse gegen seine Trainingsbestzeit erfolglos Sturm rennt — Lauda sogar 134 Runden lang. Aber Niki bleibt in der dritten Reihe festgenagelt, und Brambilla hat Pol-Position: Die erste eines italienischen Piloten seit Monza 1966 (Lorenzo Bandini), die erste eines March-Piloten seit Spa 1970 (Jackie Stewart). Wer mißgönnt Vittorio den Sieg? Sicher Ferrari. Und sicher Ken Tyrrell. Denn er, der Autoliebhaber mit dem Registrierkassenblick, schwört Mosley zähnefletschend: „Ich bin Besitzer des einzigen March, der je einen Grand Prix gewonnen hat — 1970 in Madrid, mit Stewart. Dieses Auto, die große Rarität, muß der einzige Sieger-March bleiben. Damit ich ihn dir eines Tages zum gleichen Preis verkaufen kann, den du 1970 von mir verlangt hast: 9000 Pfund, ohne Inflationsrate. Ich hab also spezielles Interesse daran, daß Brambilla nie gewinnt."

Doch Brambilla „muß ja einfach gewinnen, wenn er uns allen im Training um eine halbe Sekunde wegfährt", mutmaßt Fittipaldi. Bei Ferrari wehen die Flaggen nicht auf Sieg. „Wir können nur anbieten, auf Ankommen zu fahren, ein paar Punkte zu machen, mehr nicht", läßt Montezemolo, einem verschreckten Vogel ähnlich, den Kopf hängen.

Ermanno Cuoghi rechnet realistisch: „Brambilla und Jarier sehen keine Zielflagge. Pryce fliegt raus. Depailler kommt sicher an. Reutemann wird hart und Scheckter gefährlich — also vielleicht zweiter oder dritter Platz für Niki."

Und Tyrrell sagt mir: „Es gibt zwar Piloten, die gewinnnen, wenn an ihrem Tag, an ihrem Auto alles paßt — aber ich kenne keinen Champion mehr wie Clark oder Stewart, der auch dann siegt, wenn alle Wetten gegen ihn stehen." Doch es wird einen geben: Den Mann vom 5. Startplatz.

Sonntag: „Good morning, Tiger“, begrüßen die March-Mechaniker ihren Mann aus Monza. Brambilla verzichtet aufs inoffizielle Training. Um die Boxennachbarn, also Ferrari, psychologisch k.o. zu schlagen?

„In Anderstorp“, erinnert sich der alte Haudegen Hulme, „gewinnt immer ein Pilot, der komplett andere Reifen aufzieht als alle anderen — wie ich 1973, wie Scheckter 1974.“ Diesmal riskiert Ferrari das Gummi-Glücksspiel: Lauda und Regazzoni montieren aus dem Goodyear-Sortiment vorn Nr. 30, hinten Nr. 31, härter als die Pneus der Konkurrenz, die auf 34 setzt.

Aber: Ferrari handelt nicht nur aus eigener List, sondern unter Zwang — Derek findet noch immer nicht zwei passende 34er-Reifen. Aber Niki hätte sie — seit Samstag — nicht mehr gewollt. „Ein bißchen“, gibt er mit zaghaftem Lächeln später zu, „hab ich schon an meinen Sieg geglaubt.“ Warum? Die Antwort ist simpel:

Auf keiner anderen Rennstrecke klafft zwischen den Rundenzeiten aus dem Training und jenen im Rennen ein so großer Unterschied. Normal: 0,3 bis 0,4 Sekunden. In Anderstorp jedoch: 3 bis 4 Sekunden. Weil das Training eine Kompromißabstimmung verlangt und niemand dieses Tempo im Rennen halten kann.

„Wenn ich Piloten um Sonderprämien antreten lasse, sagen wir: ‚Ihr bekommt sie, wenn ihr bis auf 0,2 Sekunden an eure Trainingszeit herankommt‘ — sie schaffen es überall anders. Aber nie in Anderstorp“, weiß Shadow-Boß Nichols.

So relativ sind also hier Trainingszeiten. „Was war mit dir los?“, horcht Lauda Andretti aus. „Dreimal die Bremswelle gebrochen“, sagt der Italo-Amerikaner. Lauda: „Und wie fährst du heute?“ Andretti: „Wird schon gehen . . .“

Am Start läuft Mario Amok. Noch ehe die Flagge herunten ist, sieht Mass „ein rotes Ding losschießen“. Andretti spielt zwischen den Autos förmlich Pingpong, schlägt mehrmals an. „Wir müssen“, tobt Fittipaldi nachher, „Mario einmal klarlegen: Die Straße gehört nicht dir allein.“

Sie gehört zunächst Brambilla. Jedoch: Die March-Mechaniker haben sich erinnert, daß Vittorio hier 1974 wegen Kolbenreibers liegengeblieben ist, ihm also die Öltanks übervoll gefüllt. Prompt schwappt

das Öl in Linkskurven über und klatscht auf die Fahrbahn, vier Runden lang. Was Brambilla hinterläßt, ist ein Eislaufplatz. Der Pulk hinter ihm — Depailler, Reutemann, Jarier, Pace, Lauda, Hunt usw. — muß extrem achtgeben. Brambilla jedoch fährt bequem davon. Das Tempo, das der Trainingsschnellste anschlägt: 1:30.
Pryce muß wegen festgeklemmtem Gasschieber an die Box, fährt aber dann mit der Verfolgergruppe mit.
Lauda spürt, „daß ich das Tempo der anderen halten kann, wenn auch mit Mühe und letztem Einsatz". Seine gering gewesene Hoffnung wächst: Er ist der Erste, der 1:29-Runden hinlegt.
Dem führenden Brambilla gelingen „10 perfekte Runden", wirklich „perfetto und bellissimo". Aber „dann merk ich, daß mein linker Vorderreifen langsam zerfetzt wird". Später entschuldigt sich Goodyear: „Wir haben einen schadhaften Pneu erwischt."
So wird aus dem sicheren Spitzenreiter plötzlich ein Klotz, der die dichtauf folgenden Autos bremst. Bis zur 16. Runde verteidigt Vittorio Platz 1, zwei Runden später humpelt er an die Box, tigert sich auf den 11. Platz vor, bis er endgültig aufgeben muß: Gebrochene Antriebswelle. Auch Depailler war an den Boxen: Bremsprobleme. Von Brambilla hat Reutemann die Führung übernommen, verfolgt von Jarier. Pace ist Dritter, verfolgt von Lauda. Der Österreicher hat sich bis jetzt „aus allen Gemetzeln herausgehalten. Ich wart auf meine Stunde, und sie kommt heute noch ganz bestimmt." Niki hat Lauerstellung bezogen, aber nur was seine Position, nicht was sein Tempo betrifft: Vollgas und keinen Millimeter weniger.
Vorn holt Jarier gegen Reutemann auf, forciert und zwingt den Argentinier, das Letzte herauszuholen. „Ich hätte Carlos sicher überholt", ist der Franzose überzeugt.
10 Sekunden zurück ist Pace im Clinch mit Lauda. „Niki hinter mir fährt absolut voll", bestätigt Carlos, „das seh ich im Rückspiegel." Niki registriert: „Die Autos sind gleich schnell" und zieht einen Reifenvergleich: „Seine 34er-Reifen sind progressiv, der Brabham rutscht schön — aber mit meinen 31er-Pneus muß ich mit dem Auto kämpfen wie noch nie." Lauda notiert, was schon Regazzoni in Südamerika aufgefallen ist: „Pace passieren kleine Fehler, aber der Brabham verzeiht vieles." Einmal bleibt der Brasilianer mit dem Fuß zwischen

Gas- und Bremspedal hängen, kann aber gerade noch korrigieren. Sein Teamkamerad hat vorläufig mehr Glück:
In der 39. Runde ist Reutemann den Franzosen im Genick los: Kein Öldruck mehr im Shadow, der erste Motorschaden des „Schattenteams" in diesem Jahr. Jarier ist, wieder einmal, draußen.
Damit geht der Kampf Pace—Lauda bereits um den 2. Platz. Niki, in der Kurve nach den Boxen immer nur einen Meter hinter dem Brabham, versucht Pace in einen Fehler zu hetzen. Genau in dieser Kurve dreht sich der Brasilianer — zu spät gebremst, aber bis zum letzten kämpfend — nach innen, Zentimeter an vier Leitschienen vorbei, und dazwischen steht ein Streckenhaus. Wo Pace schließlich anprallt, das ist ein Scheinwerfer der Runway-Beleuchtung.
Ecclestone hat vorher vergeblich darauf gedrängt, den Scheinwerfer abzumontieren. Als hätte er geahnt, daß sich Pace daran die Brabham-Flanke aufschlitzt.
Damit liegt nur noch ein Gegner vor Lauda: Reutemann, mit 10 Sekunden in Führung, knapp nach Halbzeit. Der Ferrari, anfänglich untersteuernd, liegt jetzt neutral. Reutemann steigert sich auf 1:28,5, Lauda kontert mit 1:28,2 und wird immer schneller. Pro Runde macht er 0,3 bis 0,4 Sekunden gut.
So taucht er langsam in den Windschatten des führenden Brabham, „der aber nur wirkt, wennst höchstens 100 Meter dahinter bist". Um in diesen Windsog zu gelangen, kämpft Lauda bis ins letzte Distanzviertel. „Ich weiß, daß Reutemann auf der Geraden schneller ist, ich ihn also von der reinen Geschwindigkeit her nicht überholen kann." Deshalb zunächst Nikis Kriegslist: Pausenloser Druck auf Reutemann, ihn nicht zur Ruhe kommen lassen.
Schon eimal hat ein Österreicher einem Brabham in einem unvergeßlichen Finish einen Grand-Prix-Sieg geraubt: Jochen Rindt 1970 in Monte Carlo, dank seiner sensationellen Aufholjagd bis in die letzte Kurve — in der er Jack Brabham in seine entscheidende Spätbremsung hetzte.
Lauda merkt hinter Reutemann, „daß seine Reifen schlechter werden und sein Auto immer mehr übersteuert". Besonders Carlos' linker Hinterreifen macht schlapp. „Mit perfekten Reifen", sagt er nachher, hätte ich gewonnen." Aber Carlos hat falsch gewählt.

Reutemann behindert Lauda nicht. „Er ist sehr fair", stellt Niki fest, „aber er macht mir das Überholen so schwer wie nur möglich, warum sollte er nicht?" 10 Runden vor Schluß, nach drei, vier Versuchen, ist Lauda an Reutemann vorbei.

Die Kampfmoral des Argentiniers ist damit erloschen: Statt 1:28,5- fährt er jetzt nur noch 1:30-Runden. Regazzoni ist Dritter, er kämpft sich trotz heftiger Motorvibrationen von Andretti frei. Und Fittipaldi hat — wie schon in Belgien — ab Halbzeit keine Bremsen mehr. Die neue Vorderradaufhängung (die sechste in sechs Rennen) bewährt sich nicht: „Fitti" fährt sogar auf der Geraden zick-zack. Respektlos bremst ihn Tony Brise aus, bis sein Getriebe zu krachen anfängt und nur noch ein Gang übrigbleibt: der vierte.

So geht Donohue an Brise vorbei und liegt (auf der Straße) direkt vor Lauda. Letzte Runde. Niki überholt nicht, will „nicht riskieren, daß es noch kracht" — dafür streckt er dem Mann mit der Zielflagge schon von weitem den Arm hoch, „damit er mich rechtzeitig sieht". Verblüfft winkt der Schwede Lauda erst im nachhinein ab.

Egal: Lauda hat geschafft, was zuletzt 1971 Jackie Stewart gelungen ist — drei Große Preise hintereinander zu gewinnen. Aber wie er diesen Sieg herausfuhr, das waren: Fittipaldi-Taktik, Stewart-Klasse, Lauda-Intelligenz ... und Brambilla-Kampfgeist? „Ich hab", grinst mich Niki an, „schon meinen eigenen Kampfgeist."

Bei der Siegerhymne nimmt Lauda seinem strahlenden Kollegen Regazzoni die Goodyear-Kappe vom Kopf. Lil Babs, der Schlagerstar, gratuliert mit Küßchen. Lorbeer und Pokal bleiben im Transporter, „die laß ich Ferrari, nur die schönen Pokale hol ich einmal zu mir". Eine knappe Stunde später sind wir schon wieder im Flugzeug. „Lauda Airlines" heult die lange Gerade entlang und hebt genau dort ab, wo Niki Reutemann überholt hat. Mir fällt auf: Er blickt nicht einmal hinunter. Nach 38 Minuten: Zwischenlandung Malmö. Zwischen Kopenhagen und Hamburg bekommt Niki Funkkontakt mit Zanons Privat-Jet, in der Fittipaldi reist. Der Dialog? „Emerson läßt sagen: Hallo und beste Wünsche", funkt der Pilot, „selber reden kann er nicht. Das Bordmikrophon ist kaputt." Die McLaren-Defekte häufen sich.

„Fitti sagt: Hallo und beste Grüße. Sein Mikro ist kaputt.“

Um 21.38 Uhr landen wir in Zürich. Niki kann nicht mehr nach Salzburg weiterfliegen und will auch gar nicht. „Um sechs aufgestanden ... 322 km runtergeraspelt ... nach Zürich geflogen“, rekapituliert er, „jetzt bin ich müd. Ich muß schlafen.“
Sein Punktepolster: 10 WM-Punkte, auf Reutemann gerechnet. Carlos ist an diesem Wochenende „trotz allem glücklich und fest davon überzeugt, daß ich heuer Weltmeister werde“. Doch sein schwedisches Kapitel ist noch nicht beendet: Vor dem Heimflug wird Reutemann von einer mysteriösen Viruserkrankung befallen, das Atmen fällt ihm schwer, und er läuft wochenlang zu Ärzten.
„Vor allem bei Hitze“, klagt er, „hab ich Probleme.“ Also besonders in Le Castellet, noch nicht aber in Zandvoort.

ZANDVOORT: HUNTS ALL-ENGLISCHER SIEG

Trotz Laudas Triumphkette arbeitet Ferrari zäh und fleißig weiter. Niki und Clay bekommen für Holland neue Überrollbügel aus Titan (Gewichtsersparnis 3,5 Kilogramm) und ein geändertes Auspuffsystem. 023, der Siegerwagen von Monaco, Belgien und Schweden, wird im Werk völlig gestrippt und wieder zusammengebaut, um minimalster Defektgefahr vorzubeugen — Laudas Waffe für Holland heißt 022: Das Siegerauto von Silverstone.
Und Hills neuer Fahrer heißt Alan Jones. Was im kalten Grand-Prix-Business imponiert: Die Treue von Graham, der in den Vertrag einen Extrapassus einbaut: „... gilt nur solange, bis Stommelen wieder fit ist.“ Graham und Bette sind nett zu Rolf: Sie schreiben ihm und rufen oft an.
Ein Wiedersehen, jedoch ein negatives, gibt es mit dem japanischen Maki-Team. Seit dem Nürburgring 1974, als das Auto mit Howden Ganley im Cockpit förmlich zerbarst, hat man von den Harakiri-Leuten nichts mehr gesehen. Der neue, unterklassige Pilot: Hiroshi Fushida, Sohn eines Kimonofabrikanten.
Fushida erschreckt im Training nicht nur Ickx, den er auf der Geraden buchstäblich schneidet, um seine Box anzusteuern — er bringt durch unerfahrene Manöver auch draußen in den Kurven manche in

Gefahr. Deshalb: Allseits großes Aufatmen, als Fushidas Motor k. o. geht. Mangels Ersatztriebwerk müssen die Japaner das Training einstellen. Und ihnen einen Motor zu borgen oder zu verkaufen — davor schreckt sogar der stets geldknappe Frank Williams zurück. Vom Millionär Ecclestone, der 17 Ford-Motoren hortet, gar nicht zu reden. „Über Leute wie Fushida muß in der GPDA einmal geredet werden", kündigt Pace an. Ihm selber reißt ein Wasserschlauch. Reutemann schlittert in der Hunzerug-Haarnadel geradeaus. „No brakes, totaler Bremsdefekt", sagt Reutemann zu Pace, schaut zum Himmel, läßt langsam, pfeifend die Luft aus. Hätt' heiß werden können, meint er damit.

Zwanzig Minuten nach Trainingsbeginn, um 10.20 Uhr, erlebt auch Lauda seine Schrecksekunde; weit draußen in den Dünen, dort wo das Formel-1-Motorgeräusch immer wie Hundegebell klingt. Es ist die gleiche S-Kurve, in der 1970 Piers Courage verunglückt ist, in der 1973 Roger Williams der verhängnisvolle Reifenschaden getroffen hat.

Niki fährt im 5. Gang, mit 240 km/h, „da knickt der Ferrari plötzlich links hinten ein. Mein Herz fängt an zu pochen, und ich hab bestimmt 200 Puls. Ich spür sofort, was los ist: Irgend etwas mit der Radaufhängung."

Das Gewinde ist ausgerissen, die untere Schraube dadurch weggeflogen. Bei 240 km/h steht der Ferrari fast quer. Hat Niki Mühe ihn einzufangen? „Ja, ziemlich." Anders als 1973 ist diese haarige Passage jetzt optimal abgesichert: Vier Fangzäune, um 15 Meter zurückversetzte Leitplanken.

Lauda touchiert weder Netze noch Planken. Langsam rollt er an die Box zurück. „Das erstemal, daß bei Ferrari so etwas passiert ist. Jetzt müssen wir alle noch besser aufpassen", sagt Niki. Der Rennsport fragt nicht nach Schuld oder Sühne, aber Montezemolo stellt fest: „Ein Fehler der Mechaniker, aber das kann passieren, denn unsere Leute arbeiten doppelt soviel wie die anderen . . . und auch den Fahrern unterlaufen manchmal Fehler."

Während Laudas Auto umgebaut wird, stürmt der große Kämpfer Regazzoni auf seiner Lieblingsstrecke allen davon. Wird der Stallrivale — wie 1974 — Nikis Gegner Nummer 1? Lauda kommt erst die letzten 20 Minuten wieder zum Fahren. Dann unterbietet er Regazzoni um 0,23 Sekunden.

Samstag früh sucht Lauda einen Chiropraktiker auf, einen jungen, dynamischen Arzt, „der mir die Verkrampfung und Verkühlung aus den Rückenmuskeln massiert. Das plagt mich schon ein paar Tage." Dann krampft zunächst nicht Niki, sondern der Ferrari.

„Ich überhol anfangs der Zielgeraden den BRM von Bob Evans aus dem Windschatten — das reißt das Plastik von der Schnauze, bricht die Nase nach unten. Das Auto wird plötzlich sehr leicht" — und schlittert funkensprühend die Zielgerade entlang: Von 278 km/h auf Null heruntergebremst.

Es ist 10.20 Uhr, die gleiche Zeit wie gestern, als die Aufhängung kollabierte — für Ferrari-Verhältnisse etwas viel auf einmal? „Sicher. Aber besser im Training als im Rennen", sagt Niki. Plastik kann durch Erschütterungen nicht abbrechen, die Schnauze ist echt zu schwach. Darum wird sie durch Eisen-, Alu- und Polyesterteile verstärkt, und bei Ferrari riecht es stark nach Sägemehl. Sorry, sagt Cuoghi zu Lauda.

Regazzoni kracht, wie schon in der Monte-Carlo-Schikane, mit Scheckter zusammen: Jody steht wegen eines gerissenen Wasserschlauchs 20 Minuten an der Box und hat, als er wieder losrollt, ganz kalte Reifen. Im Bergaufstück nach der Haarnadel holt Regazzoni den Tyrrell ein.

Scheckter macht — sagt er — sofort Platz, „und ich glaub, ich hab Regazzoni sogar vorbeigewunken."

Regazzoni aber ärgert — sagt er —, „daß Scheckter mit 50 km/h auf der Ideallinie herumschleicht und mich blockiert."

Jedenfalls zerbricht Clays rechte hintere Felge und bohrt sich in Jodys linken Vorderreifen. Zurück in der Box schimpfen beide. Regazzoni: „Jody predigt in den GPDA-Sitzungen immer wieder, wie wir uns benehmen sollen — er aber hält sich nie daran." Und Scheckter: „Jeder kann einmal einen Fehler machen, auch Clay, aber warum will ihn dieser Kerl nicht zugeben?"

Jarier schmeißt seinen Shadow in der Panorama-Schikane gegen die Drahtzäune. „Ich hatte hinten neue Bremsen", entschuldigt sich der Franzose. Die Brabham-Piloten jammern immer lauter „über die zu harten Reifen, die anderen Teams zwar passen mögen, für uns aber schlecht sind."

Und McLaren stellt sich vor die gleiche Klagemauer: Goodyear. Unverändert bei Fittipaldi: Das Madonnenbild und Juliana-Foto im Cockpit, neu jedoch: Seine Erfolglosigkeit. Seit Monte Carlo ist der Weltmeister bereits ohne Punkte!

„Die neuen Reifen", erklärt er mir, „haben so vielen anderen Teams geholfen, uns aber nur geschadet. Der McLaren verlor alle Balance. Darum experimentieren wir soviel mit neuen Aufhängungen. Aber Suspension, Reifen, Strecke, all das paßt bei uns nicht zusammen."

Immerhin, die 500 Meilen von Indianapolis sind vorbei, also können sich Bruce McLarens Erben jetzt voll auf die Formel 1 konzentrieren. „Nicht, daß sie Nachrang hätte. Aber in der Fabrik war lange niemand, der etwas Neues hätte basteln können", weiß Designer Gordon Coppuck.

Bis zum WM-Finale fließt für Fittipaldi „aber noch viel Wasser unter der Brücke durch". Und so reiht mir der Brasilianer die WM-Favoriten in Zandvoort: „1. Niki, 2. ich, 3. die beiden Carlos, 5. Jody."

Pirscht sich Fittipaldi an? Viele erwarten in Zandvoort seinen Großangriff. „Wir haben etwas Angst vor Fitti", gibt Montezemolo zu, „darum ist Clay für uns besonders wichtig, um Fitti Punkte wegzunehmen. Wenn Niki Probleme hat, muß Clay gewinnen. Wir spielen da um den Weltmeistertitel." Heißt das im Klartext: Alles für Niki Lauda?

„Ich hoffe", sagt Lauda zu einem Schweizer Reporter, „Ferrari ist so klug, das einzusehen. Wenn nötig, muß ich eben die Entscheidung auf der Strecke herbeiführen — falls Regazzoni vor mir liegt." Clay sagt bereits: „Höchste Zeit, daß ich wieder einen Grand Prix gewinne, und Niki würden ja sechs WM-Punkte genügen."

Wir hocken in der Halle des „Bouwes Hotel". Montezemolo flüstert: „Clay weiß perfekt, was er zu tun hat. Wenn er vor Niki führen sollte, dreh ich die Reihenfolge durch Boxenbefehl um. Aber natürlich nicht gleich am Anfang, erst gegen Ende des Rennen."

Dr. Peter Schetty, der frühere Ferrari-Rennleiter, hatte solche Probleme mit seiner sechsköpfigen Prototypen-Mannschaft. „Du kannst", erklärte er mir zum Thema „Stallorder“ einmal in den USA, „einem Spitzenfahrer das Siegen nicht verbieten. Irgendwann einmal kriegst du das zurück.“

Montezemolo ist nervös: Wo ist Niki? Wo ist Ghedini? Was ist mit Laudas Motor? Ab 11.500 Touren vibriert er leise. Die Entscheidung: Austauschen oder nicht? muß immens schwerfallen. Denn: Laut Kirchengesetz ist in Holland jedweder motorsportliche Lärm vor Sonntagmittag verboten, deshalb entfällt das Sonntagfrühtraining (als letzte Testmöglichkeit).

In einer dreistündigen Telefonkonferenz mit dem Commendatore und Forghieri wird beschlossen: Ja, Motorwechsel, wie Lauda gewollt hat. Sein sechster Sinn, sein unheimliches Gespür fürs „Innenleben“ eines Rennwagens wird erst Wochen später bestätigt: Bei Testfahrten in Monza, wo der ursprüngliche Zandvoort-Motor schon nach sechs Runden in Trümmer fliegt ...

Laudas unbezahlbarer Wert für Ferrari offenbart sich aber in noch einer Szene: Mit Hilfe seines Chiropraktikers organisiert Niki einen Reifenprüfstand in der Nähe Zandvoorts, damit man Sonntag früh den neuen Motor warmlaufen lassen kann ... Daß die Aktion scheitert, weil der Prüfstand zuwenig Bodenfreiheit bietet, ändert nichts: Ein anderer Pilot hätte sich gar nicht in diese Aufgabe verbissen.

Lauda/Regazzoni bilden zum fünftenmal bereits die erste Startreihe eines Grand Prix. Die „Formel Ford“ hat James Hunt auf Hesketh gewonnen: Trainingsdritter und damit bester Nicht-Ferrari.

Samstag schickt seine Lordschaft den Hesketh-Konstrukteur, Harvey Postlestwaigth, heim nach England, um am neuen Auto (dem 308 C) zu arbeiten. Harvey ist oft seltsam. Wenn er über den Durst getrunken hat, hält er sich für einen Hund und fängt an zu bellen — wie Toni Sailer einmal in der Skistadt Val d'Isere, worauf aus allen Nebengassen die Hunde herbeitollten und der auf allen Vieren kriechende Skistar blitzschnell wieder auf zwei Beinen war. Die Szene hätte zum Hesketh-Team gepaßt.

Alexander, der dritte Baron von Hesketh, der verdächtig reiche Junglord, verschwendet sein Geld nicht mehr auf allzu verdächtige Art: Im März hat er seinen Jet-Ranger-II-Hubschrauber und seinen Rolls Royce verkauft.

Er ist 24. Aber seinen vollen Erbanteil — sein Vater, der zweite Baron von Hesketh, starb an Leberzirrhose, als Alexander 5 Jahre alt war — erhält er erst mit 28. Bis dahin muß er sich anderswie durchfretten. Etwa mit Hesketh-T-Shirts, die oft genug seine Mutter verkaufen hilft.

Durst herrscht in dieser Familie immer. Unvergeßlich bleibt mir die Kyalami-Ranch-Szene, als ein paar Neger eine Truhe mit Flaschen und einen Eiskasten in den Bungalow der Lady schleppten: Die perfekte Dschungel-Bar.

1975 spricht man im Hesketh-Team erstmals von Geld und Sponsors. Für 8000 Pfund (etwa 320.000 Schilling) kann man einen 308 mieten, wovon Torsten Palm und — später — der ehemalige Marineinfanterist und Vietnam-Kämpfer Brett Lunger auch Gebrauch machen. Irgendwann meldet sich ein griechischer Reeder, Freund des Lords, und bittet, sein grünes Seepferd auf die Hesketh-Schnauze malen zu dürfen. Gegen Entgelt, natürlich.

Das Teamsymbol bleibt jedoch der Teddybär. James Hunt hat einen Hesketh-Bären sogar am Hals baumeln; massives Gold, aus einem Prix-Rouge-et-Blanc-Barren gefertigt. Lord Hesketh, der andere Teamchefs mit „Darling“ anzusprechen pflegt, nennt Hunt am liebsten: „Superstar.“ Früher lautete der Beiname: „Hunt the Shunt“, wegen der vielen Stürze, aber diese Zeit ist längst vorbei.

„Wir wußten immer, daß er gut ist. Aber langsam glauben wir: Aus James wird wirklich noch etwas ganz Besonderes“, schätzt Bubbles Horsley, der Teammanager, der seinem Schützling enormes Selbstbewußtsein bescheinigt: „Hunt interessiert sich in allererster Linie für Hunt.“

Viele, die ihn näher kennen, glauben: Er hat mehr Intelligenz als Naturbegabung. Was James bestätigt: „Ich ordne mich selbst ins zweite Glied ein, zusammen mit Fittipaldi, Reutemann und Scheckter — aber wir alle sind einen Schritt hinter Peterson.“ Wo er etwa Niki Lauda einordnet, läßt der englische Collegeabsolvent offen. Niki klassifiziert ihn — gegen Saisonende 1975 — direkt hinter Fittipaldi, etwa gleichauf mit Reutemann.

Minderwertigkeitskomplexe haben weder James noch irgend jemand anderen aus dem Hesketh-Team jemals geplagt. Hunt, groß, immer sonnverbrandt, mit blonder Haarmähne, wirkt auf den ersten Blick eher wie ein Dreßman, vielleicht auch Playboy, als wie ein Berufssportler. Und manche sagen: Er wirkt arrogant. „Ich mag das gute Leben“, sagt er schlicht.

Sehr treffend beschreibt ihn der Amerikaner Pete Lyons: „Schau ihn an, wie er auf der Boxenmauer oder am Eßtisch sitzt: Ruhelos, hellwach, nichts entgeht ihm, alles fängt er ein. Schau sein Gesicht an: Flatternde Nasenflügel, wie die Nüstern eines Hengstes, der in den Wind schnuppert — dazu die tiefliegenden Augen, die an einen hungrigen Falken denken lassen. Hunt ist muskulös und durchtrainiert, aber weniger wie ein Boxer, eher wie ein Windhund. Er wird dir sagen, er entspannt sich leicht, gern und mühelos. Aber seine metallischen Augen täuschen nicht. Dieser Mann relaxt wie eine Klapperschlange.“

Hunt ist hungrig nach seinem ersten Grand-Prix-Sieg, der möglichen Startrampe für sein ganz großes Ziel: Erster englischer Weltmeister seit 1968 (Hill) oder zumindest erster britischer Champion seit 1973 (Stewart) zu werden. „James wird von Rennen zu Rennen besser. Jetzt denkt er auch mehr ans Ankommen, nicht nur ans Tempobolzen“, sagt mir Jackie über ihn.

Was Hunt hilft, ist sein eisernes Körpertraining. Nur ein Beispiel für seine Pofieinstellung: Bei seinem Grand-Prix-Debüt in Monaco 1973 schmerzten ihn die Halsmuskeln gotterbärmlich — die pausenlosen Erschütterungen, die Last des Vollvisierhelms, die immensen Fliehkräfte (bis 2 g) waren zuviel für ihn.

Was tat Hunt? Er meldete sich beim Londoner Fußballklub Chelsea und trainierte wochenlang im „Stamford-Bridge“-Stadion (Schauplatz des berühmten 3:4 des österreichischen Wunderteams) mit, „weil ja schließlich auch die Fußballer kräftige Halsmuskel brauchen.“ Hunt köpfelte, auf dem Rücken liegend, Fußbälle gegen die Wand. Und wo immer er sich gerade aufhält: Immer hat er Laufschuhe und Trainingsanzug bei sich. Er rennt immer, jeden Tag, bei jedem Wetter. An seinem spanischen Wohnsitz — nahe Malaga — hat Hunt nie Wetterprobleme: Fast täglich spielt er zwei Stunden Tennis mit dem sagenhaften Lewis Hoad (der dort eine Tennisfarm gegründet hat), manchmal auch Golf. Aber natürlich hat Hunt seinen Haushalt nicht nur der Sonne wegen nach Spanien verlegt, sondern vor allem aus steuerlichen Gründen. 90 Tage pro Jahr in England (mehr erlaubt das Gesetz nicht) reichen ihm vollauf. „Und fürs halbe Geld arbeiten", sagt er entwaffnend, „mag ich nicht."

Hunt pflegt sein Image recht gekonnt. „Unter 300 Pfund mach ich einfach keinen Reklameauftritt." Im englischen Fernsehen verschaffte er dem Vauxhall, gemeinsam mit Suzy — einem Fotomodell, das er nach dreimonatiger Bekanntschaft 1974 geheiratet hat —, den gewünschten „Familien-Effekt". Beim Fußball-Europacupschlager Barcelona — Leeds United fachsimpelt er im BBC-Programm die ganze Halbzeitpause.

Und vier Tage später, nach dem Katastrophenrennen, reparierte er eigenhändig den Hotel-Fernschreiber, damit er seine selbstgeschriebene Kolumne zeitgerecht an ein Londoner Rennmagazin durchgeben konnte. „Ich schreibe meine Artikel seit neuestem alle selbst, sogar mit der Schreibmaschine."

Kein Zweifel, Hunt ist genauso professionell geworden wie das ganze Hesketh-Team. Und was für James das Kopfballtraining mit Chelsea gewesen, das ist für die Hesketh-Mechanikertruppe der Reifenwechseldrill: Nach dem schlampigen Monte-Carlo-Service wurden auf den Hesketh-Gütern fünfzig Boxenstopps trainiert, unter simulierten Rennbedingungen, bei kreisendem Sekundenzeiger ... fünfzigmal!

Und wie sechs Wochen zuvor in Monte Carlo, so regnet es auch Sonntag in Zandvoort. Trostlos rinnt das Wasser in die Krägen, aus den Schuhen. „Das fehlt mir noch, der verdammte Regen", ärgert sich Lauda. „Definitiv ein Regenrennen, wie verrückt", klagt Reutemann. Um 13.10 Uhr schaut sich Niki an, wie der Starter das Formel-Renault-Feld auf die Reise schickt, und kommt mit rollenden Augen zurück. Der Regen scheint aufzuhören.

„Wie siehst du die Chancen?", fragt Mike Kranefuß von Ford.

„Wer durch Zufall das Richtige tut ...", überlegt Lauda.

Panik bei Brabham, weil bei Reutemann ein Tankleck entdeckt wird, das Benzinsystem aber binnen 30 Minuten (!) gewechselt werden kann. Und Panik auch bei Copersucar: Wilson Fittipaldi verliert in der Anwärmrunde ein Rad ...

Zandvoort hat schon zwei Regenrennen gesehen: 1968, mit dem Premierensieg des Tyrrell-Matra unter Jackie Stewart, und 1971, mit dem fast epischen Duell Ickx gegen Rodriguez. Zandvoort war aber noch öfter der Schauplatz von Sternstunden, den ersten Siegen neuer Piloten (1959: Bonnier, 1962: Hill) oder neuer Fabrikate (1959: BRM, 1967: Lotus 49, 1968: Matra, 1970: Lotus 72).
1975 wird Zandvoort beides erleben. Seit Jockeisohn Peter Gethin 1971 im Foto-Finish von Monza seinen BRM zum Sieg peitschte, seit knapp vier Jahren also, hat kein englischer Pilot in einem englischen Wagen mehr einen Großen Preis gewonnen! Aber Lord Hesketh und James Hunt schwingen stolz den „Union Jack", auch wenn seine Lordschaft mir würdevoll und nüchtern sagt: „Auf Sieg zu hoffen, das wäre zu gewagt. Denn Lauda, der Ferrari und Zandvoort zusammen — das scheint uns eine uneinnehmbare Festung."
Kurz vor dem Start läßt der Regen nach. Langsam dringt die Sonne durch den Wasservorhang. Auf Regenreifen starten alle. Aber Lauda bleibt bei seiner Regeneinstellung, Hunt dagegen hat den milchweißen Hesketh für ein Trockenrennen abgestimmt. Seine Prognose: „Irgendwann trocknet die Straße auf, ich jedenfalls bete um Sonnenschein."
Am Start versucht Scheckter, sich außen durchzuschmuggeln, aber Lauda hat aufgepaßt und kontert. Der zweite Tyrrell (Depailler), keine Spur weniger ungeduldig, kollidiert mit Brambilla. Lauda vor Scheckter und Regazzoni, dahinter Hunt: „Was war eigentlich mit dir am Start los?", fragt Lauda später seinen Teamgefährten, worauf Clay aufbraust: „Willst du mich ärgern? Oder dich lustig machen?" Verzeih, beschwichtigt Niki, „aber ich frag ja nur, weil ich dich nachher nicht mehr gesehen hab."
Der Regen hört auf, und langsam trocknet die Piste ab. Wie immer sieht man das an den zwei parallelen Trockenstreifen, die sich — wie Schienenstränge — um den ganzen Kurs ziehen. Damit ist klar, daß wie in Monte Carlo jeder zum Reifenwechsel hereinkommen muß. Das Schachspiel um den strategisch günstigsten Zeitpunkt, auf Slicks umzurüsten, beginnt.
Zwar wirbeln die Räder längst keine Wasserfontänen mehr hoch, aber ein Abweichen von der aufgetrockneten Ideallinie muß unweigerlich zum Ausritt führen.

Mass und Hunt entschließen sich als erste: Schon in der 7. Runde. „Eine verdammt harte Entscheidung", gibt James zu, „nur einmal mit einem Rad um einen Meter falsch, und du bist wieder mitten im Regenrennen — aber mit den falschen Pneus." Hunt lädt also enormes Risiko auf sich. Binnen 36 Sekunden ist er abgefertigt, aus der 4. in die 19. Position zurückgefallen, aber das ist relativ.

„Mein früher Boxenstopp ist ein Vorteil", sagt mir Hunt später, „weil ich dadurch, trotz noch langsamer Piste, meine Trockenreifen bereits warmfahren kann — damit bin ich im entscheidenden Moment des Rennens den Kurs am besten gewohnt ... und vielleicht schon weit in Führung."

Hunt fährt pro Runde 2 bis 3 Sekunden schneller als das Spitzentrio Lauda-Scheckter-Regazzoni (alle noch auf Regenreifen). Niki schiebt seinen Boxenstopp so lang wie möglich hinaus: „Ich darf nicht das geringste Risiko auf mich nehmen, mit Slicks auf einem noch feuchten Fleck auszurutschen. Ich muß hundertprozentig sicher sein!"

Lauda wartet und fährt und führt und wartet. Aber Regazzoni fühlt sich wie gefesselt — denn er will Trockenreifen! „Ferrari muß doch eine Doppelchance spielen!", donnert er, „als Hunt an die Box fuhr, hätte ein Ferrari sofort mitgehen müssen. Und zwar das Auto mit dem kleineren WM-Risiko, also meines, nicht Nikis, denn Niki muß sich an Reutemann, Fittipaldi usw. orientieren ... aber mein Wagen hätte riskiert werden müssen. Wir alle wußten ja nicht, was hinter uns los ist. Und ich hätte so gern gegambelt", verrät mir Regazzoni nachher.

Aber er muß draußen bleiben, solange Lauda nicht an der Box war. In der 8. Runde wechselt Reutemann (40 Sekunden); in der 9. Fittipaldi (36 Sekunden). In der 10. signalisiert Montezemolo zum erstenmal für Lauda: „Box!" Aber Niki kann erstens „die Tafel nicht ablesen, weil die Ferrari-Box, mit Regenreifen, genau in der Bremszone der Tarzan-Kurve liegt" — und zweitens kann er draußen, an der Front, die Gefechtslage genauer und realistischer beurteilen. Und ihm ist bewußt: Nur ja kein Risiko.

Doch Jarier kommt in dieser 10. Runde an die Box (30 Sekunden), Pace (über eine Minute) stoppt in der 11., Scheckter in der 12. (23 Sekunden), und erst im 13. Umlauf kommt Lauda herein — aber er sieht keinen Montezemolo. Der Teammanager ist in der Ambulanz, und Ferrari hat sein stilles Drama.

Luca hat in der Hektik der Reifenwechsel-Boxenstopps, ohne sich umzublicken, von der Boxenmauer einen Satz auf die Fahrbahn getan; rückwärts, mit riesengroßem Ausfallschritt, wie schon so oft. Aber diesmal stand Montezemolo direkt vor dem gerade mit Slicks aus der Lotus-Box gepreschten Peterson. Ronnie: „Ich hab sofort gebremst. Mit dem linken Vorderrad konnte ich Luca noch ausweichen. Mit dem linken Hinterrad nicht mehr. Aber du weißt, er schaut ja wirklich nie ...“

Zwei Stunden später sehen einander die beiden wieder. Luca kauert im Liegestuhl, kreideweiß, aber mit leuchtenden Augen. Linkes Bein hochgelagert, weil gebrochen, rechter Arm bandagiert. Plötzlich kommt Peterson, schaut verlegen, druckst herum.

„Oh, ich bin sorry. Entschuldige, Ronnie“, sagt der Ferrari-Rennleiter, was den Schweden total verblüfft: „Warum denn du? Ich hab doch dich gerammt ...“ Und hinzufügend: „Was ist dir passiert?“

„Knochenbrüche“, sagt Luca, „und dir?“

„Benzin ausgegangen“, sagt Peterson leise, „drei Runden vor Schluß, an fünfter Stelle liegend.“ Montezemolo, kopfschüttelnd: „So ein Pech“, und er meint es ehrlich, ohne jede Spur von Schadenfreude. Das eigene Malheur hatte er fast schon vergessen. Und auch die Szene, wie er sich aus dem Rettungswagen losriß: „Ich muß zurück an die Box.“

Dort ist mittlerweile Lauda binnen 26 Sekunden abgefertigt worden und danach Regazzoni — Spitzenreiter für zwei Runden — binnen 28 Sekunden. Als sich das Chaos legt, als halbwegs Klarheit in die Rundentabellen kommt, weiß man: Hunt führt vor Jarier und Lauda ... und fährt den beiden, weil deren Slicks noch kalt sind, pro Runde um 2 Sekunden weg — bis sein Vorsprung auf 12 Sekunden anwächst.

Lauda aber ist von der 16. bis 43. Runde, fast eine Dreiviertelstunde lang, in einen unbarmherzigen Rad-an-Rad-Kampf mit Jarier verwickelt. Die Gegenwehr des Franzosen ist verbissen, „aber manchmal muß man ein solches Duell machen“, lacht Jean-Pierre. Niki fällt auf, daß Jarier enorm riskiert: „Er fährt dauernd aus dem Kurs raus, so daß das Auto irgendwann brechen muß." Das Duell der beiden ist das Herz des Rennens . . . vorläufig zumindest.

Als Jariers Motor spukt, zeigt er (vor der Box) mit dem Daumen rückwärts. Gleichzeitig schaltet er die elektrische Benzinpumpe ein, „und sofort hören die Zündaussetzer auf". Drei-, viermal ist Lauda hart am Überholen. Im 43. Umlauf ist er an Jarier vorbei, nicht eine Runde zu früh: Eine Minute später explodiert am Shadow der linke Hinterreifen — bei 10.500 Touren im 4. Gang. Ein „very big moment", sagt Jarier. Er fliegt von der Strecke und demoliert am Fanggitter seinen Heckflügel.

Franco Lini, ein Starreporter, bringt den 100 mal 60 Zentimeter großen Gummifetzen fünf Runden später in die Shadow-Box. Abends sieht Jarier seinen Unfall nochmals: In Amsterdam, im TV.

Sobald Lauda an Jarier vorbei ist, entfesselt er die Jagd auf den führenden Hunt, den er rasch einholt. Die letzten 25 Runden bestreiten die beiden fast als Tandem. Lord Hesketh erinnert sich: „James hat schon in Silverstone 26 Runden vor Niki geführt. Wenn er durchhält, gewinnt er heute."

Aber hält er durch? „Unter Druck gesetzt", weiß Bubbles Horsley, „ist James bis jetzt noch immer ein Fehler passiert." Und genau darauf wartet Lauda: „Ich kann ihn nur überholen, wenn er patzt."

Laudas neuer Motor dreht 300 Touren weniger als der gestrige. „In den langsamen Kurven", gibt auch Hunt zu, „ist der Ferrari schneller. Dafür hab ich in den schnellen Passagen Vorteile."

Für Regazzoni kommen auch heute Grüße von Scheckter: Irrtümlich wirbelt Jody einen Stein auf, der Clays linken Frontspoiler durchlöchert. Trotzdem wird Regazzoni sicherer Dritter, vor den beiden Brabhams, erst Reutemann, danach Pace.

Noch 5 Runden: Lauda klebt förmlich mit der Schnauze an Hunts Getriebe. Beide Boxenmannschaften halten den Atem an. Aber Lauda riskiert nicht sinnlos. Er hat beim Reifenwechsel an den Titel gedacht, und er muß es jetzt noch mehr. „Du hast das einzig Gescheite gemacht: Ja kein Risiko, sechs sichere Punkte. Hätte ich dir während des Rennens ins Cockpit funken können, ich hätte dir geraten, genauso zu fahren", sagt ihm Enzo Ferrari tags darauf am Telefon.

Um 1,06 Sekunden geschlagen: Die Niederlage, die für Lauda keine

ist — für Hunt und Hesketh aber ein Sieg, der viel zählt. „Das sehen und dann sterben!", brüllt Alexander mit Tränen in den Augen, als er — innerhalb der Rennbahn — zur Ziellinie vorstürmt. „Ich muß als Erster bei James sein. Wir Engländer haben heute aller Welt gezeigt, wozu wir trotz allem fähig sind." Peter Lyons sagt: „James Hunt hat sein Hirn benützt, um vorzukommen, und seine Nerven, um vorn zu bleiben. Jetzt ist er endgültig erwachsen."
Hesketh hat Niederlagen mehr gefeiert als diesen Sieg — aber das nur vor Publikum. Was wirklich geschieht: Lauda hetzt, sobald er sich freigemacht hat, hinter Beiwagen-Polizeieskorte durch die Dünen zum Flugplatz — Lord Hesketh und ein paar Mechaniker im Schlepptau. Auf dem Kursflug Amsterdam—London spendiert der Lord allen Passagieren Drinks. Zu Hause in Towcester sperren alle Pubs für ihn auf, zelebriert wird bis 4 Uhr früh.
Und weitergetrunken wird in den 50 Zimmern des 300 Jahre alten Familienschlosses. Alles unter dem Motto: „God save the Queen" und „Racing for Britain". Nobelbriten unter sich.
Fittipaldi, zuerst ohne 5. Gang, danach mit Motorschaden ausgefallen, hat Zandvoort drei Runden vor Schluß verlassen: Bitter enttäuscht. „Wir alle haben gespürt: Heute ist schon WM-Entscheidung", sagt sein Mechaniker Dave Luff, „und jetzt ist Niki mit dem Titel bereits auf und davon.
13 Punkte vor Reutemann, 17 vor Fittipaldi, 20 vor Pace: Die Rivalen können für den nächsten WM-Lauf nur auf die Tradition hoffen. Le Castellet galt immer als Anti-Ferrari-Strecke.

LE CASTELLET: „WIE IM LÖWENKÄFIG"

Gerade rechtzeitig zum französischen Grand Prix überwindet Lauda eine schwere Grippe. „Niki krank?", fragt Fittipaldi italienische Reporter, die ihn am Telefon bestürmen, zurück. „Ich hoff, er muß fürs ganze Wochenende ins Bett."
Donnerstag vorm Rennen fliegt „Lauda Airlines" Le Castellet an: Nach herrlichem Flug über die Alpen, nach Sicht auf Chateaux d'If, die berühmte Insel des Grafen von Monte Christo. „Ready for take-

off", sagt der Kontrollturm irrtümlich, als „Lauda Airlines" auf dem „Flugplatz zur Sonne" aufsetzt: Direkt neben der Rennstrecke.

Niki dreht die Zeit zurück: „Hier, auf dem Circuit Paul Ricard, hat sich im Dezember 1972 meine Karriere entschieden, damals, als mich BRM zu Testfahrten holte. Dabei war mir der Kurs völlig fremd. ‚Bitte, führ mich rundherum', bat ich Clay und stieg in seinen Privat-Ferrari." Regazzoni drehte sich, mit Lauda am Nebensitz, bei Tempo 240 und bekam ein feuerrotes Gesicht: „... entschuldige, Niki, da liegt soviel Sand ... du weißt ja: Der Mistral."

Tyrrell schickt einen neuen, um 13 kg abgemagerten 007 für Scheckter in die Steinwüste von Le Castellet. Allerneuestes Prunkstück des Formel-1-Zirkus, dessen Hauptattraktion, ist aber kein Auto, sondern ein Schiff: Jochen Mass' langerwartete „Aquila Marina", die im Hafenbecken von Bandol dümpelt.

Jochen, der Ex-Matrose, hat ursprünglich mit seinem dänischen Dreimaster (gebaut: 1919) zum französischen Grand Prix segeln wollen, aber dann, „weil vielleicht noch nicht alle Papiere fertig sind", auf eine Zweiradanreise umdisponiert: Mit seiner Kawasaki 900.

„Schon 5200 Kilometer", erzählte er mir, „und nur einmal die Kette nachspannen müssen." Mass hat sein Motorrad fast so gern wie sein Schiff. Einmal kam er von Nizza über Mailand und St. Moritz mit der „Kawa" zum Österreichring, wobei er 16 Alpenpässe überklettern mußte. „Manchmal hat's geregnet, und manche Kleinstraßen waren gerade so breit wie mein Motorrad." Eines Mannes Freiheit: Das sind Mass, Motorräder, Schiffe.

Seine „Aquila Marina" also ist ihm nachgeschwommen. Jeden Morgen kraxelt Jochen in Bandol auf die Mastspitze, um sich fit zu halten, und abends steigen in der düsteren Pantry die Feste. Sponsor Marlboro mietet die „Aquila Marina" für ein Abendessen mit 32 Leuten und berappt 130 Franc (ca. 600 S) pro Kopf. „Nur der Selbstkostenpreis", sagt Mass, „außerdem haben wir einen fabelhaften Pariser Koch in der Kombüse."

Mike Hailwood bedient die Stereoanlage, Denny Hulme entkorkt — schon etwas mühsam — Rotweinflaschen. Beinahe sieht er aus wie Käpt'n Huck. Daß er den Le-Castellet-Rundenrekord hält, hat der

Silverstone im Regen – oben: Dreher von Pace, unten: Pryce vom Holzpflock k. o. geschlagen, ganz unten: Schrottplatz

Die linke Schulter ist noch frei . . . hochdekorierte Ferrari-Waffenkameraden Lauda und Regazzoni: Marsch auf England

Hochsprungkonkurrenz: Lauda (12), Reutemann (7), Regazzoni (11)

Reifenmassaker auf dem Nürburgring: 22 Pneudefekte im Training, 15 im Rennen – auch Fittipaldi: WM-Träume zerplatzt

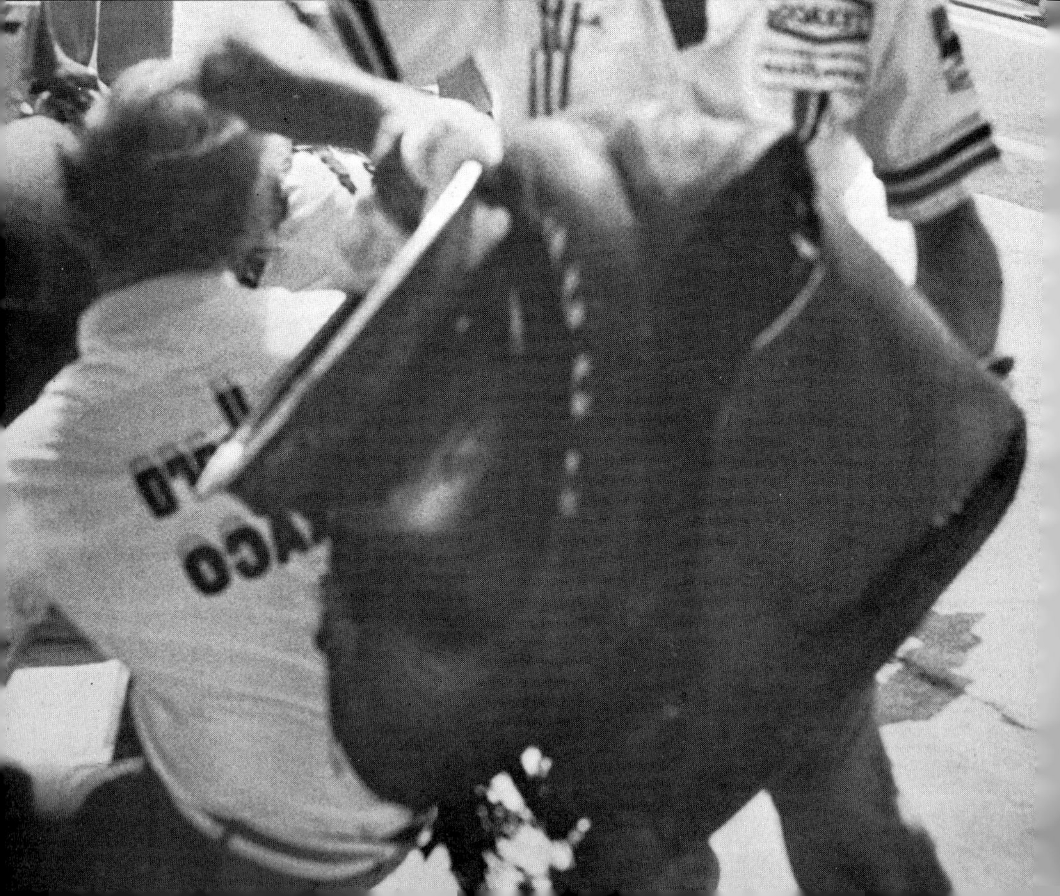

Lauda – 14 Kilometer an die Box gehumpelt. Statt Sieg: Platz 3

Fast Geisterstunde — Österreichring, vorm Start

Brambilla krault am besten — erster Italiener-Sieg seit 1966, erster March-Sieg seit 1970. Vor Siegerfreude: Schnauze zerknittert.

Mark Donohue: Eine amerikanische Tragödie

GPDA-Boß längst vergessen. „Lieber Jochen", erteilt er dem Deutschen onkelhafte Ratschläge. „rennfahren ist nicht alles im Leben. Jetzt, da du ein Schiff hast, sollst du darüber nachdenken."

Mass grinst mich an: „Der gute Denny . . . ausgerechnet er. Ich weiß das schon viel länger."

Mass träumt nie vom Rennfahren, sondern immer vom Windjammer. Vor einem amerikanischen Grand Prix segelt er (im Schlaf) auf die Bermudas zu und freut sich, „weil ich ein paar kleine Inseln entdeck", wie ein Kind — sogar nach dem Aufwachen. Robinson Crusoe, übermotorisiert? Mass hat vor, eine 35-Tage-Segeltour nach Martinique zu absolvieren, und er segelt mit der „Bretantaine" (= Globetrotter) oft hinaus ins offene Meer.

Was ihm leicht fällt: Mass hat für 3000 Franc (etwa 14.000 S) im Monat ein Haus in Cap Ferrat gemietet, „nicht direkt am Wasser, aber mit Blick aufs Meer. Und nicht allzu teuer, denn in London habe ich auch 5000 S Miete gezahlt." Zum Geld, zur Public-Relation-Arbeit hat Jochen Mass ein etwas schlampigeres Verhältnis als die meisten Kameraden: „Würde ich zwei Jahre Tourenwagen oder ähnliches fahren — ich könnte viel reicher sein. In der Formel 1 verdien ich nicht so viel."

Rein körperlich ist Mass einer der besttrainierten Rennprofis; was Fitneß betrifft gemeinsam mit Lauda die Nummer 1. Beim von McCormack organisierten „Zehnkampf der Superstars", Abteilung Stockholm, erzielte er beachtliche Resultate:

Schwimmen: 50 m in 30 Sekunden; Tennis: 4. Platz; Gewichtheben: 97 kg, 1. Platz; Radrennen: 2. Platz hinter dem berühmten Kuiper . . . nur beim abschließenden Elferschießen patzte Nicht-Fußballer Mass und verwertete von fünf Penalties keinen einzigen. So gewann Malcolm McDonald, ein englischer Fußballprofi, „der immerhin die 100 Meter in 10,7 rennt."

In der Formel 1 fühlt sich Mass „noch nicht arriviert. Ich hab schon das Gefühl, daß es noch weitergeht. Denn würde ich stagnieren, wär ich schon ausgestiegen. Jetzt weiß ich: Die Formel 1 ist schwerer, als es von außen aussieht, was mich aber nicht überrascht — denn ich hab's ja gewußt."

Aber du hättest schon 1972/73 zu McLaren stoßen sollen, hätte sich das Team nicht für Scheckter entschieden, weil er jünger ist?, erinnere ich ihn.

„Das mag deren Überlegung gewesen sein — ich hab damals mit McLaren nicht geredet. Grundsätzlich fühl ich mich heute sehr gut im Team. Ich weiß, daß ich nicht unter dem Zwang steh, mich beweisen zu müssen. Das ist kein Druck. Nur von mir selber ...“

Mit dem Weltmeister (Fittipaldi) im gleichen Team kann das Leben des Nummer-2-Piloten bei McLaren kein allzu leichtes sein — was wünscht du dir?

„Zuerst ein intimeres Verhältnis zu Teddy Mayer, obwohl wir kein schlechtes haben. Aber ich seh ihn immer nur bei den Rennen, da kümmert er sich klarerweise um Emerson. Und zweitens: Mehr testen.“

Fittipaldi absolviert ab Frühsommer 1975 Silverstone-Tests, von denen du oft gar nichts weißt — du hast ein einziges Mal getestet, einen halben Tag im Juni?

„Ja, darum fehlt mir noch die Vertrautheit mit dem Auto, daß ich gewisse Dinge schneller in den Griff bekommen, besser interpretieren — das Auto überhaupt schneller hintrimmen kann. Irgendetwas mach ich da noch falsch.“

Zandvoort — der dritte punktelose Grand Prix — war fürs McLaren-Team ein Wendepunkt: Seither werden die Autos von Fittipaldi und Mass exakt gleich abgestimmt, gleiche Federn, gleiche Flügel, gleiche Aufhängung — und seither hat Mass einen speziellen Schutzvater: Eben Denny Hulme, der sagt: „Jochen ist neu in unserem Spiel, er braucht Selbstvertrauen, also versuch ich, ihm zu helfen. Ich red mit ihm, um Informationen rauszuholen, beobacht ihn auf der Strecke, und ich komm auch noch oft nach Colnbrook in die Fabrik.“

Mass-Boß Teddy Mayer kann in Le Castellet nur krächzen: Ein schwerer Katarrh hat ihm die Stimme geraubt. Sein großer Gegenspieler Montezemolo, Arm und Bein in Gips, schwingt in der Box seine Krücke wie einen Taktstock. „Al mio froscetino Luca“, hat ihm Regazzoni aufs Gipsbein gepinselt.

Louis Chiron 1949 auf Talbot in Reims: Seither hat kein französi-

scher Pilot mehr den französischen Grand Prix gewonnen. 1949, da war Lauda gerade drei Monate und Jarier drei Jahre alt.
„Fünf Rennen hätte ich heuer schon gewinnen können! Mit etwas Glück würde ich jetzt als WM-Leader dastehen“, lautet die — etwas egoistische — Punkterechnung von Jarier. Und jetzt: Der Heimat-Grand-Prix. Steht Jean-Pierre besonders unter Druck? „Nein, obwohl's alle glauben; aber für mich ist Le Castellet ein Rennen wie jedes andere.“
Prompt hämmert Jarier am ersten Tag Bestzeit auf die Bahn. Der gallische Hahn kräht, die zündenden Klänge der Marseillaise hängen in der Luft. 0,3 Sekunden zurück liegen Fittipaldi und Scheckter, 0,4 Sekunden zurück Lauda, Regazzoni und Hunt, der „mit aller Gewalt Zandvoort vergessen will, damit ich hungrig genug für einen neuen Sieg bin.“ Pace hat Motorschaden, Reutemann die falschen Gänge.
In der McLaren-Box fliegen also für Fittipaldi Signale „Plus Lauda“ über die Boxenmauer: Erstmals seit den Südamerikarennen ist „Fitti“ schneller — aber Lauda geht's nicht gut. „Ich fühl mich ganz einfach schlecht. Zwei, drei Runden, und ich fang an zu schwitzen wie ein Bergsteiger.“ Halbkrank, blaß, grippegeschwächt schleppt sich Niki durch den ersten Trainingstag. „Ich brauch frische Luft, und ich muß dringend gesund werden.“ Und Niki ist auch klar: „Wir sind auf der Geraden langsamer als andere“ — was seit Zandvoort jeder weiß, obwohl dort McLaren-Mechaniker die Heuer-Geschwindigkeitsmessungen sabotieren: Immer, wenn ein Ferrari heranjaulte, hielten sie die Hand vor die Fotozelle.
Die 1,8 Kilometer lange Mistral-Gerade — das längste Geradeausstück im Grand-Prix-Kalender — gilt als „Gerade der Wahrheit“. Der Fahrtwind kommt wie eine Welle von Ohrfeigen. Diesmal ticken die Uhren richtig. Die Werte, die der Computer 200 Meter vor der Kurve ausspuckt (also 50 Meter vor dem Bremspunkt), alarmieren die ganze Grand-Prix-Gilde:
Jody Scheckter 306,36 km/h, so schnell wie seit Jahren kein Formel-1-Auto mehr. Laudas Ferrari, als Nächstschnellster, liegt mit 294,75 km/h bereits um 12 km/h zurück. Es folgen: Depailler 294,25, Emerson Fittipaldi 291,27, Mass, Regazzoni und Wilson Fittipaldi 290,17, Hunt 289,21 und Pryce 288,72 km/h.

Scheckter jenseits von 300 km/h: Tickt die Zeitbombe, beginnt hier ein letztes, verzweifeltes Aufbäumen der englischen Konstrukteure gegen Ferrari? Grund genug jedenfalls, um den Evergreen der Formel-1-Hitparade abzuspielen, den Gesang vom Ford-Wundermotor. Jodys 306 km/h rütteln alle auf, machen sie zu Agenten und Detektiven.
Tony Southgate von Shadow schnüffelt: „Die Sache ist völlig klar. Cosworth und Tyrrell stecken unter einer Decke. Ken hat von allen den heißesten Draht zu Cosworth — und damit als erster den Wundermotor." Bei Cosworth nachzufragen, empfiehlt Southgate nicht: „Die streiten doch immer alles ab, und Tyrrell hat uns immer nur die falschen Papiere gezeigt."
Tatsächlich hat ein geändertes Auspuffsystem die Cosworth-PS auf 485 angehoben. Das neue Produkt aus Cosworth' Hexenküche schreckt aber Ferrari nicht auf. „Ford kann ja nicht ewig zuschauen, wie zwei kleine Ferrari seit Wochen 25 Ford-Autos in Grund und Boden fahren", sagt Montezemolo lässig. Und Ing. Forghieri assistiert: „Scheckter hatte einen neuen Heckflügel, außerdem Rückenwind. Über unsere Werte bin ich nicht überrascht: Niki und Clay können laut Papier auf der Geraden nur 288—292 fahren."
Tyrrell jedoch schlägt nochmals zu: Beim „Tahiti-Abend" in Bandol, direkt am Mittelmeerstrand. Südseemädchen trommeln auf Baumstämme, der halbe Formel-1-Zirkus tanzt im Pareo, dem Feigenblatt der Polynesier. „Für Dorfbewohner", befindet Herr Hanstein, „ganz nett."
Den meisten Beifall kassiert Emerson (als Partner einer Bauchtänzerin), die bösesten Blicke Tyrrell: Er schmeißt eine blonde Französin in den Swimming-Pool, worauf die Schöne einen Schock erleidet. Scheckter übt galant Revanche: Er befördert Tyrrell — komplett angezogen — ins Wasser. Was Mut verlangt: Wer kann das seinem Chef schon ungestraft antun?
Jarier verläßt den Tahiti-Abend als Erster, um sein Quartier aufzusuchen. Er wohnt nicht, wie die übrigen Piloten, auf der Insel Bendor, sondern auf der Tennisfarm des Ex-Daviscuppers Ingo Buding. Schließlich ist ja (anfangs Juli) Wimbledon-Woche. Darum bucht Caroline Jarier, die reizende Frau des Shadow-Piloten, Samstagvormittag Tennisstunden und will erst zum Abschlußtraining in die Box.

Als sie kommt, hat Jean-Pierre seinen Matchball verschlagen: Die Trainingsbestzeit verloren, zuerst an James Hunt. Dann ist Pace am schnellsten, nachdem er am Ersatz-Brabham Plastik-Kotflügel für die Vorderräder ausprobiert hat — angeblich ein Geheimmittel gegen Steinschlag.

Jarier, Hunt, Pace, Scheckter lösen einander als Trainingsbeste ab, reißen einander die Pol-Position aus den Fingern — bis „Professor Lauda" seinen 312 T optimal abgestimmt hat. Niki zieht alle Register, rutscht zweimal beinahe von der Piste, schaltet zwischen zwei Kurven den Drehzahlbegrenzer aus, „damit ich den vierten Gang voll ausdrehen kann", und die Superserie ist fertig: 48,1 — 47,9 — 47,8 für die Nummer 12, flammt es auf dem riesigen Turm auf, und Niki grinst scheinheilig: „Bin ich das?"

Und, zu Forghieri: „Soll ich noch einmal hinaus?" Der Chefingenieur verbeugt sich artig: „Grazie, Niki, mehr kann ich dir nicht danken." Lauda zwingt die Gegner reihenweise zum Applaus. „Schön, zu sehen, daß du wieder Nummer 1 bist", gratuliert Scheckter, auf Hunt und Zandvoort anspielend.

Forghieri lehnt immer noch draußen, weit über die Boxenmauer, fiebrige Augen, Stoppuhr in der Hand: „Dai, dai!", feuert er Regazzoni an, „das gibt noch eine Bombenzeit." Aber sein Zeiger kreist ins Leere. Clay hat direkt vor den Boxen einen monumentalen Motorschaden . . . genau wie später Depailler.

Petersons störrischer Lotus fliegt in der ersten Kurve in die Fangzäune. Ickx bricht die vierte Bremswelle. Und Brambilla bekommt für sein pausenloses Trampeln über die Kerben die rote Karte aufgezeigt: Halbachsenbruch.

Neben Brambilla steht Mass in der 4. Reihe. Zum erstenmal ist Jochen schneller als Fittipaldi, schneller um 0,21 Sekunden, obwohl beide Sorgen haben: Der Brasilianer zuwenig Öldruck, der Kölner zuwenig Flügel. Die Reaktion im Team? Maria-Helena Fittipaldi gratuliert herzlich, Emerson sachlich. Mass notiert: „Meine Mechaniker und das ganze Team freuen sich. Schließlich bin ich ja der, der den Weltmeister eines Tages ersetzen soll. Dazu muß ich aber mindestens gleichschnell sein wie er."

Samstag hat der Mistral, dieser gefürchtete Mittelmeerwind, die Autos auf der Geraden weitergepeitscht — aber in der Nacht zum Sonntag hört er auf: Ein schwaches Lüftchen, nicht einmal stark genug, die Fahnen zum Flattern zu bringen. Aber niemand denkt in Nationalfarben, jeder rechnet in Tourenzahlen: Rückenwind auf der 1,8-km-Geraden oder Windstille, das macht 200 bis 300 U/min Unterschied.
Also: Übersetzungen ändern, kürzerer 5. Gang, bei fast allen, auch Lauda, dem Montezemolo jetzt gesteht: „Ich hätt dir nie zugetraut, daß du hier Pol-Position fährst." Und Luca sagt auch, daß Clay „hundertprozentig mit Ferrari kooperieren und alles tun muß, damit Lauda seine Maximalpunkte schafft." Niki verbeißt ein Grinsen: „Ich weiß nicht, worüber Luca mit Clay reden will? Ich steh in der ersten Reihe, er in der fünften, kann mir also weder helfen noch wehtun noch sonstwas."
Später im Jahr wird Regazzoni sagen: „Ich hätte in Le Castellet gewinnen dürfen." Jedenfalls bekommt er fürs Rennen einen neuen Motor: „Una Bomba", wie der Schweizer nach dem Aufwärmtraining begeistert schwärmt.
Das kitzligste Erlebnis hat Mass: Plötzlich wird der Tankverschluß undicht und Jochen mit Benzin überspritzt. Tom Pryce, dicht dahinter liegend, gibt hektische Signale: Feuer gefangen, du brennst". Mass' Overall ist naß, die Haut brennt, „und ich frag mich: Was ist, wenn das Feuer nach vorn züngelt?" Noch während der Fahrt klickt Mass den Sitzgurtverschluß auf, gegenwärtig, sofort rauszuspringen. Er kommt heil bis zur Box. Sein Overall ist zum Auswinden — so benzingetränkt.
Lauda denkt seine Gegner durch: Reutemann? Heute ungefährlich, krank, wie ein Indianer reagierend — er dreht das Gesicht zur Wand und wartet, bis er gesund ist. Scheckter? Nur 52,0 im Sonntagstraining. „Was ist los?", fragt Niki, „warum so langsam?" Jody weiß es nicht, geht also — aus der ersten Startreihe — schon mit Problemen ins Rennen, deren Ursache er nicht kennt. Was Lauda beruhigt.
Gegen die Flimmerhitze wappnet sich Niki mit einem Gummischlauch, der ihm Frischluft ins Cockpit bläst — gegen die Gegnerschaft mit der Stewart-Taktik. Jackie erinnert sich, warum er hier 1971 gesiegt hat: „Weil ich in der Startrunde um drei Sekunden davonflog. Um den

Windschatten zu brechen, um die anderen moralisch k. o. zu schlagen." Auch Lauda „beutelt alle aus dem Windschatten": Er schafft in der ersten Runde immerhin 2 Sekunden auf Scheckter. Hinter Jody ballt sich ein buntes Knäuel zusammen: Hunt, Mass, Pace und, wie von Furien gehetzt, Regazzoni, der die Gegner sukzessive zur Seite kickt, „weil ich ja weiß: So schnell wie sie alle kann ich auch fahren."

6. Runde, und Regazzoni ist bereits Zweiter, aber nur für 200 Meter — dann geht sein Motor, wie im Training, vor den Boxen k. o. „La Bomba" ist zu früh explodiert. „REGAZ OUT", signalisiert die Ferrari-Box an Lauda, der sich darüber ärgert:

„Ich kämpf um jedes Zehntel, jede Runde, und auf einmal bekomm ich kein Plus, kein Minus, sondern nur: ‚Regazzoni out'. Ich hab Clay nirgendwo stehen gesehen, für mich war er der Mann vom 10. Startplatz — aber jetzt fang ich an, mir den Kopf zu zersprageln: Was ist bei ihm kaputtgegangen? Und was droht mir? Ich werd' argwöhnisch und hab mich eine ganze Runde nur geärgert."

Lauda liegt in dieser Phase 6,3 Sekunden vor Scheckter, der alle anderen bremst, ehe er Platz um Platz zurücksackt. „Von Jody aufgehalten" — das ist der Satz, mit dem sie nachher alle lamentieren. „In meinem Tyrrell steckt der Wurm. Ich muß mit der Straßenlage raufen. Aber da ist noch etwas Böses, das ich nicht deuten kann; nicht die Reifen, nicht der Motor, aber etwas Schlimmes", erklärt Scheckter selber.

In der 7. Runde schlüpft Hunt an Jody vorbei, in der 12. Mass, in der 14. Fittipaldi, in der 21. Jarier — und in der 34. hat sich auch Depailler (am Start die Kupplung verbrannt) bis zu seinem Tyrrell-Gefährten vorgekämpft. „1. Patrick, 2. Jody" befiehlt Ken Tyrrell mittels Signal den Platztausch. Artig winkt der kraushaarige Südafrikaner den kleinen Franzosen an sich vorbei.

Vorn hat Lauda längst ein milchweißes Auto formatfüllend im Rückspiegel: James Hunt, Hesketh. Seinen 6-Sekunden-Rückstand hat der Holland-Sieger — mit Mass im Schlepptau — längst aufgeholt. Lauda muß „längst das absolute Maximum fahren, alles aus dem Auto rausholen."

Profipiloten nennen das Fahren am schmalen Limit: „Mit zehn Zehnteln." Lauda muß in Le Castellet zugeben: „Ich fahre mit elf Zehnteln, denn es ist ein psychologisch unheimlich schweres Rennen. Ich forcier und forcier, aber Hunt kommt und kommt, immer gefährlicher, aber mehr als das Maximum kann ich nicht geben."

An Hunt hat sich Mass festgesaugt, jedoch ohne Hoffnung zum Überholen: „Bis ich zu James aufschloß, hat er kleine Fehler gemacht. Dann keine mehr." Also folgt der Deutsche dem Engländer wie ein Schatten durch die Gluthölle: „Heute muß ich härter fahren als für meinen dritten Platz in Brasilien." Dafür verliert Fittipaldi, anfangs auf Schlagdistanz zu Hunt und Mass, immer mehr den Anschluß, weil sein Auto grauenhaft übersteuert.

Ein Platztausch-Signal wie bei Tyrrell hat Mass nicht erwartet „und McLaren würde das auch nicht tun. Nicht wenn der Unterschied nur einen lausigen WM-Punkt ausmacht." Und sicher nicht, wenn Emerson eine halbe Minute verliert. Beide Brabham-Piloten scheitern an der falschen Reifenwahl; bei Jarier spinnt der Drehzahlbegrenzer.

Der führende Ferrari untersteuert gegen Ende etwas, und Lauda kommt sich „langsam, aber sicher vor wie im Löwenkäfig. Wie in diesen schrecklichen Alpträumen, wenn man einem Löwen wegrennen will, aber nicht kann." Der britische Löwe ist besonders hartnäckig, und Lauda arbeitet im Cockpit bereits einen Notplan aus: „Wenn mich Hunt niederkämpft, muß ich in der letzten Runde unbedingt Zweiter sein — um ihn aus dem Windschatten heraus zu überholen."

Hunt glaubt, wie er später zugibt, „daß sich Niki etwas Reserven fürs Finish aufgespart hat": Er realisiert nicht, daß Lauda seit der 7. Runde alle Kräfte mobilisiert. Lauda verbeißt sich ins Gewinnen und schlägt Hunt nach mehr als eineinhalbstündigem, mitleidlos geführtem Kampf um 1,59 Sekunden. Weitere 0,72 Sekunden später kommt Mass an: Dritter Platz, schnellste Runde, zum drittenmal Gewinner des „Prix Rouge et Blanc". Erschöpft stürzt Mass einen Liter Milch durch die Kehle. Depailler torkelt ... sie alle sind von der Hitzeschlacht gezeichnet.

Die österreichische Bundeshymne grammelt aus dem Lautsprecher, daß es einem die Schuhe auszieht. Die rot-weiß-rote Flagge fehlt überhaupt. Aber Bert Baldwin ist der erste, der sagt: „Es ist schön, daß wir wieder einen österreichischen Weltmeister bekommen."

Lauda 47, Reutemann 25, Fittipaldi 24 Punkte: Fast soviele Punkte

wie beide Rivalen zusammen — so überlegen hat seit Jimmy Clark im Frühsommer keiner mehr geführt, nicht einmal Stewart. „Championship finished“, sagt Reutemann, was Lauda sachlich kommentiert: „Der Indianer gibt leicht auf . . .“
Im vollklimatisierten Ferarri-Wohnwagen geben einander Radio- und TV-Leute die Tür in die Hand. Montezemolo sagt: „Ich glaube, Niki stellt den Titelgewinn schon am Nürburgring sicher.“ Und Forghieri verspricht bei der Madonna: „Wenn Niki mit diesem Punktevorsprung nach Monza kommt, geh ich in die Kirche.“ Doch Lauda mahnt alle, die schon von der Weltmeisterschaft jubeln, zur Vorsicht: „Piano, piano, reden wir doch realistisch und nicht bla-bla-bla.“
Es ist sein sechster Grand-Prix-Sieg, sein vierter 1975 — aber der letzte für drei Monate. Die Gefahr, daß Lauda noch den Titel verliert, liegt im Juli im enthusiastischen Siegesrausch, zu dem Italiener immer fähig sind. Aber dagegen steht Laudas nüchterne Kalkulation — und Montezemolo erweist sich als guter Katalysator:
„Die größte Dummheit wäre jetzt, wenn alle — Ferrari und das Publikum — glauben: Wir haben die Weltmeisterschaft schon an der Tasche. Das wäre falsch. Wir sind nahe am Titelgewinn, aber wir müssen unseren Weg bis ans Ende gehen, unbeirrbar. Und uns einreden: Es ist nicht selbstverständlich, daß Lauda Weltmeister wird. Er wird's, weil er fantastisch ist, aber es ist nicht normal.“
Ich frage Luca, ob Lauda als Weltmeister eine Sonderprämie winkt.
„Wir müssen ihm einen Preis geben, richtig. Aber genauso müßte er uns einen Preis geben — für unser Auto“, sagt Luca.
Daß Cosworth zwei Wochen Werksferien einschaltet, quittiert Lauda mit einem „Gott sei Dank“. Er selbst arbeitet weiter, „weil's ein Wahnsinn wär, gerade jetzt die Tage ungenützt zu lassen.“ Und so steigt „Lauda Airlines“ Montag um 11.15 Uhr in Le Castellet bereits wieder auf — während Mass zu Rikki von Opel nach St. Tropez segelt, viele andere am Mittelmeer bleiben und sogar Mariella schüchtern aufmuckt: „Warum haben wir nicht einen kleinen Motorschaden, nur für ein, zwei Ferientage? Bei diesem Wetter?“
Hunt hat in den letzten zwei Rennen, genau wie Lauda, 15 Punkte gehamstert. Aber für Niki bleibt Fittipaldi Titelrivale Nr. 1, „weil er, wenn sein Auto halbwegs normal läuft, schneller ist als Hunt.“

„Niki braucht ab jetzt nicht mehr vorn mitzukämpfen", rechnet Fittipaldi, „sondern nur ein paar Rennen auf Ankommen zu fahren. Dann ist er Weltmeister."
Also die gleiche Taktik, vergleiche ich, mit der du 1974 Champion geworden bist?
„In manchen Phasen der Saison", sagt Emerson langsam, „ja. Aber vergiß nicht, ich hab Siege unverändert gern. Und ich hab schon so lang nichts mehr gewonnen." Lotus übrigens auch nicht.

SILVERSTONE: DIE SEESCHLACHT UM ENGLAND

Nur Colin Chapman strahlt: John Player hat in der Woche vor dem englischen Grand Prix den Sponsorvertrag mit Lotus verlängert! Dauer: drei weitere Jahre. Summe: eine halbe Million Pfund, etwa 20 Millionen Schilling. Bedingung freilich: Zumindest einer der beiden Piloten muß Brite sein, also muß Chapman irgendwie Jacky Ickx loswerden.
Über den neuen Lotus 77 kursieren unverändert nur Geisterstories. Chapman fehlt — zumeist abwechselnd — immer entweder die Zeit oder die Geduld. „Früher", resümiert Chefmechaniker Eddy Dennis, der sich schon für Jochen Rindt die Hände ölig gemacht hat, „war's okay. Aber heute gibt's einfach nicht mehr die Genieblitze, die ein Auto um zwei Sekunden schneller machen."
„Erklärt mir endlich", hat Chapman in Anderstorp Peterson und Ickx vergattert, „warum das Auto überall so miserabel läuft, wo es doch in Monte Carlo so schnell war?" Ronnie blies die Pausbacken auf und erwiderte trotzig: „Weil der Lotus 72 so steinalt ist, daß er den Monaco-Kurs schon auswendig fahren kann ..." Chapmans Kinnlade klappte jäh herunter, als habe ihn Muhammad Ali auf den Punkt getroffen.
„Aber es ist ja die Wahrheit", bekräftigt Ronnie. „Seit drei Jahren fahr ich mit dem gleichen Auto die gleichen Rundenzeiten. Was kann ich also viel erwarten?" Und ergänzt sarkastisch: „1970, in meinem ersten Formel-1-Jahr, war ich dem Titelgewinn näher als jetzt." Wer 1972 über die beiden March-Stallgefährten behauptet hätte, Lauda

würde früher Weltmeister werden als Peterson — der wäre ausgelacht worden.
„Aber Ronnie hat sich geändert", glaubt sein Landsmann Björn Benkon. „Er ist verheiratet (wie auch Hailwood und Ganley aus dem Maidenhead-Clan), er wird bald Vater (im November), er ist längst Millionär (Jahresgage: 110.000 Pfund, mehr als 4 Millionen Schilling). Sicher, er will immer noch Weltmeister werden, aber er denkt jetzt mehr ans Leben und ans Gegenteil, was er vorher nie getan hat — er ist nicht mehr so hungrig wie früher."
Mag sein. Trotzdem glaube ich, daß der gewohnte „Peterson-Dynamo" einsetzt, sobald Ronnie das Helmvisier herunterklappt. Genug „verlorene Rennen" hat er 1975 — trotz unterlegenem Material mit letztem Einsatz — schon bestritten . . . und trotzdem nicht die Technik vergewaltigt: „In Monte Carlo, dem ausfallsreichsten Rennen, war ich in sieben Jahren jetzt siebenmal im Ziel. Das ist Weltrekord. Und sagt alles über meinen Ruf als ‚Materialmörder'!"
Freilich, seit Monte Carlo hat er keine WM-Punkte mehr ergattert, was das Geschäftsverhältnis Lotus-Peterson nicht gerade herzlicher macht. Ronnies Besuche im Werk in Hethel werden seltener — der totale Gegensatz zu James Hunt, der sogar aus Spanien gelegentlich zum Hesketh-Schloß anreist. Grund: Chapman hat ihm viel zu früh das neue Auto versprochen.
Der Typ Chapman: Er erwartet von jedem, daß er jederzeit am absoluten Limit arbeitet, also auch riskiert.
Der Typ Peterson: Er hat, mehr als man glauben würde, Stimmungsschwankungen; er braucht manchmal Zusprache, jemanden, der ihn ermutigt, also Aufmerksamkeit — und vor allem das Gefühl, daß man ihn mag. Und nicht nur: ihn benötigt.
Vertraglich hat ihm Chapman „nicht gerade freudig, aber doch" garantiert: Du darfst zehn Rennen pro Jahr für eine andere Marke fahren. So tummelt sich Peterson bald in amerikanischen „Nudeltöpfen für Bleifußpiloten", im Cockpit der BMW-Renntourenwagen. Als Ronnie in Daytona startet, sitzt Stewart vorm ABC-Fernsehmikrofon und sagt: „Die Europäer kommen und machen sofort etwas Spektakuläres." Und, zu Ronnie gewandt: „Du hast ja wirklich an Stellen überholt, wo sich kein Amerikaner trauen würde."

Im Straßenverkehr verwendet er Saabs. Wo immer er hinkommt, steht für ihn einer parat. Als Peterson in schwedischen Magazinen eine Autotestserie begann, war sie auf Anhieb ein Erfolg — und wurde bald vom Fernsehen okkupiert. Auch bestehen Pläne, eine Rennfahrerschule mit Peterson und Reine Wisell aufzubauen. Wisell, in der Formel 1 längst „out of money", verdingt sich sogar ohne Badehose als Fotomodell für FKK-Broschüren — was Peterson nie einfallen würde.

Ronnie und Barbro haben 1975 in Monte Carlo ein Appartement gemietet, im gleichen Wohnhaus wie der schwedische Tennisliebling Björn Borg, und vielleicht aus den gleichen Motiven — Steuergründen. 1976 zieht Torsten Palm dort ein, denn die Petersons (dann bereits zu dritt) wechseln in ein größeres Appartement. „Unser Baby", stellt sich Barbro vor, „soll zumindest zweisprachig aufwachsen."

In englischer Sprache erscheint — gerade rechtzeitig für Silverstone — die Peterson-Biographie mit dem Titel: „Die Suche nach der absoluten Perfektion." Ronnie wäre schon mit der halben Perfektion zufrieden: was seinen Lotus anbelangt. Und er klagt nicht zu Unrecht: „Mit einem Shadow hätte ich heuer schon drei Rennen gewonnen." In Silverstone vielleicht das vierte . . .

Neu an dem zur Rennstrecke umfunktionierten ehemaligen RAF-Kriegsflughafen: vor der zuvor mit 256 km/h durchstochenen blinden Vollgaskurve „Woodcote" eine tempobremsende Schikane, von der offiziell niemand weiß, wer sie gewünscht, gebaut, befohlen hat.

Die Wahrheit: Seit Barcelona herrscht in allen Formel-1-Teams panische Angst vor Zuschauerunfällen — besonders bei McLaren, dort aus speziellem Grund: 1973 in Indianapolis verunglückte Salt Walther mit einem gekauften McLaren, rotierte in der Luft, der ausfließende Treibstoff verletzte mehrere Zuschauer. Plötzlich hatte McLaren eine 3-Millionen-Dollar-Klage am Hals, „obwohl wir überhaupt nichts mit dem Unfall zu tun haben. Wir zahlen heute noch jeden Monat tausende Pfund Anwaltskosten, nur, damit die Sache weitergeht, wir nicht drei Millionen Dollar auf den Tisch legen müssen."

Die Schikane macht Woodcote sicherer, raubt aber vielen Piloten „die größte Herausforderung des Grand-Prix-Sports". Carlos Pace bedauert: „Schade, die alte Kurve, dieser Nervenkitzel, war unerreicht." Im ersten Training hacken die Stoppuhren die ersten Fünf — Scheckter, Pace, Lauda, Pryce, Fittipaldi — nur um 0,07 Sekunden auseinander! Donnerstag abend hält Pace Bestzeit vor Brambilla und Lauda. „Na, wie geht's dem neuen World Champion?" fragt Hulme, und Stewart beziffert Nikis Titelchance bereits mit 80 : 20. „Aber laut Wahrscheinlichkeitsgesetz", rechnet Jackie, „fällt Lauda hier oder spätestens am Nürburgring aus." Man wird sehen: auch ein Stewart kann irren.

Reich wird mit Lauda niemand mehr. Für den WM-Titel gilt er bereits als 6 : 1-Auffavorit, was bedeutet: um 10 Pfund zu gewinnen, muß man 60 riskieren. Ein „heißer Tip" für Wettlustige ist Regazzoni, den die Buchmacher für einen Silverstone-Sieg als 30 : 1-Außenseiter legen. Ich habe mit Teddy Mayer seit Jahresbeginn eine hohe Lauda-Weltmeister-Wette laufen, also kann man ruhig auch ein paar Pfund auf Regazzoni spielen.

Pryce ist mit 8 : 1, Jarier sogar mit 33 : 1 zu haben, dennoch weigert sich Shadow-Boß Nichols, zu den „Bookies" zu gehen: „Rennfahren allein ist Gambling, also Glücksspiel genug." Im verrückten Silverstone-Rennen, wie Nichols bald bestätigt findet, sogar mehr denn je . . .

„Wir vom Shadow-Team", sagt Alan Rees, „sind immer Optimisten. Wir sind immer schnell, darum können wir Depressionen rasch abschütteln. Pryce und Jarier haben enormes Potential. Das einzige, das ihnen noch fehlt, ist die Routine. Dazu braucht es noch ein, zwei Jahre. Aber dann . . ."

Der Waliser Polizistensohn Tom Pryce — genau: Thomas Maldwyn Pryce — hat am gleichen Tag (11. Juni) Geburtstag wie Jackie Stewart. Seinen 26. zelebrierte er mit 1:15,8-Testrunden in Silverstone (ohne Schikane), schneller, als dort jemals gefahren worden ist. Aber Tom war schon 1974 in Brands Hatch einmal Tagesbester. „Die englischen Kurse", sagt Alan Rees, „liegen ihm besonders, er kennt dort jeden Millimeter Straßenbelag. Das ist der Grund, warum er zu Hause weicher und schneller fährt."

Denn bei kontinentalen Veranstaltungen — das wird überraschen — ertappt sich Pryce oft bei der Sehnsucht: „Eigentlich wäre ich jetzt

viel lieber zu Hause als hier in all dem Schmutz und Lärm." Pryce ist stiller und scheuer als irgendjemand im Formel-1-Zirkus, mitunter von echter Schüchternheit.
Einmal in Anderstorp befahl ihm Rees, Reifen warmzufahren. Pryce hatte kaum die erste Runde fertig, da sah er in der 180-Grad-Rechtskurve vor den Boxen im Rückspiegel ein anderes Auto. „Ich rutsch nach links, aber auch der andere gleitet rüber. Also noch ein bißchen weiter links, doch der andere tut das gleiche." So fand sich Pryce ungewollt in der Einfahrtstraße zu den Boxen, das heißt: Er mußte jetzt bis zu seiner Boxenmannschaft vorfahren.
„Was tust denn du da?" fragte ihn Rees, völlig entgeistert, „du solltest doch ein paar Runden fahren!"
Pryce überlegte nur kurz: „Das Auto untersteuert", sagte er dann — „denn ich kann ja nicht zugeben, daß ich mich wie ein Idiot benommen hab."
Pryce und seine englische Frau Nella (um nichts weniger schüchtern) leben in einem umgebauten Hopfen-Trockenstadel in der Nähe von Brands Hatch. Nur zwei Trophäen sind dort ausgestellt: Toms Siegerpokal vom „Race of Champions" und ein „Häferl", das Nella als Dreizehnjähirge bei einem Tourenwettbewerb gewonnen hat.
Pryce ist den harten Weg nach oben gegangen. „Ich wollte Flugkapitän werden, aber ich glaub, ich bin dazu nicht clever genug." In der Rennfahrerschule konnte er sich für 35 Pfund nur ein Rennen pro Monat leisten. Er arbeitete als Mechaniker. Oft mußte er aus seinem Formel-Ford Benzin absaugen, um Sprit für die Heimfahrt zu haben ... Aber er biß sich durch, „einmal sogar mit 135 Pfund, die mir Nella für einen neuen Motor geborgt hatte".
Beim Formel-3-Training in Monaco flog er 1972, von einem Gegner torpediert, am Casinoplatz in ein Schaufenster. 1974 gewann er das Rennen. Damit fing der Pryce-Stern zu funkeln an. Doch er selber wundert sich über seine Karriere: „In der Rennfahrerschule wurde ich immer gerügt, ich fahr mit zuwenig Einsatz."
Sein Vorbild: Ronnie Peterson. „Für mich wäre er der ideale Teampartner. Und was Shadow betrifft: Wenn man mich mag, bleib ich hier auf ewig. Weil ich fest davon überzeugt bin, daß es für mich kein besseres Team geben kann!"

Und vielleicht keinen besseren Coach als Rees, dem es gelang, den wilden Pryce-Stil in sanftere Bahnen zu lenken. „Ich schmeiß mein Auto am liebsten in wildesten Driftwinkeln durch die Kurven, das sind für mich die glücklichsten Momente", gibt Tom zu. Aber zuviel Gegenlenken frißt zuviel Reifengummi. In Le Castellet fing Rees an, Pryce jedesmal, wenn er über die Kerben geräubert war, an die Box zu holen. Tom: „Ich war frustriert, bemühte mich aber, weicher zu fahren." Fazit: Er wurde schneller. Und in Silverstone wird der neue Pryce-Stil erstmals voll belohnt.

Freitag früh verirrt sich ein Drahtring in Pryces Kupplung, die Mechaniker müssen anschieben. In einer Runde überholt Tom sodann Henton und Andretti und fährt Bestzeit, gefolgt von den beiden Ferrari.

„Nikis Day", steht auf einem Notenblatt, das ein Fan dem WM-Leader in die Hand drückt, aber der Text fehlt. „Kannst du mir das vorsingen?" fragt Lauda seinen „Capo" Cuoghi, „ich hab im Musikunterricht nicht gut genug aufgepaßt." Auch Cuoghi hat nicht. Und so fängt Niki selber an zu pfeifen: die ersten Takte der feurigen italienischen Hymne. Dann geht er wieder nachdenken.

Von Pace kommt der nächste Angriff, zehn Minuten vor Schluß des Abschlußtrainings, als die Piste von einem Gewitterregen aufgetrocknet ist. Niki muß rechts vorn einen schadhaften Reifen wechseln. In dieser Phase überrumpelt ihn der Brasilianer.

Die 8 : 1-Außenseiter Pryce und Pace bilden die Frontreihe, dahinter lauern die beiden Ferrari, nur um 0,01 getrennt. Pryce, um 0,2 Sekunden voran, hat das schnellste Auto in Silverstone, sagt mir aber: „Ich trau mich nicht, irgend etwas vorauszusagen — außer, daß Niki, wie immer, mit seinem enormen Kampfgeist bald nach vorn kommen wird." Lauda will „abwarten, ob der Ferrari schnell genug ist, ohne Mühe in Führung zu gehen. Sonst bleib ich, wo ich bin und paß nur auf, daß ich vor Reutemann und Fittipaldi placiert bin."

Carlos läßt nach einem Motor-K. o. bereits den Kopf hängen. Emerson verspricht „ab sofort offensive Rennen um jeden Preis, eine andere Chance hab ich nimmer", grinst aber listig: „Der Mann, der Niki das Leben noch schwer macht, wird Regazzoni sein."

Lauda glaubt nicht, „daß Clay und ich einander bis zum äußersten bekämpfen werden“. Niki bekommt sein „Gefühl fürs Rennen immer erst am Rennmorgen“. In Silverstone spürt er „kein gutes Gefühl, aber ich denk nicht darüber nach. Wenn ich an nichts Gutes glauben kann, ignorier ich einfach das schlechte Gefühl“, verrät mir Lauda vor dem Start. „Gewinnen kann heute jeder der ersten acht.“ Es werden sieben, die den englischen Grand Prix anführen, aber ausgerechnet Lauda ist nicht darunter — ohne seine Schuld.

Vom Start weg führt Pace vor Pryce, Regazzoni und Lauda, ehe Clays große Auftritte folgen: In der 9. Runde bremst er Pryce aus, in der 12. auch Pace — vor der Woodcote-Schikane und derart hinreißend, daß die BBC dieses Manöver in Zeitlupe ein gutes dutzendmal über die TV-Schirme flimmern läßt: Fast so oft wie das berühmte „dritte Tor“ von Wembley 1966.

Einmal in Führung, läuft Regazzoni rasch auf zwei Sekunden weg, ohne aber zu forcieren: „Ich fahr ruhig, schon das Auto und dreh nie mehr als 12.000 Touren.“ Doch in der 18. Runde, zwischen der Stowe- und der Club-Kurve, wird der Schweizer von einem plötzlichen Regenschauer, „den ich nicht kommen sehen kann“, überrascht. Der Ferrari dreht sich von der Bahn, der Motor stirbt ab, der demolierte Heckflügel muß ausgewechselt werden — all das wirft Regazzoni zweieinhalb Minuten zurück: Hoffnungslos.

Pryce hat gesehen, wie Regazzoni von der Straße gespült wurde, blickt aber auch rückwärts: „Ich merk, daß Scheckter Lauda unter Feuer nimmt, und wundere mich schon: Niki kommt daher wie mit einem schwachen Ford-Motor.“ Tatsächlich spürt Lauda den ganzen Tag „ein leises Pfeifen“. Pryce rechnet jedenfalls, „daß Jody mein härtester Gegner wird, aber ich hab noch Reserven“.

In der 20. Runde überrascht den führenden Waliser in Beckets „eine Wasserpfütze, die vorigesmal noch nicht da war“. Der Shadow donnert durch die Fangzäune, ein Pflock schlägt Pryce für 20 Minuten k. o. „Solang war ich wohl eingeschlafen . . .“, sagt er mir später am Abend.

In der 21. Runde führt Scheckter, ehe er seine Box ansteuert, um Regenreifen abzuholen: Binnen 31 Sekunden ist Jody abgefertigt. Eine Runde später hält auch Lauda. Knapp 20 Sekunden dauert sein

Reifenwechsel, fast ein Rekord, „aber leider hat man den Wagenheber zu schnell weggezogen, das Auto zu schnell herabgelassen". Niki kommt nur zehn Meter weit, dann plumpst das rechte Vorderrad zu Boden — Cuoghi und seine Ragazzi müssen nachlaufen, umständlich montieren, eine weitere Minute verrinnt, und nächste Runde ist Lauda wieder da: mit „Patschen".

Wenn in der Ferarri-Box Hektik aufkommt, ist bis zur Panik nur noch ein winziger Schritt, dann verliert alles den Kopf. Boxengast Rolf Stommelen, noch auf Krücken gestützt, ist „vom allgemeinen Chaos enttäuscht, zumal ja jeder wußte, wie unsicher das englische Wetter ist. Nach Monaco und Zandvoort hätte man überall Boxenstopps trainieren müssen."

In Monaco und Zandvoort gab es erst nasse, dann auftrocknende Bahn. Doch in Silverstone verunsichern dauernde Wetterwechsel — 1. bis 17. Runde trockene Piste, bis 23. Runde Regen, bis 28. Runde feuchte Bahn, später neuerliche kleine Regenschauer — die Piloten schlimmer als je zuvor.

„Bei meinem Glück, das ich in England immer hab, trocknet die Bahn natürlich langsam auf, als ich endlich die richtigen Regenreifen hab", resigniert Lauda.

Sieben der sechsundzwanzig laden das enorme Risiko auf sich, während der ersten Schlechtwetterphase mit Slicks durchzufahren: die beiden McLaren-Piloten Fittipaldi und Mass, Silverstone-Spezialist Hunt, weiters Pace, Brambilla, der für einen Amerikaner im Regen verblüffend sichere Donohue (erstmals im gekauften March) und Watson.

Watson sieht darin die einzige Chance, halbwegs vorzukommen. Hunt vertraut seinen Streckenkenntnissen. Donohue überlegt eine Zeitlang, doch sein Schweizer Teammanager Heinz Hofer signalisiert ihm nach fünf Regenrunden, als der Himmel aufhellt: „Stay out." Mosley wartet gar nicht so lang, sondern befiehlt Brambilla mit quer ausgestrecktem Arm sofort: „Draußenbleiben!", denn: „Ein bißchen muß man ja riskieren."

Die McLaren-Box hat ihren Piloten freigestellt, was sie tun sollen. Man zeigt Fitti und Mass nur den einwärts gerichteten Pfeil: als Signal, daß die Box bereit ist, nicht als Befehl. Die Bahn ist — speziell auf der Rückseite — gefährlich schlüpfrig. Fittipaldi gesteht nachher: „Ich blinzle immer gegen den Himmel und bete, daß die dunklen Wolken verschwinden, daß noch brasilianisches Wetter kommt.“

Landsmann Pace hat von Scheckter die Führung geerbt, muß sie im 27. Umlauf aber wieder an Jody (auf Regenreifen) abtreten — was beweist, daß Lauda mit einem normalen Boxenstopp das Rennen gewinnen hätte können. Erstaunlich fährt während der Schlechtwetterphase Mass: Er überholt auf Slicks sogar Fittipaldi und ist Zweiter hinter Scheckter, ehe er sich dreht ... und ihm Emersons Bruder Wilson über die Schnauze fährt.

Damit hat Scheckter („alles kann heute noch passieren“) den größten Vorsprung des gesamten Rennens: 30 Sekunden auf Jarier, der in der 33. Runde Platz 1 erbt, als Jody auf Trockenreifen zurückwechselt. Zwei Runden später montiert Jarier auf Slicks um. Neuer Spitzenreiter wird Hunt, doch bricht ihm später ein Auspuffrohr ab, und damit führt ab der 43. Runde Fittipaldi, mit Pace im Nacken und Scheckter (nach zwei Boxenstopps!) dahinter.

Auf 67 Runden ist der zehnte WM-Lauf angesetzt, doch in der 54. Runde ist der Regen wieder da. Diesmal überrascht er als ersten Jarier, reißt ihm in Woodcote den Shadow förmlich aus den Händen: Das Auto durchreißt die Fangzäune, ein Holzpflock schlägt Jean-Pierre gegen den Kopf und spaltet den Helm. Benommen taumelt der pechverfolgte Franzose vom Auto weg, mit einer Platzwunde, die zehn Nähte erfordert ...

Gleich darauf ist die Sintflut da. „Wie im Kino“, sagt Fürst Metternich zu Baron Graffenried, während sich draußen ein Inferno abspielt. Fittipaldi und Brambilla retten sich für Regenreifen an die Box, doch fast alle, die draußengeblieben sind, werden vom Wolkenbruch hilflos von der Bahn gepeitscht. Silverstone wird zum teuersten Schrottplatz der Formel-1-Geschichte, ärger als 1973 — Rennwagen verkrallen, verschachteln sich ineinander wie Spielkarten:

Mass, Donohue und Watson in der Stowe-Kurve; Scheckter, Morgan, Brise, Hunt, Wilson Fittipaldi, Henton und Pace eine Kurve später. Brise und Henton sind dort in ihren Cockpits eingeklemmt, als der „Copersucar“ aufprallt. Wilson schreit um Hilfe. Dann fliegt Paces

— nunmehr führender — Brabham mit 160 km/h, Heck voran, durch mehrere Fangzäune gegen den Erdwall, gegen ein anderes Auto, „und andere prallen auf mich auf. Ich hab ein Loch im Helm, keine Ahnung, woher. Mir ist jetzt noch schwindlig.“
Als nächster wird Scheckters Tyrrell von der Piste gerissen. „Da ist nichts, das ich dagegen tun kann. Ich will sofort rausspringen, kriech aber, weil andere auf mich zuschleudern, ins Cockpit zurück und zieh mir zwei Fangzäune ganz fest über den Kopf.“
Eine rettende Idee, die Formel-1-Neuling Morgan (Surtees) nicht hat: „Ich bin freiwillig stehengeblieben, sofort ausgestiegen, da brüllt mir jemand zu: ‚Bleib drinnen!‘ Darum klettere ich wieder ins Cockpit.“ Eine Sekunde später kommt, fast im Fußgängertempo, Hunts Hesketh und stürzt über den Surtees. Hunt später: „Ich war in Panik. Ich mußte fürchten, ich hätte den armen Teufel gekillt.“
Morgan ist unverletzt, und nur drei entrinnen heil dieser Wasserhölle: Lauda, Regazzoni, Andretti, „aber nur im ersten Gang, mit 10 km/h, und sogar da schlittert das Auto hin und her“, schildert Lauda. „Um ein Haar kollidiere ich draußen mit einem Streckenauto.“ Alle anderen sind in Fangzäune oder Erdwälle geschwemmt. Fittipaldi ist mit Regenreifen auf die Rennbahn zurückgekehrt, zwanzig Sekunden vor Brambilla, sieht rechts und links die Totalschäden und Havarien und, nach einer endlos langen Runde, an Start und Ziel die rote Flagge: Abbruch. Aber wann? Nach 56 Runden, als sie herauskam? Oder nach 57 Runden, als sie der führende Fittipaldi erstmals sehen konnte?
Eine Zeitlang glaubt Brabham, Pace habe gewonnen, „denn Fitti stand ja in den Boxen“. Die blaugeschlagenen Augen durch dunkle Sonnenbrillen geschützt, taumelt Pace davon — wie am schwarzen Tag von Barcelona. Brise muß in die Klinik. Scheckter hat ein geprelltes Handgelenk, Pryce für ein paar Tage einen steifen Hals, und Jarier muß bei Rees übernachten. Die ersten Shadow-Matra-Testfahrten werden verschoben.
Und das erste Silverstone-Ergebnis heißt: 1. Fittipaldi, 2. Pace, 3. Scheckter, 4. Hunt, 5. Donohue, 6. Brambilla. Lauda ist 8., Regazzoni 13. — aber Montezemolo bittet den RAC-Sportchef Dean Delamont, mit der offiziellen Bekanntgabe bis Montag 12 Uhr zu-

zuwarten, „damit ich die Placierungen meiner Fahrer überprüfen kann".
Protest legt Ferrari keinen ein, sagt Mosley aber Unterstützung zu, „falls du für Brambilla streiten willst, denn er gehört nach unserer Meinung auf den zweiten Platz".
Das Ergebnis bleibt aufrecht, „als relativ fairster Kompromiß", wie der RAC zugibt, „denn auch Mosley hätte recht". Der Lorbeerkranz bleibt absolut korrekt bei Fittipaldi und McLaren, dem Team, das am unfallreichsten, chaotischesten Grand-Prix-Wochenende 1975 den einzigen Knochenbruch beklagt: M-23-Designer Gordon Coppuck bricht sich bei der Moto-Cross-Party auf den Hesketh-Gütern das Schlüsselbein.

NÜRBURGRING: REIFENMASSAKER — UND REUTEMANN

Die übrigen Silverstone-Wunden vernarben rasch. Doch der gewaltige Sachschaden (etwa 3,5 Millionen Schilling) zwingt manche Teams, einmalige Cockpit-Angebote an den Nürburgring-Spezialisten Jacky Ickx zurückzuziehen. Tyrrell zaubert für Scheckter in vier Tagen einen neuen 007 aus dem Hut.
Lauda tut, um das Silverstone-Desaster und den wachsenden Druck des WM-Favoriten abzuschütteln, das einzig Richtige: Eine Woche Ferien auf Sardinien, ohne ein Wort Formel 1, totale Entspannung, nur schwimmen, schlafen und (täglich) drei Kilometer Strandlauf. „Ich fühl mich", berichtet Niki, „wieder wie 21 . . ."
Aber auch Ferrari hat nicht geschlafen, sondern aus der Silverstone-Blamage gelernt. Als Niki kurz in Fiorano vorbeischaut, registriert er: die Radnaben wurden geändert, die Muttern lassen sich viel besser und schneller draufschrauben. Montezemolo drillt Boxenstopps mit Reifenwechsel. Rekord: 17 Sekunden. Ferrari-intern bekommen die Chefmechaniker (Cuoghi bzw. Borsari) mehr Macht — desgleichen der kleine Forghieri-Stellvertreter Tommaini.
So rüsten Lauda und Ferrari für den klassischen GP von Deutschland in der „grünen Hölle" der Eifel, die Niki 1974 als erster Mensch in weniger als 7 Minuten bezwungen hat — 6:58,2, jedoch inoffiziell.

In England erkundigt sich Reutemann bei „Ladbroke's", zu welchen Kurs er Reutemann auf Nürburgring-Sieg spielen kann. Auskunft: 16:1. Sofort will Carlos 1000 Pfund setzen, aber Mimicha hält ihn zurück. „Um Himmels willen, 5 Pfund sind genug." 16.000 Pfund sind 640.000 S, 80 Pfund aber nur noch 3200 ...

Lotus borgt sich Watson aus, weil Surtees auf den Nürburgring verzichten muß — Mechaniker Ali Strasser ist längst zu BMW übergelaufen, arbeitet aber doch in den „Ring"-Garagen für Harald Ertl, einen Formel-1-Debütanten. Beiname: „Rübezahl". Kennzeichen: Nach oben gezwirbelter und gefönter Bart.

Zwei Hemden im Aktenkoffer, kein Rasierapparat: So salopp fliegt Ertl zu Sponsorverhandlungen (die Bierbrauerei „Warsteiner" finanziert den Hesketh) und Fernsehauftritten. Er sagt offen: „Ich hab keinen Ehrgeiz, ich hab auch kein Vorbild." Aber er kannte Jochen Rindt: „Wir gingen gemeinsam in Bad Aussee ins Internat, er in die siebente, ich in die zweite Klasse. Einmal lagen wir nebeneinander im Spital. Ich mit gebrochener Kniescheibe, er mit gebrochenem Schienbein ... vom Skilaufen."

Heute wohnt Ertl im „Eros-Center" von Wiesbaden, „aber das hat nichts mit Sex zu tun, das sind nur die Anfangsbuchstaben von mir und meinem Manager, Osterroth." In ihrem „Eros-Center" führen Ertl und Osterroth sogar Motorrad-Geschicklichkeitsfahrten durch.

Vom 150.000-DM-Hesketh ist Ertl hell begeistert: „Lenkung, Schaltung, all das funktioniert leichter als im Formel 2. Nur die Brems- und Beschleunigungskräfte sind gewaltiger." Am Nürburgring besonders.

Er ist auch schwierig zu merken. Deshalb drischt Mark Donohue zu Studienzwecken seinen schwarzen Porsche-Carrera im Privattraining in 10-Minuten-Runden um den Ring — sein Privatauto, das ihm später, samt Aktenkoffer und allen Dokumenten, vom Hotelparkplatz weg gestohlen wird. Mark findet es, völlig geplündert, auf einer Waldlichtung wieder. Fittipaldis Pistenstudium: 15 Runden im goldfarbenen Mercedes 450. Er fährt 10:20, Bruder Wilson 10:10, „aber dann haben wir keine Bremsen mehr."

Beifahrer Willi Kauhsen, der „Weltmeister der Prototypen", nickt nach 5 Runden: „Langsam stimmt deine Linie."

Linie ja, aber auch die Marschroute? „Voriges Jahr lag ich einmal 11 Punkte hinter Regazzoni und wurde trotzdem noch Weltmeister. Jetzt sind es 14 Punkte auf Lauda", rechnet mir Emerson selbstbewußt vor. „Ich schätze, Niki spürt die Belastung mehr als ich ... denn vor Silverstone sagte ihm jeder: Du bist ja schon Weltmeister."

Laudas klassischer Satz am Nürburgring: „Auf dieser Strecke wird dir klar, wofür du bezahlt wirst." Denn: „Du weißt, daß du dir hier nicht den geringsten Fehler erlauben darfst. Schnell zu fahren, dazu mußt' dich jedesmal überwinden. Du fühlst dich nie wohl. Du denkst: Wenn was bricht, dann fliegst sehr weit."

Der Maranello-Championjockei hat am Freitag draußen in den Eifelwäldern ein noch unheimlicheres Erlebnis: „Pro Runde schlagen wir dreimal auf, das erzeugt Funkenschauer. Die Funken zischen vorn unten, bei den Füßen, herein, der Fahrtwind peitscht sie ins Cockpit. Wie Funken, die eine Metallschleifscheibe erzeugt ... Im ersten Moment denk ich: Feuer, der Ferarri brennt, aber dann wird mir klar: Das ist Magnesium, das dorthin gebaut wurde, und jetzt absplittert." Ferrari montiert Gummipuffer auf die Bodenplatte.

Mit 195 km/h durch die Eifelwälder, 300 Meter Höhendifferenz pro Runde — aber Mass beteuert: „Ich spür nichts, weder auf- noch zugehende Ohren, noch meinen Magen ... sonst müßt ich ja sofort zum Arzt gehen."

Wie sehr die „grüne Hölle" die Piloten beansprucht, ermittelt der Freiburger Professor Keul mittels Klebeelektroden und Kassette im Cockpit. Andretti ist prächtig austrainiert. Nur dreimal pro Runde zeigt Marios Pulsfrequenz Zacken: „Die drei unvermeidlichen Sprünge", lacht er, und Lauda grinst genauso: „Mein Herz pumpert von Hatzenbach bis in die Zielgerade andauernd."

Ertl hat 160 Puls, van Lennep 170, Scheckter 165 bis 180, „als ich 7:16er-Runden mit Reifen fahr, die ich nicht mag, wahrscheinlich also vor lauter Angst." Später, als er viel schneller fährt, aber bessere Pneus hat, hämmert Jodys Herz nur noch 120 mal.

Der erste Trainingstag ist ein gigantisches Teammatch Ferrari-McLaren: Lauda 1,2 Sekunden vor Mass, 2,1 vor Fittipaldi und 3,7 vor Regazzoni. „Ja, spinnst denn du?", lacht Niki den Deutschen an,

„fährst einfach 200 Meter hinter mir die zweitbeste Zeit.“ Ein Lachen, hinter dem Respekt steckt.

Seine 7-Minuten-Bastion — die faszinierendste Grenze des Motorsports — verteidigt der „Ring“ noch einen letzten Tag mit einem üblen Trick: Mit Regen. Davor hätten drei Mann die Traumgrenze fast überschritten: Lauda — wäre er in der Schikane nicht durch Ölflaggen und Zementstaub gebremst worden; Fittipaldi — wäre ihm nicht in seiner schnellsten Runde das Benzin ausgegangen, „weshalb ich auf Teddy Mayer stocksauer bin“; oder Regazzoni — wäre er nicht in den beginnenden Regen geraten.

Nach dem Mittagsregen bleiben nur noch 15 heiße Minuten: Zuwenig Zeit für Niki, um seine 7:00,6 noch zu verbessern. Aber Lauda hat ja noch den Samstag.

Wer waren eigentlich die Pioniere, die als jeweils Erste eine „Minuten-Traumgrenze“ auf dem Nürburgring unterboten? 10 Minuten: Inoffiziell Bernd Rosemeyer (Auto-Union) 1936, offiziell Herrmann Lang (Mercedes) 1939 — 9 Minuten: Phil Hill (Ferrari) 1961 — 8 Minuten: Inoffiziell Chris Amon (Ferrari) 1968, offiziell Jackie Stewart (Matra) 1968 — 7 Minuten: Inoffiziell Niki Lauda (Ferrari) 1974, aber offiziell? „Der Kampf gegen die 7 Minuten“, sagt jemand, „wird wie der Sprint Amundsen gegen Scott zum Südpol, wie der Wettlauf zum Mond.“

Samstag früh. Die Spannung in den Boxen ist fast körperlich spürbar: Fällt die Schallmauer — oder nicht? Lauda ist skeptisch: „Ich glaub nicht. Zu heiß heute.“ Regazzoni schleicht wie ein hungriger Kater im Schatten der Box umher: „Hängt davon ab, ob die Bahn ölig ist.“ Montezemolo steht fiebernd da, auf seine Krücke gestützt — als hätte ihn Remarque erfunden.

Scheckter zettelt die Jagd mit 7:08,1 an. Jarier fährt 7:07,0. Lauda steigert auf 7:05,2. Scheckter kontert mit 7:03,3 . . . Aufgeregt hält Montezemolo pausenlos Zwiesprache mit seinem Zeitnehmer Campiche. Novità? Niente. Dov'è Clay? Sempre Scheckter. Immer noch Scheckter. Cosa c'è Niki? Was macht Niki?

Dann zaubert Regazzoni 7:01,6, Beifall brandet auf. Die Airbox des Ferrari Nr. 11 ist mit Mücken und Fliegen übersät. Lauda kommt vormittags nicht unter 7:02,2. „Komisch, heut liegt er nicht, so sehr ich auch herumtüftl." Der Heckflügel reflektiert die Sonnenstrahlen, Niki steht verschwitzt daneben, etwas enttäuscht. „Was willst du nachmittag tun?", fragt Montezemolo. „Zuerst den Volltanktest", entscheidet Niki.

Nur langsam dringt in die Boxen, was draußen alles passiert. Jones: Reifenplatzer. Brise: Unfall. Mass: Unfall in Eschbach — „Hinterrad auf Sand geraten, schräg vorn in die Fangzäune gerutscht", rapportiert der Deutsche, sichtlich geknickt. „Aber schaut euch die Spuren an: schwarz-schwarz . . . und dann weiß: der Sand." Fittipaldi bestätigt ihm: „Du brauchst kein Alibi. Dort schaufelt jeder Sand auf die Bahn."

Worauf der noch regierende Weltmeister zu Lauda hinübertänzelt: „Siehst du, gestern war ich die Nummer 2 hinter Mass, heute bist du es, hinter Clay." Niki grinst: „Aber Gott sei Dank ist ja noch ein letztes Training." Während der Mittagspause läßt Fittipaldi den 5. Gang kürzer übersetzen, wird bei Lauda ein gebrochener Stoßdämpfer rechts vorn entdeckt. Außerdem spuckt sein Motor schon Wasser, die Leistung geht kontinuierlich zurück.

Trotzdem: Während Fittipaldi bei 7:02,7 steckenbleibt, schafft Lauda seine unheimliche Serie: 7:07,8 — 7:04,6 — 6:58,6, die erste „Diretissima" am Nürburgring!

Es ist 13.19 Uhr, als Lauda Rennsportgeschichte geschrieben hat. „Zwei, drei Kurven waren nicht ganz perfekt", untertreibt er später, verschmitzt lächelnd, „aber daß ich nicht langsam bin, von den 7 Minuten also nicht weit weg sein kann, hab ich während dieser Runde gespürt." Die hochgeworfenen Arme der Ferrari-Mechaniker — im Rückspiegel gesehen — verraten Niki alles. Die Lautsprecherdurchsage löst Beifallsgejohle aus. Niki ist glücklich auf stille Art.

Lauda hat am „Ring" immer Pol. Nur der Mann neben ihm in der ersten Reihe wechselt: Mass, Regazzoni, Depailler, und letztlich Pace — der genau an der Schallmauer anrennt: 7:00,0, obwohl 200 Meter vorm Zielstrich wegen Benzinmangels sein Motor aussetzt.

Das gleiche passiert Peterson draußen auf der Strecke. Er hat ein Lotus-Boxensignal übersehen. Prompt bleibt er auf der Breidscheid-Brücke mit leeren Tanks liegen. Ronnie steigt aus, läuft zum Parkplatz, findet jemanden mit Reservekanister und sagt: „Fünf Liter

Super, bitte." Nur bezahlen kann Ronnie nicht: „Ich steck mir ja kein Geld in den Overall."

Geld verloren hat dagegen bereits Frank Williams: Schon wieder ein Totalschaden — diesmal verursacht von Ian Ashley. Der Stammfahrer, der Pariser Rechtsanwaltsohn Jacques Laffite, steht auf dem 15. Startplatz. „Nicht schlecht für uns, weil wir doch niemals testen können", sagt der kleine, asketische Williams. „Und ich hätte etwas Geld so dringend und bitter nötig."

Im Williams-Transporter ist auf der Anreise der Motor k. o. gegangen. Frank mußte 1000 Pfund für den Motor pumpen und nochmals 500 fürs Abschleppen. Mit seinem zeitweiligen Starfahrer Merzario ist er endgültig zerstritten.

„Williams schuldet mir Geld", beklagt sich Arturo öffentlich. 10.000 Pfund für 1975, 1200 für 1975, gibt Williams zu, „aber das ist kein Problem. Was mich jedoch wütend macht: Daß Merzario Reportern vorlügt, ich stecke alles Sponsorgeld in die eigene Tasche. Dabei bringt niemand, und merk dir: Niemand!, dem Rennsport so viele Opfer wie ich. Außer den Fahrern, die verunglücken", fügt Williams hinzu.

Er kassiert bei Fina, bei der Potenzmittelfirma Ambrozium, der Babywarenfirma Cicco etc. Williams' Sohn heißt Jonathan Piers — so benannt nach Piers Courage, der ihm 1969 in Watkins Glen den größten Erfolg bescherte, als er hinter Rindt als Zweiter einkam. Verheiratet ist Frank Williams mit der nicht allzu armen Virginia, deren Vater seit 20 Jahren die Patentrechte für künstliches Kaminfeuer besitzt.

Und nun träumt Williams von einer „Geldehe" mit dem millionenschweren Industriellen Walter Wolf, einem geborenen Österreicher, der im kanadischen Ölgeschäft reich geworden ist, im Vatikanstaat lebt, auf den Bermudas Steuern zahlt und jetzt — im Besitz von 51 Prozent Lamborghini-Aktien — mit Williams ein Formel-1-Projekt auskocht. Was Frank fehlt, ist ein sichtbarer Erfolg, so rasch wie nur möglich.

Und noch ein „underdog", ein ewig Unterdrückter, muckt am Nürburgring auf: Patrick Depailler.

Jackie Stewart klassifiziert ihn so: „Erfahren, verbissen, ehrgeizig." Patrick wiegt, inklusive Ausrüstung, nur 50 Kilo. Er fürchtet Hitze-

rennen, die ihn auslaugen; er mag den Tyrrell 007, weil dessen Lenkung relativ wenig Kraft fordert; und er haßt „die blinden Vollgasstrecken wie Silverstone oder Monza". Sein Mechaniker glaubt: „Patrick fährt nicht mit dem übervollen Herzen, Augen zu, Kinn nach vorn, sondern mit Verstand." Depailler mag die kurvenreichen Pisten, die zu seinem sauberen präzisen Fahrstil passen.

Wenn er (außer der körperlichen) eine Schwäche hat, dann: Seine Ungeduld am Start. Nicht grundlos wird er oft auf den ersten Rennkilometern in Kollisionen verwickelt. Ken Tyrrells Strafpredigten sind berühmt. Doch diese Story wurde am meisten belacht:

Depailler hatte im Training Motorschaden und Ken verbot ihm, in den Ersatz-Tyrrell umzusteigen. Danach putzte der Boß seine Brillen, sah also das blaue Auto, das da langsam aus dem Fahrerlager heranrollte, nur reichlich verschwommen. Aber: Es war ein blaues Auto.

Voll Ingrimm stürzte Tyrrell los, packte den Fahrer am Kragen, brüllte: „Hab ich's dir nicht extra verboten?", bis er merken mußte: Der blaue Wagen war gar kein Tyrrell, sondern der japanische Maki, und der Pilot nicht Depailler, sondern der völlig unschuldige Tony Trimmer. . . . auch das ist Tyrrell!

Depailler fühlt sich arg unterbezahlt, weshalb er am „Ring" ernsthaft übers Geld redet. Ken hatte „noch nie einen Fahrer, der von mir wegwollte. Das ist eine Frage des Glücklichseins, nicht des Vertrags. Was ist ein Vertrag? Ein Fetzen, nicht wert den Papierpreis." Scheckter offeriert sich allen Teams, Ferrari inklusive: „Nach Saisonschluß rechne ich mir genau durch, wieviel mir wer bezahlen will, dann weiß ich, was ich tu."

Wie schon im Jänner, rennt Shadow-Boß Nichols Peterson die Tür ein. Der Unterschied zu früher: Diesmal ist Chapman bereit, Ronnie abzugeben! Jedoch: „Mr. Lotus" verlangt als Gegenleistung Tom Pryce. Worauf Nichols fuchsteufelswild die Tür zuschmeißt und herumbrüllt: „Nie wieder red ich ein Wort mit diesem verdammten Chapman."

Das Gespenst am Nürburgring heißt: Reifenschäden. 22 Pneudefekte bereits im Training, vom giftigen „schleichenden Patschen" bis zum explosionsartigen Platzer, obwohl alle die gleichen Pneus verwenden (vorn Nr. 32, hinten Nr. 34). Depailler allein hat drei Reifenschäden, das McLaren-Team fünf, worauf Fittipaldi Alarm schlägt: „Sorgen Sie für Disziplin und eine saubere Piste. damit ja nichts passieren kann", warnt er Huschke von Hanstein, „überall sind Glastrümmer, Steine und Dreckklumpen auf der Bahn." Dem Titelverteidiger ist klar: „Wer Reifenschaden hat und wer nicht, wird ein Glücksspiel."

„Geht der Austrian heute auf 9 oder auf 6 Punkte los?", fragt mich Reutemann vorm Start lauernd. Lauda bittet Ghedini „um ganz große und deutliche Boxensignale: Ich komm ja nur 13mal vorbei." Bei Fittipaldi (Gummipuffer) und Pace (Benzinsystem) wird noch am Startplatz gearbeitet. Und dann verpatzt Fitti — wie Peterson und Scheckter — den Start gewaltig.

Lauda-Depailler-Pace-Mass: So geht es erstmals in die Fuchsröhre, die sich bei 280 km/h, voll im fünften Gang, zum Nadelöhr verengt. Den meisten Piloten bieten sich unheimliche Bilder: „Die Autos bewegen sich in den Reifen", sieht Reutemann. Wegen der Hitze (29 Grad) haben die meisten englischen Teams weniger Luft als sonst in die Reifen gepumpt (normaler Druck: vorn 14 Pfund, hinten 16). Fazit: Viele Autos ritzen mit der Felge den Asphalt!

Mass fetzt es in der Senke den linken Vorderreifen herunter, „und das passiert blitzschnell, ohne jede Vorwarnung. Nach rechts fliegt der Gummi weg, vorn schlägt's unheimlich. Ich lenk nach links, über den Dreck, daß ich mehr Platz hab, aber das Auto schiebt immer mehr zu den Leitplanken rüber." 700 Meter Unfallspur, Ping-Pong zwischen den Leitplanken, aber Mass bleibt unverletzt. „Natürlich", kritisieren ihn ein paar Ahnungslose, „das kommt davon, wenn man schon in der ersten Runde gewinnen muß."

Mass legt den blau-weißen Helm aufs Auto. Später wird er ihm gestohlen, aber ein 15jähriger Bub schreibt einen Entschuldigungsbrief.

Reutemann, direkt hinter Mass, hat in den 1. Gang heruntergebremst und den Arm zur Warnung des nächsten Piloten hochgerissen — Regazzoni. „Komisch, daß meine Reifen heilblieben", wundert sich Carlos, „bei all dem Dreck, den Jochen auf die Bahn gerissen hat, Steine, Grasbrocken, Trümmer: Ich bin durch alles durchgefahren. Meine Chancen, daß ich mir einen Reifen aufschlitz, ist 100:1." Aber seine Pneus überleben. Und, seltsam, auch sein Motor, „obwohl ich seit der Aufwärmrunde 115 Grad Wassertemperatur hab. Ich bin sicher, daß der Motor auseinanderfliegt." Und so beschließt Reutemann: „Ich blick heute kein einziges Mal mehr auf den Temperaturanzeiger. Ich fahr solang, bis der Brabham stehenbleibt."

McLaren verliert nach Mass auch Fittipaldi. Emersons Gesicht ist starr, als er seinen Reifenschaden rekapituliert: „Über den großen Sprunghügel am Pflanzgarten, wo 1974 Mike Hailwood verunglückt ist . . . in der Luft explodiert der linke Hinterreifen . . . beim Aufsetzen hab ich schreckliche Mühe, das Auto zu halten, den großen Crash zu vermeiden." Zweimal versetzt der McLaren um 45 Grad, schlittert 300 Meter seitwärts über die Randstreifen. „So also ist das", zucken Gedankenblitze durch Fittipaldis Hirn, „wenn dir die Leitplanken ins Gesicht schlagen."

Er rettet sich an die Box, wechselt beide Hinterreifen, gibt aber wegen bösartiger Vibrationen bald auf, „bevor die Aufhängung k. o. geht." Heute sind viele sorry für Emerson. Er kommt vor in die Ferrari-Box, aus der ich die Radio-Direktübertragung mache, und hat, auf seine Titelverteidigung angesprochen, nur ein trauriges Gesicht übrig. „Schau hinaus: Niki führt."

„FITTI OUT" ist Lauda längst signalisiert worden. Niki denkt: „Wenn jetzt auch ich ausfall, bleibt wenigstens alles so, wie es heute früh war." Die Goodyear-Leute werden immer nervöser: Die Reifenschäden häufen sich. Mass, Donohue, Watson, Brambilla, Fittipaldi, Pace, Jarier, Scheckter sind bei Halbzeit mit Pneu- oder damit zusammenhängenden Defekten bereits draußen, und weitere Reifenschäden folgen, 15 insgesamt, das Training mitgerechnet 37!

An Lauda hängt, wie eine Klette, der kleine, zähe Depailler, „aber ich gib gerade genug Gas, um vor ihm zu bleiben." Niki fährt Patrick bereits davon, als dessen vordere Stoßdämpfer-Befestigung bricht. Damit ist perfekt, was Lauda zuvor geahnt hat: „Es wird nicht lang dauern, bis der Jakob hinter mir auftaucht."

Der Jakob ist Regazzoni, und es hat bis zur 9. Runde gedauert, „weil mich Pace aufgehalten und 10 Sekunden gekostet hat." Regazzoni dreht, weil der Öldruck beim Bremsen sinkt, nur noch 11.800 Touren. Trotzdem trifft ihn ein Motorschaden.

Es ist die 10. Runde. Was minutenlang wie ein Ferrari-Doppelsieg ausgesehen hat, zerrinnt. „Achtung, Nachricht von der Strecke: Lauda in Hocheichen in langsamer Fahrt!“, meldet der Lautsprecher. Ein paar Besoffene grölen und klatschen. „Puff und runter“, beschreibt Niki, was sich nach dem Bergwerk getan hat: 10 Meter weiter als 1973, damals war's (am BRM) der rechte Hinterreifen, diesmal (am Ferrari) der linke Vorderreifen. Ein Stein hat sich durch den Gummi gebohrt.

„Avanti sinistra“, ist die Box vorgewarnt. Aber 14 Kilometer fehlen. Verzweifelt schleppt Lauda das Auto weiter, der überhitzte Reifen löst sich auf. „Ich fahr im 2. Gang, mit 100 km/h, und kann kaum mehr das Lenkrad halten. So stark zittert das Auto.“ Nur die Sicherheitsbolzen — vier auf jeder Seite — halten die Gummifetzen auf der Felge.

Drei Wagen pfeilen am kriechenden Ferrari vorbei: Reutemann, Pryce, Laffite. Als sich Lauda der Box nähert, weist er Ing. Tommaini mit heftigen Gesten an: „Die Frontpartie nicht wechseln, ich kann so weiterfahren, und wir gewinnen ein paar Sekunden.“ Erstaunlich, wie Niki die Ferrari-Box sogar aus dem Cockpit dirigieren kann. Der Reifenwechsel dauert 23 Sekunden, als Vierter ist Niki wieder im Rennen.

Reutemann hat „im Vorbeifahren die Panik der Ferrari-Box mitgekriegt, nicht aber den fast gleichzeitigen Stopp von James Hunt“ — bei dem ein Felgenbolzen festklemmt. Carlos wundert sich: Kein Boxensignal! Und nächste Runde: „+ 68 LAFFITE“, völlig unerwartet.

„Da muß ein Desaster passiert sein“, grübelt der Spitzenreiter, „aber dann seh ich, wie ein Freund von mir auf die Bahn rennt und wie ein Verrückter beide Arme weit ausbreitet: Langsam! Langsam!“

Und Laudas innere Wandlung? „Wennst in Führung liegst und gewinnst, nimmst alle Strapazen leicht auf dich. Aber wennst von hinten angreifen und realisieren mußt, daß plötzlich alles verloren ist ... dann wird's plötzlich sehr schwer.“ Einen kann Niki niederkämpfen: Pryce, dem seit der 4. Runde Benzin auf den Rücken spritzt, weil sein Tank geplatzt ist. „Ich muß den Gurt öffnen, damit die Schmerzen nachlassen und ich absprungbereit bin, falls das Zeug Feuer fängt.“

Hinter Pryce fährt Jones seinen ersten WM-Punkten entgegen, holt sogar der Ensign einen Punkt, wird Lombardi trotz Benzinmangels Siebente und Ertl, obwohl er ab der 8. Runde ohne Bremsen und in der letzten sogar mit Patschen fährt, Achter.
Reutemann durchzittert die letzte Runde in 7:31 und sagt später: „Very nice winning the ‚Ring', aber ich hab Glück gehabt." Laffites zweiter Platz rührt Williams zu Tränen, weil er ihm die Pleitegeier verscheucht. Während Gummifetzen sortiert und Wracks abgeschleppt werden, basteln Goodyear und GPDA-Präsident Hulme an einem Kommunique über das Reifenmassaker: „. . . sind die Splitter und Steine an diesen Reifenschäden schuld."
„Was passierte, war von uns nicht mehr zu kontrollieren. Mein Beileid", murmelt Bert Baldwin in Laudas Ohr. Niki nimmt's leicht: „Also, ich seh euch nächstes Mal in einem sauberen Land — Österreich." Beim Punktestand Lauda 51, Reutemann 34, Fititpaldi 33. Was nach der Absage des kanadischen WM-Laufes bedeutet: Wenn die Südamerikaner in Zeltweg punktelos bleiben, genügt Niki schon ein 6. Platz zum Titel.

ZELTWEG: EINE AMERIKANISCHE TRAGÖDIE

Die 37 Reifenschäden haben Goodyear aufgescheucht: „Darf nicht mehr passieren!", verspricht Baldwin. „Zeltweg ist extrem hart für die Vorderreifen, aber wir finden eine Lösung: Nummer 47." Bert kriecht auf dem Bauch über ein paar Österreichring-Meter und präsentiert in der offenen Hand: Ein paar Schillinge, etwas Steine.
Reutemann hat, direkt vom Nürburgring kommend, die Testarbeit begonnen. McLaren und Tyrrell haben absagen müssen: Zuviel Schrott, zuwenige Autos. Worauf Fittipaldi und Domingos den Plan aushecken: „Wie vermieten Teddy Mayer einen M 23, den wir ihm voriges Jahr für Shows abgekauft haben, zum halben Preis: 4000 Pfund."
Das Team, das am wenigsten wie eine Siegertruppe aussieht, ist March: Weil der Fahrer am Steuer einnickt, kippt der Transporter bei Gent (Belgien) ins Gebüsch. Dabei wird Stucks Monocoque ge-

quetscht und Brambillas Schnauze demoliert. Fast ein Wunder, daß die Schäden keine totalen sind.
Reutemanns Spätsaisonrekord von 1974 hält Ferrari in Atem: Sieg in Zeltweg, erste Startreihe in Monza, Sieg in den USA. „Aber der 312 T ist besser als der alte B 3, und Niki fährt um soviel stärker als 1974", resigniert Carlos. „Hoffentlich wird's nur sehr, sehr heiß."
Reutemann schaufelt im Gasthof Bernhard gerade Salzburger Nockerl (die Brabham-Lieblingsspeise), als Rolf Stommelen zur Tür hereinschneit: Braungebrannt, strahlend trotz der 1000-km-Autoreise von Köln, selbstbewußt nach seinem Tourenwagensieg von Zandvoort, voll Tatendrang, ohne Krücken.
„Ich will mich nicht vor Ehrgeiz zerfressen", sagt der Formel-1-Heimkehrer, der trotz ärztlicher Bedenken startet. „Erstens laß ich mir nichts verbieten, zweitens ist Zeltweg für mich ein Trainingsrennen fürs nächste Jahr." Graham Hill gibt Rolf extrem lange, weiche Pedalwege und schraubt ihm außerdem ein Metallstück aufs Gaspedal. „Fahr so schnell du willst, spür um Himmels willen nicht den geringsten Druck", rät ihm Graham. Rolf kann „schon nach fünf Runden schnell und sicher fahren", ohne Haken zu schlagen: „Nahkämpfen geh ich aus dem Weg."
60.000 Zuschauer sehen den ersten, hektischen Trainingstag. Reutemann bricht nach 45 Minuten das Getriebe, 15 Minuten darauf verliert sein Ersatzauto den Ölfilter. „Schrecklicher Tag heute", jammert der sensible „Indianer".
Lauda fährt Bestzeit vor Hunt und Fittipaldi, der böse Schrecksekunden ausstehen muß: Bruder Wilson verunglückt in der Rindt-Kurve, und Emerson liegt 10 Sekunden hinter ihm. Unfallursache: Ein angerosteter, deshalb gebrochener Querlenker links vorn unten. „Ich weiß nur, daß ich drei Zäune niedergerissen und an den Leitplanken gestoppt habe, ab da fehlt mir jede Erinnerung", sagt mir Wilson später.
Emerson sieht „die Staubwolke und die herumliegenden Trümmer. Ich steig sofort aus und lauf hinüber. Wilson ist bewußtlos, eingeklemmt, hat die Fangzäune über dem Kopf — und ich hab schreckliche Angst, daß jeden Moment Feuer ausbricht."
Das ist der oft wiederkehrende Alptraum des Organisationschefs Dr.

Tiroch: „Ich geb den Piloten Fangzäune, soviel sie wollen, aber ich träum oft: Ein eingeklemmter Fahrer — und plötzlich Feuer."
Emerson und die Streckenposten befreien Wilson. Jacques Laffite kommt vorbei, erschrickt, fährt aber weiter, „weil ich ja Emerson helfen seh." Oberleutnant Klaus Maerker, ein dynamischer, entschlußfreudiger Offizier fliegt Wilson durchs Gewitter in 13 Minuten ins Spital nach Kalwang: „Er jammert unter Schock sehr, jede Flugbewegung tut ihm weh." Emerson rast mit dem Auto nach. Die Tachonadel tanzt bei 150 km/h. Ein Polizist stoppt das Auto: „Freut mich, Sie kennenzulernen, Herr Fittipaldi ... aber Sie sind nicht am Österreichring!"
Wilson hat Glück gehabt: Nur zwei gebrochene Finger. Und Emerson geht mit intakter Kampfmoral ins Abschlußtraining.
Samstag braucht Pace alle Schutzengel. In der blinden 5.-Gang-Vollgaskurve gleich nach den Boxen bricht ihm links hinten die Radnabe. Der Segen des Brasilianers: Er ist gerade aus der Box gekommen, also noch nicht im 5., sondern erst im 3. Gang. Das Rad fliegt wie ein Torpedo über den Drahtzaun, der Brabham dreht sich nach innen in die Wiese. Pace: „Ich hab mich geduckt und gehofft, daß das Auto stehenbleibt." Er ist zornig wie noch nie. Teamkamerad Reutemann jammert über Luftblasen im Benzinsystem und ist in der sechsten Reihe festgenagelt.
Dafür sprengt Stuck in einem Husarenritt in die zweite Reihe vor. Der Trick der March-Piloten: Ein speziell langer zweiter Gang für die Texaco-Schikane, der optimale Beschleunigung gerantiert. Andrettis dritter Motorschaden verölt die Rindt-Kurve gefährlich, aber Henton negiert die rot-gelben Ölflaggen rundenlang ... bis er in den Leitplanken steckt. Chapman tippt sich vielsagend an die Stirn.
Das Nachmittagstraining geht im Regen unter. Regazzoni fährt die beste Regenzeit vor Lauda. Die Skiasse Klammer, Grissmann und Co. kommen gerade rechtzeitig, um einen Brambilla-Dreher mitzuerleben, und abends wird im Werkhotel gefachsimpelt: Die Geschwindigkeits-Blutsbrüder sind unter sich.
Lauda: „Ich borg euch morgen gern den dritten Ferrari."
Grissmann: „Danke, nicht auf dieser Strecke, sie ist zu leicht. Da schlaft mir ja der Gasfuß ein." Aber der Lienzer Sprücheklopfer

Mariella, die neue First Lady in der Formel 1, mit Pia-Maria Regazzoni

Oft schnell, immer brutal, manchmal zu Fuß — Jarier

Brabham-Carlos-Zwillinge: Pace, Reutemann

STOP
GOODYEAR
LaHutte
Embassy HILL
23

11

Träume vom Windjammer – Jochen Mass

Monza, 42. Runde. Regazzoni führt mit 216,1 km/h Schnitt 9,6 Sekunden vor Lauda, 9,4 vor Fittipaldi: Noch 10 Runden bis zum Titel

Privatpilot, Jagdbomberpilot: Lauda mit Regazzoni und der Cessna-Golden-Eagle (oben), mit Rathgeb und der Saab 105 Ö (unten)

GOODYEAR

offeriert: „Wennst morgen Reifen wechseln mußt, nimm uns. Denn wir haben die Nerven dazu."

Lauda hofft: „Nur ja kein Regen am Sonntagmorgen. Sonst kann ich meinen neuen Motor nicht ausprobieren." Sein Schlachtplan ist fix und fertig: „Vor Reutemann und Fittipaldi bleiben, damit bin ich praktisch Weltmeister. Und wenn alles gut und sicher über die Bühne geht, roll ich gegen Schluß des Rennens nur noch im 4. und 5. Gang."

Ein Wunder, wie Lauda das pausenlose Trommelfeuer auf seine Nerven aushält: Der Zwang des Lokalmatadors, der Druck der WM-Entscheidung, der unheimliche Streß. Ein Fotograf hat ihm den auf Millimeter eingestellten Heckflügel verbogen. Und darum Nikis Appell an die Fans: „Ihr helft mir momentan am meisten, wenn ihr mich in Ruhe arbeiten läßt."

Leidenschaft und Hysterie erinnern an Franz Klammer in Kitzbühel oder Innsbruck — wo ihm die Fans sogar die Tür eingetreten haben. „Die Leute", hat der Skichampion begriffen, „wissen oft nicht, was sie da alles falsch machen."

Lauda schirmt sich ab, so gut er es vermag. Mit dem Moped, die Kappe tief ins Gesicht gezogen, pendelt er zwischen Piste und Privathotel. Trotzdem: Die Leute reißen ihn vor Begeisterung fast vom Sitz herunter. Als wir zu einer TV-Live-Sendung fahren, schmuggelt uns eine Gendarmerieeskorte zum „Ring". In Monza, seufzt Niki, braucht er wohl einen Panzerwagen ...

Spätabends lärmt im Privathotel eine fröhliche Tessiner Runde: Mit Gesang und mitgebrachten, eigenen Musikinstrumenten. „Und genau darüber im Ritterzimmer", stöhnt Frau Navratil, die Niki abschirmt, „schläft der Herr Lauda."

Sonntag früh. „Du hast so unheimliche Armmuskeln", sagt Montezemolo in den Boxen zu Franz Klammer. „Geh bitte hinüber zu Fittipaldi und schüttel ihm die Hand. Aber so kräftig, daß du ihm die Finger verstauchst."

So hektisch es vor 200.000 (!) um Lauda und Ferrari zugeht, so ruhig ist es um Donohue und Penske. Mark Donohue ist ein etwas scheuer, aber immer freundlicher, bescheidener Einzelgänger. Man nennt ihn „den stillen Amerikaner", „The quiet Man", „Captain Nice" etc. Nie hört man von ihm ein böses Wort. Anfang 1974 war der Ingenieur vom Rennsport zurückgetreten, und Jackie Stewart wunderte sich damals in Daytona Beach: „Mark hätte es verdient, daß Roger Penske für ihn eine nette Abschiedsparty arrangiert."

Das Formel-1-Projekt wurde um Jochen Mass aufgebaut, bis Donohue bat: „Gebt vorher mir eine Chance, ich hab mir's überlegt. Mein Rücktrittsentschluß war falsch. Heute weiß ich es besser. Man hat auch dem Team gegenüber Verantwortung. Man darf nicht egoistisch nur an sich selbst denken."

Im härtesten Profisport der Welt, der Egoisten verlangt, wird Donohue umkommen, weil er kein Egoist sein wollte.

In der Formel 1 fühlte er sich nie richtig wohl. „Zu schnell und doch nicht schnell genug", sagt sein Grazer Mechaniker Karl Kainhofer, der genug Donohue-Havarien reparieren mußte. Und Penske-Teamchef Heinz Hofer, ein früherer Skirennläufer und Skilehrer aus der Roger-Staub-Truppe, sagt zeitweise: „Mark ist wahnsinnig nervös. Weil er weiß, daß er nicht schnell genug ist, aber den Grund dafür nicht finden kann."

Platz 5 in Schweden, das war der einzige zählbare Erfolg. Dann kaufte Penske einen March 751, den Donohue als „viel leichter zu fahren" klassifizierte. Aber trotzdem: Die Sache blieb für ihn irritierend. „Ich bin gewohnt, daß ich meine Trainings und Rennen langsam vorbereite, oft drei Tage lang ... aber im Formel-1-Zirkus wird höchstens eine Viertelstunde geredet, dann ziehen die Boys ihre Blue-Jeans aus, schlüpfen in Overalls, fahren eine Stunde — und dann ist für sie alles vorbei. Trotzdem: Sie sind verdammt schnell. Schneller als ich. Ich war nie auf Anhieb schnell, mein ganzes Leben nicht."

Jeder Trainingsstopp, aus Unfall- oder Wettergründen, irritierte den liebenswürdigen Amerikaner, dem Andretti nachsagt: „Er hat es immer gehaßt, sich in Zweikämpfe zu verkrallen, er fuhr am liebsten seine eigenen Rennen."

Ein streng gehütetes Geheimnis: Im Sommer 1975 war bereits klar, daß Donohue 1976 nicht mehr Formel 1 fahren wird. Penske und Hofer hatten erste Vertragsgespräche mit dem 40 km vom Penske-Headquarter entfernt lebenden John Watson geführt. Donohue seinerseits hatte mit BMW bereits definitiv für die IMSA-Tourenwagenrennserie in den USA abgemacht und auch die BMW-Vertretung für

Atlanta übernommen. Die recht verpfuschte Formel-1-Saison 1975 wollten Penske und Donohue nur halbwegs auslaufen lassen.
Kurz vor Zeltweg fuhr Donohue mit einem Porsche-Turbo in Talladega (USA) 355,922 km/h — absoluten Weltrekord für geschlossene Rennstrecken. „Das ist der entscheidende Auftrieb, den Mark dringend brauchte", freuten sich seine Mechaniker. Doch auch in Zeltweg fuhr Donohue nur die 20. Zeit. „Ich fühl mich", vertraute er mir an, „hier nicht sehr wohl."
Im Sonntagmorgentraining erleidet Donohue den einzigen Reifenschaden des ganzen Wochenendes: In der blinden Bergaufkurve nach dem Start platzt bei 260 km/h sein linker Vorderreifen. Die March-Felgen haben als einzige keine Sicherheitsbolzen. Die in den Beton gekratzte Felgenspur läßt keinerlei Zweifel offen.
Der Penske-March prallt im 30-Grad-Winkel gegen die Leitplanken, wird durch die Drahtzäune hochgeschleudert, gerät 70 m später hinter die Böschung und verwickelt sich im Zaun. Durch die Wrackteile wird ein Streckenposten tödlich und ein Hundeführer schwer verletzt.
Fittipaldi, Stuck und Evans bleiben sofort stehen, um Donohue zu helfen. Peterson stellt sich auf die Fahrbahn, um die Kameraden zu warnen. Äußerlich hat Donohue keinerlei Verletzungen. Aber: Er ist mit dem Hinterkopf gegen ein Plakatwand-Stahlrohr geprallt, worauf sich ein Blutgerinnsel im Gehirn bildet.
„Keine Ahnung, was los war, es kam wie der Blitz", sagt Donohue nach ein paar Minuten im mobilen GPDA-Hospital.
„Reifenplatzer", sagt ihm Heinz Hofer.
„Jetzt versteh ich", sagt Mark. „Ich hab's nicht gewußt." Seine Frau Eden, sein Kamerad Andretti sind die nächsten bei Mark, der immer öfter klagt: „Ich hab so wahnsinnige Kopfschmerzen, bitte helft mir doch." Bei einer Gehirnerschütterung durchaus normal, beruhigt der Arzt, und Hofer ruft Roger Penske in Talladega an: „Mark hatte einen Unfall, ist aber o. k."
Erst später fällt auf, daß Donohues linke Gesichtshälfte langsamer reagiert, daß die Lähmung fortschreitet. Klaus Maerker fliegt Mark ins Spital nach Graz, Donohue erwacht nicht mehr aus seiner tiefen Bewußtlosigkeit. Drei Tage später ist der Kampf um sein Leben verloren. Der stille Amerikaner, Indianapolis- und Can-Am-Sieger,

ist für immer gegangen, leise, fast unbemerkt, so wie er gekommen war.

Indirekt hat Zeltweg noch ein tragisches Schlußkapitel: Drei Wochen später stürzt Klaus Maerker, der Fittipaldi, Donohue und die Streckenposten ins Spital geflogen hat, mit drei Kameraden in einem Militärhubschrauber tödlich ab.

Die Sorge um Donohue versuchen die Teamchefs in Zeltweg von ihren Piloten fernzuhalten, nur Alistair von McLaren geht zu Reutemann und sagt ihm: „Es sieht nicht so aus, als käme Mark durch." Später sagt Carlos: „Ich hab's gehört, aber sofort wieder vergessen", aber das ist unrichtig.

Fangzäune müssen ersetzt, erste Regenschauer abgewartet werden. So verzögert sich der Start um mehr als eine Stunde. Einmal, als die Wagen mit Trockenreifen am „Dummy grid" stehen, bittet Lauda den Schweizer CSI-Delegierten Schild: „Bitte, fragen Sie nach, ob's in der Glatz-Kurve regnet. Sonst fliegt das ganze Feld dort mit Slicks von der Bahn." Schild nickt, geht zwei Meter, biegt dann rechts ab und taucht unter. Was weiter passiert, ist ihm egal.

Pol-Man Lauda hat gegen seinen Nachbarn in der Frontreihe, James Hunt, einen psychologischen Trick: „Start ja nicht zu früh. Die Veranstalter haben mich gewarnt. In jeder Reihe steht ein Aufpasser. Und wenn sie sogar mir drohen, was, glaubst du, haben sie erst mit dir vor?"

Als die rot-weiß-rote Flagge fällt, ist die Bahn naß, hat das ganze Feld Regenreifen aufgezogen, Brambilla aber zusätzlich die „Regenabstimmung". Das ist der Grund, warum der orangefarbene March rasch nach vorn kommt.

Lauda führt bis zur 15. Runde, dann gibt er die Spitze freiwillig ab, läßt Hunt und Brambilla vorbei. Niki fährt das risikoreiche Rennen mit enormer Cleverness und richtet es ausschließlich auf Reutemann und Fittipaldi aus. Aber Carlos kommt an seinem Wochenende der seelischen Tiefs mit dem Regen überhaupt nicht zurecht und krebst in 14. Position umher — worauf die Ferrari-Box die Sache versimpelt und Niki signalisiert: „REUTEMANN OUT".

Auch Fittipaldis McLaren schwimmt jenseits der Punkteränge: Pro

Runde 5 bis 6 Sekunden langsamer als Lauda. „Ich konnte einfach nicht schneller", gibt Emerson später zu.
Jede Runde, formuliert Watson, „ist da ein einziges Abenteuer." Ein anderes Auto zu überholen, heißt jedesmal: Eine Sekunde lang Blindflug ohne Radar, wieder durchs ganze Schlamassel durch. Die vom Vordermann aufgewirbelte Gischt raubt jedwede Sicht. „Ich verlier", klagt Pryce, „den Shadow andauernd aus der Kontrolle."
Fabelhaft, wie sich die Deutschen schlagen: Stommelen holt ein paar Plätze auf; Mass kämpft weit vorne mit; Stuck ist Fünfter, bis er aus der Bosch-Kurve rutscht, in den Rettungswagen springt ... und erst Montag früh zu Hause draufkommt, daß er einen Rückenwirbel verletzt hat: „Plötzlich bring ich den Kopf nicht mehr hoch."
Scheckter muß Reifen wechseln, Peterson ein neues Visier abholen. Danach holen beide rasend auf. Zwei andere werfen das Handtuch und geben freiwillig auf: Pace und Laffite.
Die Wasserhölle wird immer ärger, die Regenschlacht immer gefährlicher. In der gleichen Kurve, in der Donohue verunglückt ist, rutscht Lauda auf die Wiese. „Und da denk ich mir: Sei nicht blöd, laß auch Mass, Pryce und Peterson vorbei." Lauda hat nur 60 Grad Wassertemperatur, viel zu wenig. Darum ist er froh, daß nach dem Ausflug Erde und Grasklumpen die Kühler zukleben. Bald zeigt die Nadel auf 80 Grad.
Brambilla hat „die Konkurrenz abgetastet und überhaupt kein Problen. Ich fühl mich pudelwohl. Von mir aus kann das Rennen ewig dauern." Die Entscheidung fällt beim Überrunden von Brett Lunger, der seine Nr. 1, Hunt, nicht sehen kann — weil sich bei Regenrennen immer die Rückspiegel beschlagen. Lunger hält Hunt unabsichtlich auf, Brambilla ist rasch auf Schlagdistanz, um in der 19. Runde in Führung zu stechen. Nachher rennt Hunt auf Lunger zu und knallt ihm die Faust auf den Helm. „Amerikanischer Bastard!" schimpft er.
Ab etwa der 20. Runde wird der Regen stärker. Lauda wundert sich, „daß ich plötzlich kein Boxensignal mehr bekommt: Ist abgebrochen worden?" Lauda hat „genau mitgezählt, wie viele mich überholten. Ich muß Fünfter sein." Jedesmal blickt er zum Rennleiterhaus und wartet auf die Abbruchflagge.
In der 24. Runde beschwört Montezemolo erstmals die Rennleitung:

„Aufhören, sofort abbrechen." Rennleiter Toni Wieser, als Eisenbahner an pünktlich eingehaltene Fahrpläne gewöhnt, winkt ab: „Das ist nur ein ganz normaler Landregen." Worauf GPDA-Boß Hulme beide, Montezemolo und Wieser, in den ersten Stock zum TV-Apparat holt: „Seht euch das an! Ihr müßt etwas tun."

Das gespenstische Bild: Die Autos rutschen hilflos, wie auf Schmierseife, und Champions wie Lauda trauen sich sogar auf der Geraden nur den dritten Gang einzuspannen.

Inzwischen stürmt Hulme durch die Boxen, fragt bei Brabham, March, McLaren: „Sollen wir abbrechen?", hört das Ja, und kehrt mit Ecclestone, Mosley, Alistair zur Rennleitung zurück. „Diese Herren, dazu Montezemolo: Das genügt für den Abbruch."

Wieser und die CSI-Leute wollen bis zur 36. Runde (zwei Drittel) zuwarten, um den Piloten die vollen Punkte zu verschaffen. Aber dann sieht die Jury live im TV, wie der drittplacierte Mass rausfliegt, was die Sofortentscheidung auslöst: „Abbruch, Flagge raus, bevor es Tote gibt."

Wieser packt die karierte Flagge, als zufällig gerade Stommelen (als 16.) daherkommt. Hulme greift zur rot-gelben Ölflagge. Für Brambilla bedeutet das den Triumph: Als erster Italiener seit Scarfiotti 1966 in Monza, als erster March-Pilot seit Stewart 1970 in Jarama gewinnt er einen Grand Prix.

Vittorio, der Siegreiche: Jubelnd reißt er auf dem Zielstrich den Arm hoch, worauf der Sieger-March gegen die Boxenmauer prallt . . . und die Schnauze völlig zerknittert. „Max, beeil dich, damit du Brambillas Auto für den zweiten Lauf flottbekommst", reißt Tyrrell einen zynischen Witz, der Mosley erblassen läßt.

Abbruch nach der 29. von 54 Runden, das heißt: Nur halbe Punkte für Brambilla, Hunt, Pryce, Mass, Peterson und Lauda, der Ronnie in der letzten Runde kampflos vorbeigelassen hat. „Wieviel fehlt mir noch zum WM-Titel?", fragt Lauda, noch keuchend, aus dem Cockpit.

Die Antwort ist ein schlechter Witz, aber wahr: Ein halber Punkt . . .

Durch den Gewitterregen fliegt Lauda zurück nach Salzburg. „Nicht glücklich, nur erleichtert, daß der Österreichring vorbei ist", sagt Mariella. Um 21.15 Uhr ruft Niki im Werkhotel Montezemolo an.

Luca fleht: „Hätte man nicht eine Runde früher abbrechen können? Gerade in Austria? Dann wärst du schon Weltmeister.“
Mosley blättert solange im Regelbuch, bis er entdeckt: „Halbe Punkte werden nur bei ‚force majeur‘ vergeben, höherer Gewalt wie in Barcelona — aber in Zeltweg gebühren allen die vollen Punkte.“ Mosley und Montezemolo fühlen bei der CSI vor. Der negative Bescheid folgt erst 19 Tage später — Freitag, schon in Monza.

MONZA: SPIEL, SATZ UND SIEG FÜR FERRARI

Dazwischen liegt — terminlich — der „Große Preis der Schweiz“: nach zwanzig Jahren wiedergeboren, weil im Regazzoni-Land seit der Le-Mans-Katastrophe 1955 Rundstreckenrennen verboten sind. Also weicht man ins Exil aus: Dijon, im Burgund. Lauda fehlt, dafür startet Regazzoni.
Pol-Position erkämpft jedoch Jean-Pierre Jarier. Der Franzose führt auch bis Halbzeit konstante acht Sekunden vor Regazzoni, dann demütigt ihn wieder einmal ein Materialbruch. Diesmal: Getriebeschaden. „Die Shadow-Mechaniker“, beschwert sich Jarier, völlig verärgert, über Lautsprecher, „sind nicht einmal fähig, ein Fahrrad zusammenzuschrauben; geschweige denn einen Formel-1-Wagen.“
Worte, die — einmal übersetzt — die Shadow-Leute wie Ohrfeigen treffen müssen. „Bastelt für Jarier ein Fahrrad und ladet es in den Transporter für Monza“, ordnet Alan Rees an. Alistair von McLaren versteht den Grimm: „Wenn ein McLaren-Pilot einen solchen Satz sagt, schwör ich dir: Beim nächstenmal hat er sein Velo in der Box, samt Namensschild und Heckflügel.“ Kein Wunder, daß Jarier und das Fahrrad in Monza zur Nummer 1 der Mechaniker-Scherzparade avancieren.
Regazzoni hat Dijon gewonnen, vor Depailler, Mass, Peterson, Watson, Pace und Pryce — aber für Clay schmeckt der Siegeschampagner nicht ganz echt: Unkomplettes Starterfeld, verkürzte Distanz, eben kein WM-Lauf. Und den Schweizer dürstet schon solang nach einem Grand-Prix-Sieg — seit Nürburgring 1974.
„Wer Stallgefährte von Lauda ist, hat nur zwei Möglichkeiten“, kal-

kuliert Dipl.-Ing. Dr. Fritz Indra von BMW-Alpina, der Niki lang genug kennt: „Entweder Kampf bis zum letzten — oder aber er geht unter." Regazzoni — kampfhungrig, manchmal etwas undurchschaubar, sonst sehr gemütlich — ist kein Typ, der untergeht. Die Tischtennis-Schlachten Regazzoni—Lauda sind bereits legendär.

„Willst du gegen den Champion von Maranello spielen?", fordert Niki einmal den am Swimmingpool dösenden Clay auf. „Wer ist das, der Campione?", fragt Regazzoni schläfrig. Darauf Niki: „Ich — 21:19 im letzten Match. Verzeih, wenn ich dich daran erinnere." Die beiden raufen am grünen Brett — und Sante Ghedini hat ihnen auf die Testbahn Fiorano einen eigenen Pingpongtisch hingestellt — um jeden Punkt. „Los, spiel aggressiver", fordert Clay seinen Gegner oft auf, „defensiv spielen und schupfen gilt nicht, das ist keine Kunst."

Gelingt Lauda ein Netzroller, protestiert Regazzoni. Umgekehrt ist es, natürlich, immer „Absicht und genaue Berechnung." Mariella fällt auf: „Für Clay gibt es kein Spiel, sondern immer nur den Kampf." Das Schlimmste für Regazzoni, die ärgste Demütigung, ist immer, wenn Lauda listig-lauernd fragt: „. . . oder willst du aufgeben?"

Der Regazzoni-Charakter spiegelt sich in jedem Sport, den er ausübt, also auch im Tennis. „Er spielt, wie er autofährt; mit viel Druck und Dynamik, unberechenbar, manchmal mit geringfügigen Konzentrationsfehlern, aber meistens verdammt gut", lobt Jackie Stewart, den Clay einmal in einem öffentlichen Match in Basel 6:3 besiegt hat; danach wurde der berühmte Nastase für ein Doppel eingespannt. Einmal sah ich Regazzoni gegen die Nummer 8 der italienischen Rangliste auf dem Center Court. Vorgabe jeweils 40:0, außerdem durfte der Rennfahrer die Doppellinien ausnützen. Regazzoni rannte und kämpfte wie ein Tiger — dennoch verlor er. Ziemlich ehrenhaft.

Er gratulierte im Fernsehen dem Giro-d'Italia-Sieger Bertoglio, er strampelte selber bei einem 10-Runden-Radrennen über die Fiorano-Bahn mit, und er fährt auch seinen privaten Ferrari-Daytona recht sportlich. „Wie schnell geht der?", fragte Laudas Pilot Kemetinger einmal neugierig. „280", erwiderte Clay. „Und wieviel fährst du?", wollte Kemetinger wissen. Clay schaute völlig verwundert: „280, wieviel denn sonst?", sagte er in seinem gurrenden Englisch, Souve-

nir aus seinem BRM-Jahr 1973, nachdem ihn schon 1971 McLaren haben wollte. „Aber ich habe nicht einmal gefragt, welche Gage ich dort bekäme."

Clays Bruder Giancarlo arbeitet bei March in der Bicester-Fabrik, hat die ersten Formel-Ford-Abenteuer hinter sich und will 1976 voll in die Formel 3 einsteigen. „Er ist ein wirklich netter Kerl, die exakte Kopie von Clay", sagt Robin Herd, lächelnd, aber leicht indigniert, denn: „Sein Englisch ist schrecklich."

Der junge Regazzoni ist, in welchem Zustand immer die March-Formel-1-Wagen in die Fabrik zurückkommen, über alles informiert. „Das war diese Kollision .. und das war jener Ausritt." Als Belohnung für seinen Fleiß, verspricht Herd, „lassen wir Giancarlo sehr billig Formel 3 fahren."

Geld ist auch für den großen Regazzoni nicht das Wichtigste — obwohl er jede Menge Sponsorverträge hat: Etienne Aigner, das alkoholfreie Birell-Bier, Compagnolo-Felgen, Bell-Helme, Regazzoni-Jeans, Regazzoni-Sport- und -Freizeitkleidung . . . sein Werbekatalog ist perfekt gelungen. „Man sieht auf den Fotos, daß Clay diese Arbeit Spaß gemacht, daß er sich bemüht hat, und er ist wirklich gut", lobt Mariella, und sie kennt sich in diesem Business ziemlich aus.

In Monte Carlo ging Regazzoni tagtäglich mit seiner Sponsor-Sippschaft abendessen, nicht gerade ins Beisel am Eck — und jedesmal bezahlte er die volle Rechnung, dreimal gut 3000 Franc. „Ihr seid für mich zuerst Freunde, dann erst Sponsors", sagte der Tessiner, der Horden von engeren Landsleuten zu jedem Grand Prix anlockt . . . und sich in diesem Milieu sauwohl fühlt. Dieser warmherzige Südländer würde in einem englischen Formel-1-Team mutmaßlich erfrieren.

„Clay von BRM zurückzuholen, war ein wichtiger Punkt unseres Aufbauprogramms", sagt Montezemolo, „wegen seines fabelhaften Verhältnisses zu den Mechanikern, wegen der ganzen Ambiance." Dazu Regazzoni: „Alle Piloten, die für Ferrari fuhren, hatten ihre Probleme, weil hier das Leben nicht immer für alle leicht ist, weil es oft schwierig ist, die Wahrheit bei Ferrari zu kennen — aber ich hatte nie Probleme. Und Niki auch nicht — weil er Montezemolo als Stützpunkt hat."

Die oft gestellte Frage: Regazzonis Verhältnis zu Lauda. „Bei BRM", sagt mir Clay, „war Niki ein normaler, völlig problemloser Bursche, und er hat sich auch bei Ferrari nicht verändert — aber andere Leute, rund um ihn, die haben ihn verändert, die Etikette fabriziert: Der Computer. Der brave Mann, der um zehn Uhr abends ins Bett geht . . . ich brauch das nicht, mir reichen 5, 6 Stunden Schlaf vollauf. Ich glaube: Montezemolos Charakter hat Niki beeinflußt."
Heißt das, daß sich Regazzoni zurückgesetzt fühlt?
„Montezemolo mag Niki mehr, er glaubt mehr an ihn als an mich, Niki ist ihm sympathischer — aber das geht auch Fußballtrainern so. Also kann ich nichts dagegen sagen."
Und woher die häufigen Materialdefekte Regazzonis 1975 — ganz im Gegensatz zu Laudas Rekord an Zielankünften?
„Wenn etwas in einem Rennwagen bricht, dann bricht es, egal ob man schnell oder langsam fährt, das hat mit der Geschwindigkeit nichts zu tun. Ich selber kann nicht bremsen, darum versteh ich nicht, wie Niki einen, sagen wir, 15-Sekunden-Vorsprung bis ans Rennende auf ein paar Sekunden reduziert. Ich verlier sofort die Konzentration, wenn ich langsam fahre, weil man zu denken anfängt . . . Ich kämpf vom Anfang bis ans Ende, das ist mein Temperament."
In welchen Punkten fühlst du dich Lauda unterlegen?, frage ich.
„Niki ist vielleicht nicht das geborene Fahrgenie, das ist heute auch nicht so wichtig — aber er hat als erster erkannt, was die heutigen Formel-1-Wagen verlangen: Arbeit, laborare, pausenlos. Außerdem: Er und Fittipaldi haben am schnellsten begriffen, daß man mit der Reifenfirma Rennen gewinnt. Stewart hat uns das schon vorexerziert, 1971, da lagen im Training jedesmal vier neue Reifen an der Box, und wenn Jackie zehn Garnituren durchprobierte, fand er bei einer auch die halbe Sekunde. Mir liegt das nicht, da herumzuschnüffeln, ich bin nicht der Typ dafür."
Und die anderen Piloten — nach Regazzonis Klassifizierung?
„Scheckter und Peterson sind sehr schnell, verlangen dem Auto aber immer mehr ab, weshalb sie ab einer gewissen Grenze langsamer werden. Jarier ist auch sehr schnell, aber sein Fahrstil unrentabel."
Und irgendwo dazwischen steht Regazzoni. Der Mann, der seinen klassischen Nürburgringsieg 1974 gar nicht so hoch wertet, „weil ich

allein fuhr, ohne Kampf, und mir beinahe fad war — mein bestes Rennen war Argentinien 1974, wo ich nach zwei Drehern noch Dritter wurde."

Für 1975 zählt Regazzoni zwei, drei verlorene Große Preise auf: „Le Castellet, Silverstone, Nürburgring hätte ich gewinnen können." Und wann begriff der Vizeweltmeister 1974, daß er auch 1975 den Titel nicht mehr erobern kann? Clay denkt lange nach. „Am Nürburgring", sagt er dann — so spät also. „Ich hab heuer mehr gekämpft als voriges Jahr, keinen Fehler begangen und steh trotzdem schlechter da."

Um so mehr freut sich Regazzoni auf das Autodrom von Monza, Stätte eines seiner Formel-3-Husarenstücke 1968. Damals startete er aus der letzten Reihe, hatte aber mit einem Freund gewettet: „In der Parabolica bin ich in der ersten Runde in Führung." Wirklich überholte er das ganze Feld, die letzten in der Parabolica — aber dann fuhr er geradeaus . . .

Regazzoni blüht in der Treibhausatmosphäre von Monza richtiggehend auf — Lauda mag das Chaos nicht.

Monza hat Österreich schon zwei Weltmeister, seine bisher einzigen im Motorsport, geraubt: 1954 den 125-ccm-Motorradchampion Rupert Hollaus (in der Lesmo-Kurve), 1970 Jochen Rindt (in der Parabolica). 1975 aber wird der königliche Park — der früher dem italienischen König Umberto II. als Sommerresidenz gedient hat — zur Krönungsstätte eines anderen Österreichers: Niki Lauda. Selbst wenn Reutemann, als einziger verbliebener Lauda-Jäger, beide ausständigen Großen Preise gewinnen sollte, genügt Niki schon ein sechster Platz zum Titel.

Andererseits: Monza ist für Ferarri das wichtigste Rennen des Jahres, also schlägt die „Squadra azzurra" im Autodrom zwei Tempi an: Regazzoni fortissimo, Lauda forte.

In Ferraris Waffenkammer sind drei neue, experimentelle, 492 bis 495 PS starke Motoren geschmiedet worden. Deren erster ist im Monza-Vortraining k. o. gegangen. Den zweiten bekommt Lauda fürs Training. Den dritten Regazzoni fürs Rennen. Ob Niki der stärkere Motor lieber wäre? „Wenn ich weiß, daß er hält, dann sicher. Denn 5 PS mehr oder weniger spürst beim Beschleunigen."

Aber du könntest ihn, wenn du willst, doch bekommen?
„Das ist nicht sicher. Wenn er zerplatzt, bin ich schuld ... aber das wurde so entschieden. Muß ich eben ein bißl später bremsen."
Im „Sant' Eustorgio" von Arcore wartet auf Lauda schon die Reportermenge. Niki tauscht sein Zimmer, auf den Hof hinaus, wegen der Ruhe. Um 18 Uhr treffen die Mechaniker ein, wie immer in Zivilkleidung erwecken sie den Eindruck einer Zirkustruppe, besonders Cuoghi: Lachend, aber ernste Augen.
Die Tifosi haben in Monza fast nur, aber nicht nur Ferrari. Da ist Merzario, den Wilson Fittipaldi für den Copersucar engagiert hat, nicht wissend, daß Arturo „große private und geschäftliche Sorgen hat", wie Brambilla informiert. Vittorio selbst „geht nicht durchs Fahrerlager, sondern er schwebt" (fällt Stommelen auf). Der Zeltweg-Sieger muß auf Befehl von Mosley zum täglichen Mannschaftsessen ins Hotel, „wo ich ihn besser kontrollieren kann", wird aber danach zu seiner Familie nach Monza entlassen, mit Heimschläfererlaubnis. Und Stuck ist am Telefon „dringend empfohlen" worden: „Besser, du läßt deine Freundin diesmal zu Hause."
Dafür ist Pia-Maria Regazzoni da, schließlich hat Clay am Freitag (dem ersten Trainingstag) seinen 36. Geburtstag. Lauda schlägt ihn zunächst um 0,29 Sekunden und sagt: „Verzeih mir, Clay, daß ich dir zum Geburtstag nicht die Pol-Position schenken kann, aber mein Beruf ist eben, Gas zu geben." Worauf Regazzoni mit seinem besten Seeräubergrinsen erwidert: „Der beste Startplatz wird ohnehin erst Samstag ausgekämpft."
Reutemann ist bereits um 1,17 Sekunden distanziert. „Ich fühl mich wie ein Boxer, bevor er k. o. geschlagen wird." Er kommt mit Lauda nie in den Clinch. Das letzte Aufbäumen des „Indianers" bleibt ein Schattenboxen.
Auf der Strecke sehen sich Niki und Carlos bloß einmal, nach der zweiten Lesmo-Kurve: Der Ferrari heult im vierten Gang durch, der Brabham parkt ohne Benzin in der Wiese. Reutemann steigt aus, aber so irritiert und ungeschickt, mit dem Hintern zuerst, daß er mit der Ferse an der Bordwand hängenbleibt und hintenüber, sich fast überschlagend, aus dem Auto plumpst.
„Wie im Trickfilm", grinst Lauda nachher Reutemann an. „Ich hab

mich eine ganze Runde lang schütteln müssen vor Lachen, keine einzige Kurve richtig angebremst und mich erst ein paar Minuten später wieder voll konzentrieren können." Solche Nervenkraft, während rund um ihn alles in Hektik und Panik ausbricht: Um Laudas Titel braucht niemand mehr zu zittern.
Sogar Reutemann gibt zu: „Meine Chance wird kleiner und kleiner." Einmal züngeln beim Bremsenentlüften im Fahrerlager Flammen aus dem weißen Brabham Nummer 7. Die Elektrik spukt. Der dritte Gang ist zu kurz. Einmal rutscht Carlos auf die Wiese, „weil ich vergessen hatte, zu bremsen. Ich habe hier hunderte kleine Probleme."
Und Monza frißt Motoren! Binnen fünf Minuten fliegen drei V 8 (Fittipaldi, Mass, Brise) in Trümmer, und weil Emerson an der Schikane die Radaufhängung des Ersatzautos lädiert, steht McLaren minutenlang ganz ohne Auto da. Später tigert sich Mass für einige Augenblicke in die zweite Startreihe vor, aus der ihn Scheckter um 0,02 Sekunden verdrängt. „Aber der Tyrrell", beobachtet der in Zivil gekleidete Jacky Ickx — „Lotus' teuerster Pensionist" — „wird im Rennen nicht lang halten: Soviel Reifenqualm, durchdrehende Räder, immer quer."
Nostalgische Gefühle, etwas Wehmut, treiben Ickx immer wieder in die Ferrari-Box. Ob er an die vielen Chancen denkt, die er bei Ferrari gehabt — und verspielt hat? „Wir waren schon früher nahe dran, hatten aber immer Pech." Alte, weißhaarige Champions wie Piero Taruffi und Luigi Villoresi scharen sich um Lauda.
Und auch Phil Hill ist da, der Ferrari-Weltmeister von 1961: „Niki auf der Strecke, das sieht unglaublich phantastisch aus", sagt der Kalifornier, der erst 44jährig geheiratet hat (eine Lehrerin) und mit ihr sein großes Hobby teilt: Klavierkonzerte.
Vierhändig kämpfen Lauda und Regazzoni um die Pol-Position. Der Schweizer lockt mit seinem SOS-Motto („Sieg oder Stop") 50.000 Landsleute ins Autodrom und scheint bereit, um jeden Preis, auf Biegen oder Brechen, auf Sieg zu fahren. „Es wäre wunderbar, wenn ich Monza gewinne! Das wäre für mich und Ferrari der maximale Triumph, auch für Niki, der ja damit endgültig die Weltmeisterschaft gewonnen hätte", sagt Regazzoni im italienischen Fernsehen.

Samstag hält er zeitweise Pol. Aber dann holt sich Lauda mit dem Rezept: „Später bremsen, mehr rutschen", in einem 225-km/h-Teufelsritt die Trainingsbestzeit zurück. „Unser Campione hat kein Limit", staunt Cuoghi, „er bestimmt seine Grenzen selbst." Die ganze Ferrari-Sippschaft applaudiert. „Wollt ihr nachmittag noch irgendwelche Reifen probieren?", fragt Bert Baldwin von Goodyear. Luca grinst ihn an: „Nein, danke, das überlassen wir Scheckter und Fittipaldi."

Und Reutemann. Doch der „Indianer" verbremst sich, wie Augenzeuge Scheckter beobachtet, in der Parabolica. Der Brabham schlittert in den Sand und bleibt bis zu den Achsen drin stecken: Mit zerknitterter Schnauze, verdrecktem Motor. „Es wäre eine sehr schnelle Runde geworden", sagt Ecclestone, „wäre Carlos aus der Kurve 'rausgekommen. Aber das war eben das Problem."

Reutemann sieht in Monza nie wie ein Sieger aus. Und Lauda nie wie einer, der den Titel noch verlieren könnte. „Niki wird", prophezeit Graham Hill, „bald ausreißen und auch im Schongang überlegen führen, aber bis zur letzten Runde wird ihm das Herz bis zum Halse pochen."

Die Ferrari-Mechaniker wechseln am Abend beide Motoren, beide Getriebe, alle Halbachsen, und als sie heimkehren, werden sie naß: Es regnet. Kalte Duschen ist Lauda von „Autosprint" gewohnt, deshalb schickt er, als er vom Anti-Ferrari-Magazin zu einer Preisverteilung eingeladen wird, eines der üblichen „Meuchelfotos", die von ihm gefertigt wurden. Plus Begleittext: „Gebt bitte dem Fotografen den Pokal."

Sonntag früh regnet es immer noch. Lauda und Mosley, beide tropfnaß, laufen einander über den Weg. „Brambilla hat über Nacht den Regentanz getanzt", grinst Mosley, „und schau dir das jetzt an." Es schüttet wie aus Kübeln. Das Aufwärmtraining geht in der Sintflut unter. In der Unterführung — zwischen zweiter Lesmo und zweiter Schikane — steht 20 cm hoch Wasser. Die Autos pflügen durch wie Motorboote. Stuck verbiegt seine Frontspoiler.

Montezemolo simuliert den Ernstfall und läßt die Lauda-Mechaniker einen rennmäßigen Boxenstopp trainieren. Das Wechseln von Slicks auf Regenreifen klappt perfekt. Danach soll Regazzoni hereinkom-

men, bleibt aber eine Runde zu lang draußen und wird bei 50 km/h von der Straße gespült — in den Sand der Parabolica.
Scheckter hält an der Ferrari-Box und läßt den Finger kreiseln: Kamerad hat sich gedreht. Regazzonis Auto steckt tief im Sand. Die Mechaniker brauchen zwei Staubsauger, um aus Cockpit, Trichter etc. gut 20 Kilo Sand hervorzuholen.
Aber man hat ja schon im Wilden Westen gesagt: „Wer nach Gold und Diamanten schürft, muß erst durch den Dreck hindurch." Durchs überflutete Fahrerlager watet Forghieri barfuß. Ein Ferrari-Mechaniker packt Angelzeug aus und fängt an zu fischen . . .
Die Fahrer diskutieren, allen schaudert leicht beim Gedanken an ein Monza-Rennen bei Regen.
Kemetinger holt Mariella aus dem Hotel, muß aber einmal umkehren, weil die Unterführung gesperrt ist. Nur einer ist davon überzeugt, daß noch die Sonne hervorkriechen, die Bahn auftrocknen wird: Lauda. Und er behält recht. Mit der Sonne kehrt aber auch Reutemanns gute Stimmung wieder.
„Wenn die Ferraris niederbrechen und Fittipaldi führt, wird er mich gewinnen lassen", läßt der Mann aus Santa Fe durchblicken. Ein südamerikanischer Geheimpakt? „Im letzten Rennen vielleicht. Hier noch nicht", bestreitet Emerson-Manager Domingos.
Dafür haben sich die Ferrari-Piloten abgesprochen: „Regazzoni soll vom Start weg führen, Lauda die zweite Position einnehmen." Nikis früherer Fitneßtrainer Günther Traub mißt dem angehenden Weltmeister vorm Start den Puls: 72. „Normaler als normal", staunt der Deutsche.
Aus der Aufwärmrunde kommt Lauda mit einem „Patschen" links vorn zurück. Fieberhaft werden beide Vorderreifen gewechselt. Und dann wird das Autodrom zur Bühne: Man spielt nur noch Ferrari.
Erste Schikane, zweite Runde: Die beiden Ferrari hämmern durch, Regazzoni vor Lauda; dahinter verbremst sich Scheckter, schlittert geradeaus weiter und irritiert Mass; auch Reutemann fährt einen Beton-Kegel an, wird hochgeschleudert, landet aber weich, ohne Schaden.
Brise zielt schlecht, steht quer, Andretti schlägt ein Rad ab. Das folgende Auto-Rodeo beschert einem Drittel des Feldes zerfetzte Reifen,

geknickte Aufhängungen oder Blechsalat. Crawford hat Stommelen torpediert, Ertl ist über Stucks rechtes Vorderrad geflogen.

Die Hill-Mechaniker bringen die Massenkollisions-Nachrichten in die Ferrari-Box, in der Mariella ruhig wie immer ihre Arbeit tut: „Ich bin nicht nervöser als sonst, weil ich immer den gleichen Abstand zum Rennen hab. Es tangiert mich nicht. Ich laß mich weder vom Erfolg noch vom Mißerfolg beeindrucken."

In Mariellas Philosophie „kann Sieger auch derjenige sein, der nicht siegt oder auf den Sieg verzichten kann. Was sehr schwer und — ich glaube — auch die größere Leistung ist." Mariella denkt an Niki und Zandvoort. Und jetzt auch: Niki und Monza.

Lauda fährt „nur 90 Prozent auf Sieg, zu 10 Prozent blinzle ich auf Reutemann. Wenn Carlos Siegeschancen hat, muß ich defensiv fahren — ist er jedoch nicht unter den ersten sechs, greif ich an." Aber der „Indianer" hat schon bald nach dem Start das Handtuch geworfen, „als ich Clay und Niki abrauschen sah. Und jede Runde, wenn am Turm die Leuchtschrift aufflammt, Nummer 11, Nummer 12, ihre Vorsprünge, sag ich zu mir: Diese zwei Kerle spielen heute mit allen." Regazzoni und Lauda lassen sich von der Box nur die Position Reutemanns signalisieren; und seinen Rückstand: 11 Sekunden nach 13 Runden. „Danach wird mein Brabham immer heißer", klagt Carlos. Fittipaldis McLaren aber liegt, je mehr sich seine Tanks leeren, um so besser auf der Straße.

Und Emerson fährt „absolut am Limit", wie er nachher keucht. In jeder Runde räubert er über die Bordsteine der zweiten Schikane. Er kommt Lauda immer näher. Niki kämpft mit dem Rücken zur Wand: Defekter Stoßdämpfer links hinten. Er kann Emerson trotz Tempoforcing nicht halten, aber auch nicht vorbeiwinken. In der 45. Runde bremst „Fitti" den Ferrari vor der ersten Schikane aus, ist also Zweiter.

Fittipaldi hinter Regazzoni — wie schon so oft, wenn Emerson Rennen gewann, nachdem der Schweizer ausgefallen war. Denn: „Vor mir ist nie jemand stehengeblieben", ärgerte sich Clay einmal. Er hat in jedem seiner Ferrari-Monza-Rennen geführt, aber nur einmal gewonnen: 1970. Die weitere Bilanz: 1971, in Führung, Motorschaden.

1972, in Führung, mit Pace kollidiert. 1974, in Führung, Motorschaden.

Und auch 1975 fährt Regazzoni mit der Angst im Nacken: „Der Motor vibriert seit der 10. Runde schrecklich. Ich hab panische Furcht, daß er auseinanderfliegt, ich ängstige mich: Das geht noch schief. Ich trau mich nur noch 12.000 Touren zu drehen. Außerdem arbeiten die Bremsen ungleichmäßig."

Monza, das Schachspiel jenseits von Tempo 200, ist ein schweres Rennen: Wegen der Wrackteile nach Lombardis Bremsdefekt in der ersten Lesmo; wegen der Öllachen und des Zementstaubs; und wegen der vielen Überrundungsmanöver. Der dabei am meisten glänzt, ist Harald Ertl. Rundenlang hält er das Tempo der Champions mit. Und er fährt, wie ihn Reutemann lobt, „wie ein Weltmeister von morgen."

Der Weltmeister von heute sperrt seine Triumphgedanken lange aus, exakt: Bis zum Fallen der Zielflagge. „Denn wieviele Rennen gab's schon, in denen die ersten drei zusammenbrachen und der Vierte gewann. Heute nicht. 23,2 Sekunden hinter Regazzoni und 6,6 Sekunden hinter Fittipaldi, aber 31,9 Sekunden vor Reutemann wird Lauda bombensicherer Dritter.

Regazzoni Sieger, Lauda Weltmeister: Zu Hause in Maranello weint der 77jährige Commendatore vorm Fernsehschirm stille Freudentränen. Im Autodrom fallen einander Montezemolo und Forghieri schluchzend um den Hals, und 200.000 feiern das perfekte Ferrari-Traumfinale.

Regazzoni spürt auf seiner Auslaufrunde „den unheimlichen Jubel direkt körperlich. So, als hätten sich alle diese warmherzigen Leute in mich reinversetzt, selber gewonnen." Clay ist aus Defekt-Alpträumen erwacht, von seiner Pechsträhne befreit. Aber was von Monza in seiner Erinnerung übrigbleibt, sagt er mir, „ist nicht mehr der Rennverlauf, sondern nur die Choreographie nachher — mit den vielen Leuten auf der Piste." Jenen Fans, denen Laudas erster Gedanke als Weltmeister gilt: „Um Himmels willen, nur ja keinen niederfahren!"

Lauda Weltmeister — der sechste der Ferrari-Geschichte, aber der strahlendste seit Alberto Ascari (1952/53), damals, als noch die Me-

chaniker die Autos testeten und der Herr Rennfahrer erst zum offiziellen Training kam und einstieg. Juan Manuel Fangio (1956) wurde Champion, weil ihm Peter Collins sein Auto abtrat; Mike Hawthorn (1958), weil ihn Phil Hill in der letzten Runde vorbeiwinkte; Phil Hill (1961), weil Graf Trips in Monza tödlich verunglückte; und John Surtees (1964), weil Lorenzo Bandini erst Graham Hills Auspuff demolierte und dann, auf den letzten Metern, Surtees nach vorn winkte.

Lauda aber hat seinen Titel nicht mit der Akribie eines Buchhalters errechnet, sondern als dominierender Mann herausgefahren: Der einwandfrei Schnellste und Beste. „Das Publikum", weiß Stewart, „liebt überlegene Champions." Und Montezemolo sagt mir: „Ich bin froh, daß Niki mit einem dritten Platz Weltmeister geworden ist — weil die Leute erst daran ermessen können, wie schwer der Titelgewinn war."

Der Rest geht im totalen Chaos unter. Vater Pio Regazzoni, der alte Autospengler aus Lugano, küßt und umarmt jeden, der ihm nahekommt. 20 Minuten lang ist Clay auf dem berühmten Monza-Turm mit Pokal und Lorbeerkranz allein, dann erst gelingt es den Carabinieri, Lauda von der Box durchzuschleusen. Zur Siegerehrung. Zum Ferrari-Transporter. Und zu den Kojen der Sponsors: Der glückliche Kreuzweg eines Weltmeisters.

„Wir sind alle sprachlos vor Glück. Es war ein perfektes Rennen und für uns alle der größte Tag", murmelt Montezemolo, immer wieder, ehe er in der Agip-Koje den heißen Draht zu Enzo Ferrari herstellt: Lauda dankt fürs Auto, der Commendatore sagt, äußerst bewegt, grazie für all die Arbeit und noch vieles andere, das Niki im Tumult aber nicht versteht.

Bei Goodyear spritzt ihm Regazzoni aus 20 cm Distanz Champagner ins Gesicht, Niki revanchiert sich, Clay duckt sich, und der geduscht wird, ist Forghieri. Bei Marlboro gibt Exweltmeister Fittipaldi seine Krone mit Grandezza an Lauda weiter: „Keiner hat den Titel so verdient wie du."

Auf dem Rückweg drängt die Carabinieri-Hundertschaft, mit Lauda wie einem Verhafteten in der Mitte, alle Entgegenkommenden rechts und links in die Büsche oder ans Gitter. Auch einen Franzosen, der

sich vorbeizwängt, ohne aufzublicken — und den auch Lauda nicht sieht: Jarier, der in den zwei ersten Saisonrennen Pol-Position gehabt hat . . . und nichts daraus machen konnte.
Im Kreuzfeuer der Weltpresse zerknüllt Lauda unabsichtlich ein Stück Papier. Der Schweiß verwischt die darauf notierten Zahlen. Es ist Nikis berühmter „Schmierzettel“ mit allen Goodyear-Reifennummern . . . den er aber jetzt nicht mehr braucht.
Im „Sant’ Eustorgio“ hat Montezemolo längst ein Extrazimmer zum Feiern herrichten lassen. Lauda feiert nur bis kurz nach Mitternacht, dann geht er schlafen. Auch als „Campione del Mondo“ schläft Niki fest und traumlos, total anders als etwa Reutemann, der nach Grand-Prix-Rennen oft aufwacht und im Hotelzimmer herumtappt: „Habe ich wirklich den Pokal gewonnen oder nicht?“ Lauda bleibt sachlich: „Der Weltmeistertitel ändert doch nichts, oder? Ich hab dafür gearbeitet. Und jetzt hab’ ich’s erreicht.“
Die große, echte Freude befällt ihn erst Montag früh, „als ich mit Mariella in aller Ruhe frühstücke.“ Auch Stewart hat 1969 in Monza erst Montag früh wirklich realisiert, daß er Weltmeister geworden ist, „als nämlich der Hotelportier meinen Heimflug buchte und geheimnisvoll ins Telefon wisperte: Ja, für Signor Stewart, Sie wissen ja: Den ‚Campione del Mondo‘.“
Als Weltmeister spürt Niki, wie er mir später gesteht, „große Freiheit.“ Und im Umgangston mit den Gegnern? „Da hör ich mehr Respekt heraus.“
Der Weltmeister ist für ein Jahr der Ambassador, der Weltbotschafter, seines Sports. Und Lauda trägt seine neue Krone sehr, sehr pflichtbewußt.

WATKINS GLEN: DEIN LIEBER FREUND REGAZZONI

Nirgendwo ist der Herbst schöner als in Watkins Glen, drei Autostunden östlich der Niagarafälle, sechs Autostunden nördlich von New York, nirgendwo haben die Blätter so leuchtende Farben — außer, es regnet. Und genau das passiert Lauda, als er (zwei Wochen nach Monza) zum Reifentesten anfliegt.

„Ferrari hat noch nie den Großen Preis der USA gewonnen. Ich seh nicht ein, warum das so bleiben muß." Niki Lauda: Die Batterie, die sich niemals leert.
20 Runden in einer Woche, mehr kann Lauda nicht tun. Die Gewitter sind so stark, daß die Mark-Twain-Stadt Elmira evakuiert werden muß. Lauda startet eine Grand-Prix-Reklametour durch die ostamerikanischen Städte.
In New York findet er einen Riesenposter, den er für fünf Dollar kauft und mir begeistert zeigt: „Das Cockpit einer Jumbo. Ich häng mir den Poster zu Hause in die Garage."
Währenddessen bereitet die englische Konkurrenz bereits ihren Großangriff auf Ferrari vor, „denn 1976 darf nicht wieder das Jahr des Niki Lauda werden." Die größte Sensation hat Ken Tyrrell ausgeheckt: einen sechsrädrigen Rennwagen, mit vier lenkbaren, extrem niedrigen Vorderrädern, die den Luftwiderstand um 12 Prozent herabsetzen sollen!
Tyrrell-Designer Derek Gardner ist mit dieser Idee schon sechs Jahre lang schwanger gewesen, und Jackie Stewart ist „sehr sorry, daß ich dieses ‚Project 34' nicht selber fahren kann. Es wäre der erste Rennwagen geworden, der genau auf jenen Punkt zufährt, auf den der Pilot zielt."
Tyrrell kostet ‚Project 34' 35.000 Pfund (etwa 1,4 Millionen Schilling), „aber kein Sponsorgeld, alles aus eigener Tasche. Billig, wenn's funktioniert. Aber eine verdammt teure Spielerei, wenn's schiefgeht." Und weil auch Colin Chapman nie schläft, „am wenigsten nach Niederlagen", hat er — endlich — den Lotus 77 fertig: Mit auswechselbarem Hilfsrahmen, mit dem man den Radstand, die vordere und hintere Spur binnen einer Stunde beliebig verstellen kann. Daß alle Brems- und Aufhängungskomponenten außen liegen, hat Peterson „anfangs ein bißl erschreckt", doch inzwischen hat er schon sieben Testrunden in Hethel hinter sich; bis der Benzindruck schlappmachte.
Lotus wird 1976 unter Erfolgszwang stehen, denn „John Player" hat sein Sponsorgeld erhöht — sehr zum Leidwesen von Graham Hill, dessen „Embassy"-Leute bei Graham sparen müssen, was „John Player" zusätzlich Lotus in die Taschen stopft: Beide Zigarettenfirmen sind in der „Imperial-Tobacco"-Gruppe vereinigt. „Sorry, nur

noch Geld für ein Auto, für Tony Brise“, hat Hill einem bitter enttäuschten Stommelen sagen müssen, vergaß aber, zu ergänzen: „Das zweite Watkins-Glen-Auto haben wir Alan Jones angeboten.“
Stommelen plagt sich in Silverstone für ein paar Testrunden mit dem störrischen BRM. Am gleichen Tag fährt Wilson Fittipaldi seinen Copersucar. „Bist du schon wieder ganz gesund?“, fragt Rolf, auf eine Chance hoffend. „Gott sei Dank für mich, leider für dich“, antwortet der Brasilianer.

Wilson Fittipaldi und seine Schweizer Frau Suzy fliegen vor dem USA-Grand-Prix auf ein paar Tage Ferien auf die Bermudas. Dort erschreckt sie ein Hurrican. Ken Tyrrell (Typ: Holzfäller, Mann vom Land) zigeunert zwei Tage und drei Nächte durch die Casinos der Spielhöllenstadt Las Vegas, „aber ich hab mir nur die Show angesehen. Bis ich absolut verrückt war.“

Regazzoni plant nach dem Rennen einen flotten Las-Vegas-Ausflug, disponiert aber später um. Er macht in Watkins Glen noch „genug Casino“.

Und Chris Amon fehlt, weil er sich in Long Beach bei einem Straßenunfall — schuldig: Ein Autodieb ohne Führerschein — ein paar Zehen gebrochen hat.

Über der Watkins-Glen-Strecke liegen die Schatten zweier Todesstürze (1973 Francois Cevert, 1974 Helmut Koinigg): Unfälle, die die GPDA wachgerüttelt haben. Deshalb ist vor der 265-km/h-Rasierklingen-Balancepassage, in der Cevert gestürzt ist, eine tempobremsende 3.-Gang-Schikane eingebaut worden. Und deshalb wurden auch (erstmals in Watkins Glen) Fangzäune montiert. Verantwortlicher: Jody Scheckter.

„Wie ist die Sicherheit?“, fragte Regazzoni. „Ihr Ferrari-Leute braucht keine Sicherheit“, wehrt Jody ab, „ihr fährt ja Panzer.“ Clay, lässig: „Ich frag ja auch nur wegen dir.“

Aber gestritten wird in Watkins Glen noch genug. Bernie Ecclestone bekommt aus dem benachbarten Kanada haßerfüllte Droh- und Rachebriefe und wird mit Kidnapping bedroht. Grund: Die zwei Monate zuvor (am Nürburgring) erfolgte Absage des kanadischen GP. „Diese Kerle wollten Geld sparen, mit uns Poker spielen, doch als sie aufdecken mußten, hatten sie nichts in der Hand" (so Ecclestone).

„Ich brauch keine Leibwache und geh auch nicht zur Polizei. Sollen die ruhig kommen", sagt der 1,55 m kleine Londoner, den nur ärgert: Die Kanadier haben 130.000 Dollar der Watkins-Glen-Rennbörse sperren lassen. Das ist Terror. Die Träume von den normalen 50.000 Dollar Siegespreis können die Piloten ab sofort vergessen, setzen aber wenigstens durch: Sie werden in Watkins Glen nach europäischem Preisgeldsystem bezahlt.

Überhaupt wird „at the Glen" hinter den Kulissen gekämpft wie auf der Rennbahn. Den Hauptstreit entfesselt — unfreiwillig — John Watson. Dessen Team, Surtees, hat zwar aus der Formel 1 aussteigen müssen, der Ire jedoch ist durch einen „persönlichen Leibeigenen-Vertrag, der nie endet", an Ecclestone gekettet. Und Bernie verlangt von Roger Penske, der Watson einsetzt, 30.000 Pfund Ablöse (1,2 Millionen Schilling).

Was bedeutet: Die gute, alte Transferliste soll jetzt durchgeboxt werden, besser gesagt: Die Formel-1-Teams wollen die fetten Pfründe hin- und herschieben. Die „Bosse" haben auch bereits ausgeklügelt, wie der Wert jedes Piloten errechnet wird:

15.000 Pfund pro Jahr Vertrag, 10.000 Pfund pro Grand-Prix-Sieg und 1000 Pfund pro WM-Punkt (jeweils aus dem abgelaufenen Jahr). Das heißt: Gewinnt Lauda auch den amerikanischen Grand Prix und will ihn danach (rein theoretisch) Ferrari für zwei Jahre an McLaren verkaufen, bekäme es: Zweimal 15.000 Pfund plus fünfmal 10.000 Pfund plus 54.500 Pfund = 134.500 Pfund; und würde Lauda zu Recht sagen: „Was ich wert bin, möchte ich auch als Gage kassieren", käme McLaren der Lauda-Erwerb auf weit über 10 Millionen Schilling! Indiskutabel: Soviel Geld hat niemand.

Den Piloten geht's nur darum, „frei zu sein in unseren Entscheidungen" und „unser Team aussuchen zu können, wenn wir frei sind, denn: Ein Team hat genug psychologische Möglichkeiten, dem Fahrer eins auf den Schädel zu pracken — also kann man nur in einem Team fahren, wenn man dort auch glücklich ist. Sonst nicht."

An der Fahrerbörse ist ohnehin Ruhe eingekehrt. Im Formel-1-Schach bewegen sich nur wenige Figuren. Reutemann hat wieder für

Brabham unterschrieben, Lauda für Ferrari: „In Monza, auf einem Fetzen Papier, auf dem nur steht: ‚Alle Punkte wie im alten Vertrag, nur die Jahresgage wird um 20 Prozent erhöht.'" Um nicht mehr? „Hör zu, irgendwo da oben ist eine Grenze."

McLaren hatte Lauda umworben, Fittipaldi sich (wie auch Scheckter und Peterson) Ferrari offeriert — dabei hatte „Fitti" wochenlang mit sich gekämpft: Weiterfahren? Zurücktreten? Sponsor Marlboro mußte die Frist für Fittipaldi immer weiter hinausschieben.

„Maria-Helena war nach den Zeltweg-Unfällen Donohues und meines Bruders tief geschockt, außerdem erwartet sie im Winter ein Baby ... aber sie hat meine Entscheidung nicht beeinflußt, mir ganz allein überlassen", gesteht mir Emerson.

Sie alle waren erleichtert, als Ecclestone & Mosley in Zeltweg offiziell gesagt hatten: „Keine Transferliste, keine Ablösegelder, vergeßt das." Und jetzt, in den USA, flackert der Streit wieder voll auf.

Ecclestone gegen Penske: Das sind nicht nur Gegner, sondern, so haben manche Leute beobachtet, Feinde.

Ferrari und die Engländer: Hier klafft bald ein Riß, denn Ferrari versteht seine Piloten. Der Commendatore ist gegen das Transfersystem und läßt Montezemolo am Telefon bestellen: „... dann treten wir eben aus der ‚Constructor's Association' aus, und sie wird zum englischen Privatklub."

Lauda betrifft also die Affäre überhaupt nicht. Aber „weil man als Weltmeister nicht egoistisch sein darf, sondern auch an die Kameraden denken muß", kämpft er mit. Lauda hält die GPDA zusammen, derweil Fittipaldi und James Hunt hinter die feindlichen Linien vordringen: Ins Konstrukteursmeeting. Montezemolo pendelt zwischen beiden Plätzen.

Schließlich, nach dreistündiger Streiterei, kapitulieren Ecclestone und Mosley, mit Unterschrift, ein für allemal: „Es gibt kein Transfersystem." Ohne diese Bestätigung hätten die Fahrer das WM-Finale platzen lassen.

John Watson ist also eine Sorge los. Eine zweite bleibt ihm: Die hartnäckige Grippe. Darum fehlt der Ire auch beim traditionellen Golfturnier. Reutemann (41) braucht die wenigsten Schläge, gefolgt von Hunt (43), Hulme (47), Regazzoni (51) und Peterson (57).

Im „Glen Motor Inn“ laufen inzwischen die diplomatischen Drähte heiß: Fittipaldi, Lauda, Regazzoni unterschreiben persönliche Goodyear-Verträge ... wie sie früher Stewart hatte. Das Training aber beherrscht Lauda nicht wie Stewart, sondern wie früher Jim Clark: Bestzeit in allen vier Sessions!

Freitag rutschen Depailler und Laffite in die Fangzäune. Wilson Fittipaldi verliert auf der Geraden bei 290 km/h das rechte Hinterrad: „Reines Glück, daß ich nirgendwo anschlug, ein Wunder, sonst nichts.“ Lauda reißt am Ende der Geraden rechts hinten der Stoßdämpfer ab. Trotzdem distanziert er Brambilla, den Nächstschnellsten, um eine volle Sekunde.

Nachmittag unterbietet Vittorio die Bestzeit um 0,006 Sekunden und teufelt weitere Bestzeiten heraus, weil Laudas Motor vibriert, grammelt und Niki beschließt, „aufzuhören, ehe der Motor in Trümmer fliegt“. Der Ersatzwagen wird in die Box gerollt. Niki bleiben knapp 20 Minuten Zeit, um ihn abzustimmen. Trotzdem: Neue Bestzeit.

Was Brambilla im Lautsprecher hört, als er wieder einsteigt — verbissener als je zuvor. „Jetzt ist unser Tiger hungrig und richtig wachgerüttelt“, grinsen die March-Mechaniker.

Das Lachen erstirbt bald: Brambilla bremst zu spät, räubert quer über die Schikane, das 30-cm-Bankett schleudert den March hoch, und Vittorio baut einen Sturzflug: Totalschaden.

„Scusi, sorry, scusi“, jammert Brambilla zerknirscht, während Stuck fürchten muß, daß er dem Teamkameraden sein Auto abtreten muß. „Scheckter gehört wegen dieser Schikane auf den Mond geschossen“, verlangt „Striezel“.

Aber die March-Boys reparieren den Schrotthaufen in einer Flugzeugfabrik in Elmira binnen 39 Stunden. Sie verwenden viel Leukoplast und sogar Gartentorscharniere. Brambilla degradiert sich zum Laufburschen, schleppt pausenlos Imbiß und Getränke an.

„Laß uns morgen gewinnen! Du hast ohnehin schon 1500 Dollar für die Pol-Position kassiert“, spaßt Fittipaldi-Manager Domingos, der die Lauda-Motivation kennt: „Ich werde von Ferrari bezahlt, daß ich gut und schnell fahr.“

Wie gut und schnell schon vom Start weg, ist eine Frage des Gewichtshandicaps. Lauda muß (wie Regazzoni) wegen der enormen Distanz 205 Liter Benzin mitschleppen, mehr als je zuvor. Fittipaldis McLaren ist weitaus weniger durstig, wiegt 35 kg weniger.
Kein Drama mehr, fast schon eine Tragödie duchleidet Laffite: Ein Staubkorn im Auge, Freundin Bernadette will's herauswaschen, greift aber statt zu den Augentropfen, in Panik und Startnervosität, irrtümlich zu jener ätzenden Flüssigkeit, mit der Laffite ansonsten sein Visier reinigt ... Die Folgen sind verheerend, fast katastrophal. Sofort alarmierte Ärzte retten den Formel-2-Europameister vor Erblindungsgefahr, aber ans Rennen ist nicht mehr zu denken.
Montezemolo und Domingos haben um 1000 Dollar gewettet: Wenn Lauda 1,5 Sekunden vor Fittipaldi aus der ersten Runde zurückkommt, hat Luca gewonnen; wenn nicht, dann „Fittis" Manager. Der Start erfolgt in totaler Konfusion, weil auf den äußerst schmutzigen Asphalt zwei „Dummy grids" gemalt sind. So steht plötzlich Reutemann weit vor allen, wild mit den Armen fuchtelnd ... stiehlt Hunt bequem zwei Reihen ... und verpatzt Stuck den Start vollkommen.
Die 1000-Dollar-Wette gewinnt Domingos: Fittipaldi klebt hautnah am führenden Lauda. Jarier ist sicherer Dritter, „hinter den beiden Weltmeistern, also brauch ich nur rückwärts zu blicken."
Weit hinter Jarier kollidieren Depailler und Pace, danach Henton und Brise, dem ein Rad wegbricht. Ein einziger der vier wird leicht verletzt: Pace, der 1975 schon Unfälle erlebt, die ihn wie einen Boxer zeichnen:
„Ich habe Patrick schon ausgebremst, da zieht er herüber, kracht mir gegen das Vorderrad, meine Lenkung bricht und ich schieß direkt auf die Leitplanke zu." Zum Glück stehen davor Fangzäune.
Gleich darauf will Regazzoni Mass austricksen, „aber mein Hinterrad blockiert und ich steh mitten in der Kurve quer". Jochen merkt die leise Feindberührung gar nicht, erst Scheckter als Augenzeuge bestätigt ihm: „Ihr habt euch touchiert." Regazzoni muß an die Box, eine neue Schnauze abholen: Der Auftakt großer späterer Ereignisse.
Inzwischen hat Watson seine Vorderreifen wechseln müssen, sind Reutemanns Vizeweltmeister-Hoffnungen in einem Motorschaden verraucht, hat Andretti wegen Aufhängungsbruchs aufgeben müssen.

Und als auch Jarier aussteigen muß, „weil mein linkes Hinterrad seit der 10. Runde langsam wegbricht“, tobt der Viererkampf Hunt-Mass-Peterson-Scheckter bereits um Platz 3.

An der Spitze kann Lauda von Fittipaldi nicht weglaufen. Nie liegen die beiden mehr als eine Sekunde auseinander. Zweimal versucht Emerson, Niki auszubremsen, beide Male schmeißt der neue dem alten Weltmeister die Tür zu. Das höhere Kampfgewicht des Ferrari wirkt sich speziell auf dieser „Waschrumpel“ aus.

Nach 18 Runden taucht vor Lauda, als kleine Marscherleichterung für die 320-km-Aktion, Waffenkamerad Regazzoni auf. Das Führungsduo holt den Monza-Sieger ein. Lauda bremst Clay aus. Und sofort erkennt der „Computer“ die wahrscheinlich rennentscheidende Situation: „Wenn ich von Fittipaldi wegwill, also den Windschatten brechen kann, dann am besten gleich jetzt, mit fünf schnellen Runden, am absoluten Limit.“

Lauda hofft, „daß Emerson nicht sofort an Clay vorbeikommt, vielleicht ein paar Runden lang aufgehalten wird.“

Es werden sieben. Aber nicht Kurven, sondern Runden. Solange klemmt Regazzoni Fittipaldi von seinem Stallgefährten ab. Vorn peitscht Lauda sein Maranello-Pferd ans absolute Limit, dahinter strampelt, mit wachsendem Zorn und sofort erhobenen, drohend geschüttelten Fäusten, Fittipaldi hinter Regazzoni her. Statt wie zuvor 1:44,5 braucht der Brasilianer jetzt pro Runde durchschnittlich 1:46. So verliert er Lauda bald völlig aus den Augen: Emersons Rückstand wächst auf 12,6 Sekunden.

In den Boxen herrscht — trotz Kälte und kühler Winde — bald Siedehitze. „Clay tut nichts Super-Unkorrektes“, formuliert Montezemolo, was Teddy Mayer auch gar nicht abstreitet: „Nur: Er tut’s zu lang. Wäre alles umgedreht, also z. B. Mass in Regazzonis Position, er hätte von mir sogar ein Boxensignal bekommen: ‚Blockier den Ferrari, aber nur 3, 4 Runden lang, um ihn aus dem Windschatten zu beuteln.‘“

Jedesmal, wenn Regazzoni vor dem zornbebenden Fittipaldi aus der Zielkurve schießt, applaudieren die vielen italienischen Emigranten im Publikum: Clay, Sieger nach Punkten. Überall entlang der Strek-

ke: Blaue Überholflaggen. „Aber die nimmt", verteidigt sich Regazzoni, „kein Mensch ernst."
In der 22. Runde streckt Bertie Martin, „Clerk of the Course", Regazzoni die schwarze Flagge hin: Noch eingerollt, zur Warnung. Clay: „Die muß ich übersehen haben." 23. Runde: Wieder schwarze Flagge, diesmal ausgerollt, dazu die Nummer 11. Bald darauf läßt Regazzoni Fittipaldi vorbei und stoppt am Beginn der Boxen.
„Beachte gefälligst die blauen Flaggen!", brüllt ihn Bertie Martin an, hält eine Verwarnungstafel ins Cockpit und schickt Clay wieder ins Rennen. Aber da sind Montezemolo, dürr und schmächtig, und Martin, ein Superschwergewichtler, schon längst im Clinch. Luca pufft, weil er sich im Unrecht glaubt, Bertie schlägt zurück, weil er den Ferrari-Teammanager für einen verrückten Fan hält. Es geht haarknapp an einer wilden Prügelei vorbei.
Montezemolo entschuldigt sich, „weil ich der Jüngere bin" — und um keine Sekunde zu spät. In den Funkgeräten hört man schon gefährliche Wortfetzen: „Polizei in die Box... Ferrari-Rennchef abholen... ganzes Team aus dem Rennen nehmen."
Der „Squadra azzurra" droht Disqualifikationsgefahr! Als Lauda Stunden später davon hört, tobt er: „Da hätt' ich den Amerikanern aber etwas erzählt. Ich fahr mir das Herz aus dem Leib, um zu gewinnen. Was kann ich dafür, wenn andere in der Box streiten?"
In der 28. Runde holt Montezemolo selber Regazzoni mit der Tafel „Box" aus dem Rennen, „damit ich ihm Strafen oder gar Lizenzentzug erspar". „Unglaublich", wundert sich der Schweizer, lacht grimmig und lümmelt bis Rennschluß an der Box.
Draußen hält Lauda jetzt Fittipaldi mühelos unter Kontrolle. Sein Vorsprung wächst. Achtmal verbessert Niki die schnellste Runde, dreimal Emerson. Der Viererpulk dahinter liegt nie weiter als drei Sekunden auseinander. „Mein härtestes Rennen", sagen mir zwei Mann nachher, unabhängig voneinander: Peterson und Mass, noch den Pulverdampf auf der Zunge schmeckend.
Der Viererkampf ist gnadenlos. „Kleine Fehler machen wir wegen der gefährlich rutschigen Bahn alle", sagt Mass. Er nützt einen Hunt-Schaltfehler blitzartig, genau wie Peterson, ehe Ronnie „Brake spots" hat: Vibrierende Reifen, die ihm das Lenkrad fast aus den Händen

prügeln und sie mit Blasen übersäen. Mass hat im Finish keine Bremsen mehr, muß also mit dem linken Fuß vorpumpen. Am relativ problemlosesten reist Scheckter: „Mir fehlen nur ein paar PS."

Lauda läßt, taktisch völlig richtig, Fittipaldi bis auf 5 Sekunden herankommen. Als Tex Hopkins, ein weißhaariger Herr im blaßlila Samtanzug, mit seinem berühmten Tigersprung die Zielflagge durch die Luft wirbelt, ist Lauda a) der erste Weltmeister, der im gleichen Jahr auch Watkins Glen gewann und hat b) Ferrari zum ersten Sieg überhaupt in der 17jährigen Geschichte des Grand Prix der USA verholfen!

„Wichtig für uns, damit auch der amerikanische Markt ferrarisiert wird", sagt Niki, hängt seinen Lorbeerkranz auf die Airbox seines Siegerautos, schüttelt den Mechanikern die Hände und rennt zum Hubschrauber: Zurück ins „Glen Motor Inn".

Viel später, bei nachtschwarzer Finsternis, pendelt der Helikopter immer noch. Ghedini hält die „Salatschüssel", den Pokal, in Staubtücher gewickelt, wie ein Baby im Arm. Montezemolo fragt mich fröstelnd: „Also Pol, Sieg und schnellste Runde?" Nein, die drehte Fittipaldi. „Verdammt", entfährt es Luca, während Emerson selbst sich hütet, zu behaupten: „Ohne Regazzoni hätte ich gewonnen." Er sagt nur: „Die 100.000 Zuschauer hätten ein spannenderes Rennen erleben können."

21.30 Uhr, 2.30 Uhr früh MEZ: Regazzoni sitzt mit Lauda, Reutemann und dessen Gattin Mimicha im „Glen Motor Inn" beim Abendessen, der Sessel zwischen den Ferrari-Piloten ist vorsorglich freigehalten worden — für Fittipaldi. Als er kommt, formiert sich blitzartig der halbe Formel-1-Zirkus um den Tisch.

Fittipaldi wirkt etwas blaß, enttäuscht, aber nicht mehr zornig — Regazzoni ruhig, betont lässig, Zahnstocher im Mund.

Clay eröffnet: „Emerson, wir haben zu Hause in meinem Dorf ein kleines Theater, das Schauspieler sucht. Hättest du nicht Lust, mitzutun?"

Emerson, ernst: „Clay, hier geht's nicht ums Schauspiel, sondern um den Sport. Auf der Geraden warst du schneller als Niki, aber in den Kurven um 1000 Touren langsamer. Warum mußtest du mich sperren?"

Clay, unschuldig: „Dich gesperrt? Wenn du nicht überholen hast können, dann bist du selber schuld daran. Du hättest ja bloß die Hände aufs Lenkrad geben müssen."
Emerson: „Ich bin enttäuscht, wie unsportlich du bist."
Clay: „Ich hab mich auch nie beschwert. Und, merk dir eines: Ich hab nie in meiner Karriere einem Kameraden die Faust gezeigt. Aber du bist dieses Theater scheinbar schon gewohnt. Denk an Stewart und Argentinien 1973. Außerdem warst du immer 20 Meter hinter mir."
Emerson, eindringlich: „Clay, ich rat dir ernsthaft: Verwend beim nächstenmal deinen Kopf."
Clay, grinsend: „Und du auch — statt deiner Fäuste."
Das höre ich immer heraus: Was Regazzoni ergrimmt (und zum totalen Kampf veranlaßt) hat, war Fittipaldis Faust. „So etwas", verteidigt Lauda, „kann ein Merzario machen, ist aber eines Fittipaldi unwürdig."
Mimicha Reutemann hat einen Versöhnungsvorschlag: „Genug gestritten, steht jetzt auf und küßt euch." Plötzlich steht sogar der Pfarrer von Watkins Glen da, um Emerson die Hand zu drücken.
Montag frühstücke ich gerade mit Teddy Mayer, als er eine farbige Regazzoni-Autogrammpostkarte organisiert und mit schiefem Grinsen darauf kritzelt: „Für meinen lieben Freund Emerson herzlichst und mit besten Grüßen dein lieber Freund Regazzoni." Bringen Sie das, trägt Mayer dem Room-Service auf, bitte auf Zimmer 23, zu Herrn Fittipaldi.
Wie schon Jimmy Haslinger vom Österreichring sagte: Sie sind die Mafia. Zwar eine sehr liebe und nette, aber eben doch: Eine Mafia.

STATISTIK

AUTOMOBILWELTMEISTER

1950: Dr. Giuseppe Nino Farina (Italien) auf Alfa Romeo
1951: Juan Manuel Fangio (Argentinien) auf Alfa Romeo
1952: Alberto Ascari (Italien) auf Ferrari
1953: Alberto Ascari (Italien) auf Ferrari
1954: Juan Manuel Fangio (Argentinien) auf Maserati und Mercedes
1955: Juan Manuel Fangio (Argentinien) auf Mercedes
1956: Juan Manuel Fangio (Argentinien) auf Ferrari
1957: Juan Manuel Fangio (Argentinien) auf Maserati
1958: Mike Hawthorn (England) auf Ferrari
1959: Jack Brabham (Australien) auf Cooper-Climax
1960: Jack Brabham (Australien) auf Cooper-Climax
1961: Phil Hill (USA) auf Ferrari
1962: Graham Hill (England) auf BRM
1963: Jim Clark (Schottland) auf Lotus-Climax
1964: John Surtees (England) auf Ferrari
1965: Jim Clark (Schottland) auf Lotus-Climax
1966: Jack Brabham (Australien) auf Brabham-Repco
1967: Denis Hulme (Neuseeland) auf Brabham-Repco
1968: Graham Hill (England) auf Lotus-Ford
1969: Jackie Stewart (Schottland) auf Matra-Ford
1970: Jochen Rindt (Österreich) auf Lotus-Ford
1971: Jackie Stewart (Schottland) auf Tyrrell-Ford
1972: Emerson Fittipaldi (Brasilien) auf Lotus-Ford
1973: Jackie Stewart (Schottland) auf Tyrrell-Ford
1974: Emerson Fittipaldi (Brasilien) auf McLaren-Ford
1975: Niki Lauda (Österreich) auf Ferrari

Lauf 1 — Großer Preis von Argentinien — Buenos Aires, 12. Jänner 1975

53 Runden à 5,086 km = 316,314 km. Wetter: schön, heiß.

Startaufstellung:

C. Pace Brabham-Ford BT 44 B-2 1:49,64		J.-P. Jarier * Shadow-Ford DN 5-1 A 1:49,21	
	N. Lauda Ferrari 312 B 3-20 1:49,96		C. Reutemann Brabham-Ford BT 44 B-1 1:49,80
J. Hunt Hesketh-Ford 308/3 1:50,26		E. Fittipaldi McLaren-Ford M 23/7 1:50,02	
	P. Depailler Tyrrell-Ford 007/4 1:50,80		C. Regazzoni Ferrari 312 B 3-14 1:50,71
M. Andretti Parnelli-Ford VPJ 4-2 1:51,06		J. Scheckter Tyrrell-Ford 007/2 1:50,82	
	V. Brambilla March-Ford 741-2 1:51,77		R. Peterson JPS-Ford 72 E-8 1:51,44
T. Pryce Shadow-Ford DN 3-3 A 1:51,92		J. Mass McLaren-Ford M 23/8 1:51,82	
	M. Donohue Penske-Ford PC 1-002 1:52,36		J. Watson Surtees-Ford TS 16-04-4 1:52,13
J. Ickx JPS-Ford 72 E-5 1:52,90		J. Laffite Williams-Ford FW-03 1:52,88	
	A. Merzario Williams-Ford FW-02 1:53,43		R. Stommelen Lola Ford T 370-HU 1 1:53,12
M. Wilds BRM P 201-4 1:54,48		G. Hill Lola-Ford T 370-HU 3 1:54,00	
			W. Fittipaldi Copersucar-Ford FP 01 2:00,22

* Jarier Nichtstarter wegen gebrochenem Kegelrad.

Ergebnis:

1.	Emerson Fittipaldi (Brasilien), McLaren-Ford	1.38:26,29 (= 190,861 km/h)
2.	James Hunt (England), Hesketh-Ford	5,91 zurück
3.	Carlos Reutemann (Argentinien), Brabham-Ford	16,71 zurück
4.	Clay Regazzoni (Schweiz), Ferrari	35,79 zurück
5.	Patrick Depailler (Frankreich), Tyrrell-Ford	54,25 zurück
6.	Niki Lauda (Österreich), Ferrari	1:19,65 zurück
7.	Mark Donohue (USA), Penske-Ford	1 Runde zurück
8.	Jacky Ickx (Belgien), Lotus-Ford	1 Runde zurück
9.	Vittorio Brambilla (Italien), March-Ford	1 Runde zurück
10.	Graham Hill (England), Lola-Ford	1 Runde zurück
11.	Jody Scheckter (Südafrika), Tyrrell-Ford	1 Runde zurück
12.	Tom Pryce (Wales), Shadow-Ford	2 Runden zurück
13.	Rolf Stommelen (Deutschland), Lola-Ford	2 Runden zurück
14.	Jochen Mass (Deutschland) McLaren-Ford	3 Runden zurück

Schnellste Runde:	J. Hunt (Hesketh) 1:50,91 (= 193,720 km/h)
Alter Rundenrekord:	C. Regazzoni (Ferrari) 1:52,10 (1974)

Ausfälle: Watson (6. Runde, Einspritzung, disqualifiziert wegen fremder Hilfe, Platz 15), W. Fittipaldi (13. R., Unfall, Halbwelle gebrochen, P. 18), Laffite (16. R., Getriebe, P. 17), Peterson (16. R., Motor, P. 7), Wilds (25. R., Ölpumpe, P. 19), Andretti (28. R., gebrochene Halbwelle, P. 8), Merzario (45. R., Gasgestänge gebrochen, P. 16), Pace (47. R., Motor, P. 4), Pryce (50. R., Kraftübertragung, P. 10).

Lauf 2 — Großer Preis von Brasilien — Interlagos, 26. Jänner 1975

40 Runden à 7,96 km = 318,4 km. Wetter: sonnig, sehr heiß.

Startaufstellung:

J.-P. Jarier
Shadow-Ford DN 5-1 A
2:29,88

E. Fittipaldi
McLaren-Ford M 23/9
2:30,68

C. Reutemann
Brabham-Ford BT 44 B-1
2:31,00

N. Lauda
Ferrari 312 B 3-20
2:31,12

C. Regazzoni
Ferrari 312 B 3-14
2:31,22

C. Pace
Brabham-Ford BT 44 B-2
2:31,58

J. Hunt
Hesketh-Ford 308/3
2:31,70

J. Scheckter
Tyrrell-Ford 007/2
2:31,74

P. Depailler
Tyrrell-Ford 007/4
2:32,94

J. Mass
McLaren-Ford M 23/8
2:33,06

A. Merzario
Williams-Ford FW-03
2:33,16

J. Ickx
JPS-Ford 72 E-5
2:33,20

J. Watson
Surtees-Ford TS 16-04-2
2:33,23

T. Pryce
Shadow-Ford DN 3-3 A
2:33,24

M. Donohue
Penske-Ford PC 1-002
2:33,33

R. Peterson
JPS-Ford 72 E-8
2:33,90

V. Brambilla
March-Ford 741-2
2:34,44

M. Andretti
Parnelli-Ford VPJ 4-002
2:34,56

J. Laffite
Williams-Ford FW-02
2:34,76

G. Hill
Lola-Ford T 370-HU 2
2:35,49

W. Fittipaldi
Copersucar-Ford FD-02
2:36,47

M. Wilds
Stanley-BRM P 201-4

R. Stommelen *
Lola-Ford T 370-HU 3
2:38,05

* Trainingszeit mit T 370-HU 2 gefahren.

Ergebnis:

1.	Carlos Pace (Brasilien), Brabham-Ford	1.44:41,17 (= 182,488 km/h)
2.	Emerson Fittipaldi (Brasilien), McLaren-Ford	5,79 zurück
3.	Jochen Mass (Deutschland), McLaren-Ford	36,66 zurück
4.	Clay Regazzoni (Schweiz), Ferarri	43,28 zurück
5.	Niki Lauda (Österreich), Ferrari	1:01,88 zurück
6.	James Hunt (England), Hesketh-Ford	1:05,12 zurück
7.	Mario Andretti (USA), Parnelli-Ford	1:06,81 zurück
8.	Carlos Reutemann (Argentinien), Brabham-Ford	1:39,62 zurück
9.	Jacky Ickx (Belgien), Lotus-Ford	1:51,94 zurück
10.	John Watson (Irland), Surtees-Ford	2:29,60 zurück
11.	Jacques Laffite (Frankreich), Williams-Ford	1 Runde zurück
12.	Graham Hill (England), Lola-Ford	1 Runde zurück
13.	Wilson Fittipaldi (Brasilien), Copersucar-Ford	1 Runde zurück
14.	Rolf Stommelen (Deutschland), Lola-Ford	1 Runde zurück
15.	Ronnie Peterson (Schweden), Lotus-Ford	2 Runden zurück

Schnellste Runde:	J.-P. Jarier (Shadow) 2:34,16 (= 185,885 km/h)
Alter Rundenrekord:	E. Fittipaldi (Lotus) 2:35,00 (1973)

Ausfälle: Brambilla (1. Runde, Motor), Scheckter (18. R., Ölkühler gebrochen, Platz 6, dann Platz 14), Wilds (22. R., Kupplung, P. 17), Donohue (22. R., Handlingprobleme, P. 20), Merzario (22. R., Benzindruck, P. 21), Pryce (31. R., Unfall, P. 11), Depailler (31. R., Unfall wegen gebrochenem Längslenker, P. 6), Jarier (32. R., Einspritzungsdefekt, P. 1).

Lauf 3 — Großer Preis von Südafrika — Kyalami, 1. März 1975

78 Runden à 4,104 km = 320,112 km. Wetter: sonnig, sehr heiß.

Startaufstellung:

C. Pace Brabham-Ford BT 44 B-2 1:16,41	J. Scheckter * Tyrrell-Ford 007/2 1:16,64	C. Reutemann Brabham-Ford BT 44 B-1 1:16,48	N. Lauda ** Ferrari 312 T-01 (18) 1:16,83
P. Depailler Tyrrell-Ford 007/4 1:16,83	V. Brambilla ** March Ford 751-1 1:17,05	M. Andretti Parnelli-Ford VPJ 4-002 1:16,89	R. Peterson JPS-Ford 72 E-9 1:17,14
C. Regazzoni Ferrari 312 T-02 (21) 1:17,16	E. Fittipaldi McLaren-Ford M 23/9 1:17,22	J. Watson Surtees-Ford TS 16-04-4 1:17,17	J. Hunt Hesketh-Ford 308/3 1:17,30
J.-P. Jarier Shadow-Ford DN 5-1 A 1:17,32	A. Merzario ** Williams-Ford FW-03 1:17,53	R. Stommelen Lola-Ford T 371-HU 1 1:17,47	J. Mass McLaren-Ford M 23/8 1:17,79
I. Scheckter Tyrrell-Ford 007/1 1:18,01	T. Pryce Shadow-Ford DN 5-2 A 1:18,36	M. Donohue Penske-Ford PC 1-002 1:18,28	D. Charlton McLaren-Ford M 23/2 1:18,51
J. Ickx JPS-Ford 72 E-5 1:18,68	J. Laffite William-Ford FW-02 1:19,15	E. Keizan Lotus-Ford 72 E-6 1:17,01	B. Evans BRM-P 201-2 1:19,17
G. Tunmer Lotus-Ford 72 E-7 1:19,52		L. Lombardi March-Ford 741-2 1:19,68	

Reserve: W. Fittipaldi (Copersucar-Ford FD-02) 1:19,73.

Nicht qualifiziert: G. Hill (Lola-Ford T 370-HU 2) Trainingsunfall.

* Scheckters Trainingszeit mit 007/6 gefahren, dann Totalschaden.

** Autos von Lauda, Brambilla, Merzario nach Trainingsunfällen repariert.

Ergebnis:

1. Jody Scheckter (Südafrika), Tyrrell-Ford	1.43:16,90 (= 185,897 km/h)
2. Carlos Reutemann (Argentinien), Brabham-Ford	3,74 zurück
3. Patrick Depailler (Frankreich), Tyrrell-Ford	16,92 zurück
4. Carlos Pace (Brasilien), Brabham-Ford	17,31 zurück
5. Niki Lauda (Österreich), Ferrari	28,64 zurück
6. Jochen Mass (Deutschland), McLaren-Ford	1:03,52 zurück
7. Rolf Stommelen (Deutschland), Lola-Ford	1:12,91 zurück
8. Mark Donohue (USA), Penske-Ford	1 Runde zurück

Im Ziel, aber nicht klassiert: Laffite (69), E. Fittipaldi (65).

Schnellste Runde:	C. Pace (Brabham) 1:17,20 (= 191,378 km/h).
Rundenrekord:	E. Fittipaldi (Lotus) 1:17,10 (1973)

Ausfälle: Brambilla (16. Runde, gebrochene Ölleitung, Platz 12, dann Platz 20), Watson (19. R., Getriebe und Kupplung, P. 9, dann P. 25), Merzario (22. R., gerissener Gaszug, P. 13), Lombardi (23. R., Benzinzufuhr, P. 23), Jarier (37. R., Überhitzung, Auspuffrohr abgebrochen, P. 14), Hunt (53. R., Einspritzung defekt, P. 19), I. Scheckter (55. R., Unfall, P. 10), Andretti (70. R., Antriebswellengelenk gebrochen, P. 8), Regazzoni (71. R., Gasgestänge gebrochen, P. 5).

Lauf 4 — Großer Preis von Spanien — Barcelona, 27. April 1975

Vorgesehen: 75 Runden à 3,79 km = 284,26 km/h, Abbruch wegen Stommelens Unfall nach 29 Runden = 109,91 km, nur halbe WM-Punkte vergeben. Wetter: trocken, warm.

Startaufstellung:

N. Lauda Ferrari 312-3 (022) 1:23,4	J. Hunt Hesketh-Ford 308/2 1:23,8	C. Regazzoni Ferrari 312 T-2 (021) 1:23,5	M. Andretti Parnelli-Ford VPJ 4-02 1:23,9
V. Brambilla March-Ford 751-3 1:24,2	P. Depailler Tyrrell-Ford 007/4 1:24,4	J. Watson Surtees-Ford TS 16-04-4 1:24,3	T. Pryce Shadow-Ford DN 5/2 A 1:24,5
R. Stommelen Hill-Ford GH-2 1:24,7	J. Mass McLaren-Ford M 23/8 1:25,2	J.-P. Jarier Shadow-Ford DN 5/1 A 1:25,0	R. Peterson Lotus-Ford 72 E-9 1:25,3
J. Scheckter Tyrrell-Ford 007/2 1:25,4	C. Reutemann Brabham-Ford BT 44 B-1 1:25,8	C. Pace Brabham-Ford BT 44 B-2 1:25,8	J. Ickx Lotus-Ford 72 E-5 1:26,3
M. Donohue Penske-Ford PC 1-002 1:26,3	R. Wunderink Ensign-Ford N 174/MN 02 1:26,6	T. Brise Williams-Ford FW-03 1:26,4	A. Jones Hesketh-Ford 308/1 1:26,7
W. Fittipaldi Copersucar-Foyrd FD-02 1:27,2	B. Evans BRM P 201-05 1:28,8	F. Migault Hill-Ford GH-1 1:27,9	L. Lombardi March-Ford 751-2 1:30,3
A. Merzario Wililams-Ford FW-04 1:54,3			

Ergebnis:

1. Jochen Mass (Deutschland), McLaren-Ford	42:53,7 (= 153, 764 km/h)
2. Jacky Ickx (Belgien), Lotus-Ford	1,1 zurück
3. Carlos Reutemann (Argentinien), Brabham-Ford	1 Runde zurück
4. Jean-Pierre Jarier* (Frankreich), Shadow-Ford	1 Runde zurück
5. Vittorio Brambilla (Italien), March-Ford	1 Runde zurück
6. Lella Lombardi (Italien), March-Ford	2 Runden zurück
7. Tony Brise (England), Williams-Ford	2 Runden zurück
8. John Watson (Irland), Surtees-Ford	3 Runden zurück

Bei Rennschluß noch im Rennen, aber nicht klassiert: Regazzoni (25), Migault (17).

* Jarier wegen Überholens unter gelber Flagge um einen Platz zurückversetzt.

Schnellste Runde: M. Andretti (Parnelli) 1:25,10 (= 160,356 km/h).
Rundenrekord: R. Peterson (Lotus) 1:23,8 (1973).

Ausfälle: Lauda (1. Runde, von Andretti gerammt, Platz 1), Depailler (1. R., Kollision, P. 17), W. Fittipaldi (2. R., aufgegeben aus Solidarität zu seinem Bruder, P. 24), Merzario (2. R., aufgegeben, Auto unfahrbahr, P. 25), J. Scheckter (4. R., Motor, P. 9), Donohue (4. R., Unfall, P. 16), Jones (4. R., Unfall, P. 15), Hunt (6. R., Unfall, gegen Leitplanken, P. 1), Evans (8. R., Einspritzung, P. 14), Andretti (17. R., Unfall, P. 1), Migault (17. R., Unfall, P. 16), Wunderink (20. R., Halbachse gebrochen nach Kollision mit Leitplanke, P. 8), Pryce (23. R., Kühlerdefekt, Zündungsschaden, P. 6), Peterson (24. R., Aufhängungsschaden links vorne nach Unfall, P. 3), Stommelen (26. R., Unfall durch weggebrochenen Heckflügel, P. 1), Pace (26. R., Unfall, P. 2).

Lauf 5 — Großer Preis von Monaco — Monte Carlo, 11. Mai 1975

Vorgesehen: 78 Runden à 3,278 km = 255,684 km, Abbruch wegen Erfüllung des 2-Stunden-Limits nach 75 Runden = 245,85 km. Wetter: erst Nieselregen, nasse, später auftrocknende Bahn, heiter bis sonnig.

Startaufstellung (nicht in Zweierreihen, sondern gestaffelt):

T. Pryce Shadow-Ford DN 5/3 A 1:27,09		N. Lauda Ferrari 312 T-4 (023) 1:26,40	
	R. Peterson Lotus-Ford 72 E-9 1:27,40		J.-P. Jarier Shadow-Ford DN 5/1 A 1:27,25
C. Regazzoni Ferrari 312 T-2 (021) 1:27,55		V. Brambilla March-Ford 751-3 1:27,50	
	C. Pace Brabham-Ford BT 44 B-2 1:27,67		J. Scheckter Tyrrell-Ford 007/2 1:27,58
C. Reutemann Brabham-Ford BT 44 B-1 1:27,93		E. Fittipaldi McLaren-Ford M 23/9 1:27,77	
	P. Depailler Tyrrell-Ford 007/4 1:27,95		J. Hunt Hesketh-Ford 308/2 1:27,94
J. Ickx Lotus-Ford 72 E-5 1:28,28		M. Andretti Parnelli-Ford VPJ 4-02 1:28,11	
	M. Donohue Penske-Ford PC 1-003 1:28,81		J. Mass McLaren-Ford M 23/8 1:28,49
A. Jones Hesketh-Ford 308/1 1:29,12		J. Watson Surtees-Ford TS 16-02-4 1:28,90	

Ergebnis:

1. Niki Lauda (Österreich), Ferrari	2.01:21,31 (= 121,552 km/h)
2. Emerson Fittipaldi (Brasilien), McLaren-Ford	2,78 zurück
3. Carlos Pace (Brasilien), Brabham-Ford	17,81 zurück
4. Ronnie Peterson (Schweden), Lotus-Ford	38,45 zurück
5. Patrick Depailler (Frankreich), Tyrrell-Ford	40,86 zurück
6. Jochen Mass (Deutschland), McLaren-Ford	42,07 zurück
7. Jody Scheckter (Südafrika), Tyrrell-Ford	1 Runde zurück
8. Jacky Ickx (Belgien), Lotus-Ford	1 Runde zurück
9. Carlos Reutemann (Argentinien), Brabham-Ford	2 Runden zurück

Schnellste Runde:	P. Depailler (Tyrrell) 1:28,67 (= 133,087 km/h)
Rundenrekord:	R. Peterson (Lotus) 1:27,9 (1974)

Ausfälle: Jarier (1. Runde, Reifen- und Felgenschaden nach Kollisionen, Platz 2), Andretti (8. R., Ölschlauch lose, Feuer in Elektrik, P. 9), Regazzoni (37. R., Unfall an Schikane, P. 16), Watson (38. R., nach Kollision mit Pryce und Dreher Motor nicht mehr in Gang gebracht, P. 9), Pryce (42. R., defekter Heckflügel, P. 13), Brambilla (48. R., Leitplanken touchiert, Lenkung beschädigt, P. 13), Jones (52. R., Felgenschaden, P. 12), Hunt (64. R., Unfall Mirabeau-Kurve, P. 6), Donohue (67. R., Unfall Mirabeau-Kurve, P. 9).

Lauf 6 — Großer Preis von Belgien — Zolder, 25. Mai 1975

70 Runden à 4,262 km = 298,34 km. Wetter: bewölkt, trocken, windig.

Startaufstellung:

N. Lauda Ferrari 312 T-4 (023) 1:25,43	V. Brambilla March-Ford 751-3 1:25,66	C. Pace Brabham-Ford BT 44 B-2 1:25,47	C. Regazzoni Ferrari 312 T-3 (022) 1:25,85
T. Pryce Shadow-Ford DN 5/2 A 1:25,94	T. Brise Hill-Ford GH-1 1:26,22	C. Reutemann Brabham-Ford BT 44 B-1 1:26,09	E. Fittipaldi McLaren-Ford M 23/9 1:26,26
J. Scheckter Tyrrell-Ford 007/2 1:26,36	J. Hunt Hesketh-Ford 308/2 1:26,51	J.-P. Jarier Shadow-Ford DN 5/4 A 1:26,38	P. Depailler Tyrrell-Ford 007/4 1:26,74
A. Jones Hesketh-Ford 308/1 1:27,05	J. Mass McLaren-Ford M 23/8 1:27,38	R. Peterson Lotus-Ford 72 E-9 1:27,17	J. Ickx Lotus-Ford 72 E-5 1:27,40
J. Laffite Williams-Ford FW-04 1:27,70	A. Merzario Williams-Ford FW-03 1:28,18	J. Watson Surtees-Ford TS 16-05-3 1:28,01	B. Evans BRM P 201-02
M. Donohue Penske-Ford PC 1-001 1:28,65	L. Lombardi March-Ford 751-2 1:29,71	F. Migault Hill-Ford GH-3 1:29,57	W. Fittipaldi Copersucar-Ford FD-02 1:30,27

Ergebnis:

1. Niki Lauda (Österreich), Ferrari	1.43:53,98 (= 172,285 km/h)
2. Jody Scheckter (Südafrika), Tyrrell-Ford	19,22 zurück
3. Carlos Reutemann (Argentinien), Brabham-Ford	41,82 zurück
4. Patrick Depailler (Frankreich), Tyrrell-Ford	1:00,08 zurück
5. Clay Regazzoni (Schweiz), Ferrari	1:03,86 zurück
6. Tom Pryce (Wales), Shadow-Ford	1:28,45 zurück
7. Emerson Fittipaldi (Brasilien), McLaren-Ford	1 Runde zurück
8. Carlos Pace (Brasilien), Brabham-Ford	1 Runde zurück
9. Bob Evans (England), BRM	2 Runden zurück
10. Johan Watson (Irland), Surtees-Ford	2 Runden zurück
11. Mark Monohue (USA), Penske-Ford	3 Runden zurück
12. Wilson Fittipaldi (Brasilien), Copersucar-Ford	3 Runden zurück

Schnellste Runde: C. Regazzoni (Ferrari) 1:26,76 (= 176,637 km/h)
Rundenrekord: F. Cevert (Tyrrell) 1:25,42 (1973, auf damals 4,22 km langer Piste)

Ausfälle: Mass (1. Runde, Kollision mit Leitplanken), Jones (1. R., gebrochene Heckflügelbefestigung, Platz 20), Merzario (4. R., Kupplung, P. 21), Brise (13. R., Dreher, P. 21), Jarier (14. R., Dreher, Motor nicht mehr angesprungen, P. 9), Hunt (16. R., Schalthebel gebrochen, P. 11), Laffite (16. R., Getriebe, P. 19), Lombardi (20. R., Motor, P. 17), Peterson (37. R., Bremsdefekt an Schikane, P. 7), Ickx (52. R., Bremswellenbruch links vorn, P. 10), Brambilla (55. R., Bremsen, P. 9), Migault (58. R., Hinterradaufhängung gebrochen, P. 12).

Lauf 7 — Großer Preis von Schweden — Anderstorp, 8. Juni 1975

80 Runden à 4,018 km = 321,44 km. Wetter: sonnig, sehr heiß.

Startaufstellung:

P. Depailler Tyrrell-Ford 007/4 1:25,010		V. Brambilla March-Ford 751-3 1:24,630	
	C. Reutemann Brabham-Ford BT 44 B-1 1:25,180		J.-P. Jarier Shadow-Ford DN 5/4 A 1:25,060
C. Pace Brabham-Ford BT 44 B-2 1:25,802		N. Lauda Ferrari 312 T-4 (023) 1:25,457	
	J. Scheckter Tyrrell-Ford 007/2 1:25,900		T. Pryce Shadow-Ford DN 5/2 A 1:25,866
J. Watson Surtees-Ford TS 16-05 3 1:26,085		R. Peterson Lotus-Ford 72 E-9 1:26,012	
	C. Regazzoni Ferrari 312 T-2 (021) 1:26,283		E. Fittipaldi McLaren-Ford M 23/9 1:26,088
J. Mass McLaren-Ford M 23/8 1:26,773		J. Hunt Hesketh-Ford 308/2 1:26,500	
	M. Donohue Penske-Ford PC 1-001 1:27,154		M. Andretti Parnelli-Ford VPJ 4-01 1:26,821
J. Ickx Lotus-Ford 72 E-5 1:27,320		T. Brise Hill-Ford GH-1 1:27,318	
	I. Scheckter Williams-Ford FW-04 1:27,470		A. Jones Hesketh-Ford 308/1 1:27,375
D. Magee Williams-Ford FW-03 1:27,676		T. Palm Hesketh-Ford 308/3 1:27,642	
	L. Lombardi March-Ford 751-2 1:28,678		B. Evans BRM P 201-05 1:28,422
V. Schuppan Hill-Ford GH-3 1:29,032		W. Fittipaldi Copersucar-Ford FD-02 1:28,810	

Ergebnis:

1. Niki Lauda (Österreich), Ferrari	1.59:18,319 (= 161,6 km/h)
2. Carlos Reutemann (Argentinien), Brabham-Ford	6,288 zurück
3. Clay Regazzoni (Schweiz), Ferrari	29,121 zurück
4. Mario Andretti (USA), Parnelli-Ford	44,380 zurück
5. Mark Donohue (USA), Penske-Ford	1:30,763 zurück
6. Tony Brise (England), Hill-Ford	1 Runde zurück
7. Jody Scheckter (Südafrika), Tyrrell-Ford	1 Runde zurück
8. Emerson Fittipaldi (Brasilien), McLaren-Ford	1 Runde zurück
9. Ronnie Peterson (Schweden), Lotus-Ford	1 Runde zurück
10. Torsten Palm (Schweden), Hesketh-Ford	2 Runden zurück
11. Daniel Magee (Irland), Williams-Ford	2 Runden zurück
12. Patrick Depailler (Frankreich), Tyrrell-Ford	2 Runden zurück
	2 Runden zurück

Schnellste Runde:	N. Lauda (Ferrari) 1:28,267 (= 163,87 km/h)
Rundenrekord:	P. Depailler (Tyrrell) 1:27,262 (1974)

Ausfälle: Lombardi (11. Runde, Benzinpumpe, Platz 25), Hunt (22. R., Bremsdefekt, P. 5), Mass (35. R., Wasserschlauch gerissen, Motor überhitzt, P. 11), Brambilla (37. R., Antriebswelle gebrochen, P. 11), Jarier (39. R., Öldruck, P. 2), Pace (42. R., Unfall, P. 2), Schuppan (48. R., Getriebe, P. 20), Ian Scheckter (50. R., Differential, P. 16), Pryce (54. R., Kupplung, Motor abgestorben, P. 11).

Lauf 8 — Großer Preis von Holland — Zandvoort, 22. Juni 1975

75 Runden à 4,226 km = 316,95 km. Wetter: bedeckt und regnerisch, später auftrocknend, wolkig bis heiter.

Startaufstellung:

C. Regazzoni Ferrari 312 T-2 (021) 1:20,57	J. Scheckter Tyrrell-Ford 007/2 1:20,74	N. Lauda Ferrari 312 T-3 (022) 1:20,29	J. Hunt Hesketh-Ford 308/2 1:20,70
E. Fittipaldi McLaren-Ford M 23/9 1:20,91	J. Mass McLaren-Ford M 23/8 1:21,01	C. Reutemann Brabham-Ford BT 44 B-1 1:20,87	T. Brise Hill-Ford GH-1 1:20,94
J.-P. Jarier Shadow-Ford DN 5/4 A 1:21,10	T. Pryce Shadow-Ford DN 5/2 A 1:21,16	G. Pace Brabham-Ford BT 44 B-2 1:21,06	V. Brambilla March-Ford 751-3 1:21,14
J. Watson Surtees-Ford TS 16-05-4 1:21,23	R. Peterson Lotus-Ford 72 E-9 1:21,46	P. Depailler Tyrrell-Ford 007/4 1:21,20	J. Laffite Williams-Ford FW-04 1:21,32
M. Donohue Penske-Ford PC 1-003 1:22,23	B. Evans BRM P 201-05 1:22,97	A. Jones Hill-Ford GH-3 1:22,01	I. Scheckter Williams-Ford FW-03 1:22,82
G. van Lennep Ensign-Ford N 174 MN-02 1:23,30	W. Fittipaldi Copersucar-Ford FD-03 1:24,15	J. Ickx Lotus-Ford 72 E-5 1:23,20	L. Lombardi March-Ford 751-2 1:23,99

Nicht qualifiziert: H. Fushida (Maki-Ford F 101 C-002) 1:33,37.

Ergebnis:

1. James Hunt (England), Hesketh-Ford	1.46:57,40 (= 177,81 km/h)
2. Niki Lauda (Österreich), Ferrari	1,06 zurück
3. Clay Regazzoni (Schweiz), Ferrari	55,06 zurück
4. Carlos Reutemann (Argentinien), Brabham-Ford	1 Runde zurück
5. Carlos Pace (Brasilien), Brabham-Ford	1 Runde zurück
6. Tom Pryce (Wales), Shadow-Ford	1 Runde zurück
7. Tony Brise (England), Hill-Ford	1 Runde zurück
8. Mark Donohue (USA), Penske-Ford	1 Runde zurück
9. Patrick Depailler (Frankreich), Tyrrell-Ford	2 Runden zurück
10. Gujs van Lennep (Holland), Ensign-Ford	4 Runden zurück
11. Wilson Fittipaldi (Brasilien), Copersucar-Ford	4 Runden zurück
12. Ian Scheckter (Südafrika), Williams-Ford	5 Runden zurück
13. Alan Jones (Australien), Hill-Ford	5 Runden zurück
14. Lella Lombardi (Italien), March-Ford	5 Runden zurück

Schnellste Runde:	N. Lauda (Ferrari) 1:21,54 (= 186,54 km/h)
Rundenrekord:	R. Peterson (Lotus) 1:20,31 (1973)

Ausfälle: Brambilla (1. Runde, Kollision mit Depailler), Ickx (8. R., Motor, Platz 18), Evans (23. R., Kegel- und Tellerrad gebrochen, P. 14), E. Fittipaldi (41. R., Motor- und Getriebedefekt, P. 6), Watson (43. R., Spoilverstrebung gebrochen, P. 14), Jarier (44. R., Unfall wegen Reifenplatzers links hinten, P. 3), Mass (62. R., wegen Motoraussetzers von Bahn geraten, P. 7), Laffite (66. R., Motorschaden, P. 13), Jody Scheckter (67. R., Motorschaden, P. 3), Peterson (71. R., ohne Benzin liegengeblieben, P. 4).

Lauf 9 — Großer Preis von Frankreich — Le Castellet, 6. Juli 1975

54 Runden à 5,810 km = 313,74 km/h. Wetter: trocken, sehr, sehr heiß.

Startaufstellung:

N. Lauda Ferrari 312 T-3 (022) 1:47,82		J. Scheckter Tyrrell-Ford 007/6 1:48,22	
	J. Hunt Hesketh-Ford 308/2 1:48,25		J.-P. Jarier Shadow-Ford DN 5/4 A 1:48,44
C. Pace Brabham-Ford BT 44 B-2 1:48,48		T. Pryce Shadow-Ford DN 5/2 A 1:48,48	
	J. Mass McLaren-Ford M 23/6 1:48,54		V. Brambilla March-Ford 751-3 1:48,56
C. Regazzoni Ferrari 312 T-5 (024) 1:48,68		E. Fittipaldi McLaren-Ford M 23/9 1:48,75	
	C. Reutemann Brabham-Ford BT 44 B-1 1:48,85		T. Brise Hill-Ford GH-1 1:49,21
P. Depailler Tyrrell-Ford 007/4 1:49,31		J. Watson Surtees-Ford TS 16-05-4 1:49,70	
	M. Andretti Parnelli-Ford VPJ 4001 1:49,72		J. Laffite Wiliams-Ford FW-04 1:49,72
R. Peterson Lotus-Ford 72 E-9 1:50,04		M. Donohue Penske-Ford PC 1-003 1:50,15	
	J. Ickx Lotus-Ford 72 E-5 1:50,94		A. Jones Hill-Ford GH-3 1:51,02
J.-P. Jabouille Tyrrell-Ford 007/5 1:51,06		G. van Lennep Ensign-Ford N 175 MN-04 1:51,21	
	W. Fittipaldi Copersucar-Ford FD-03 1:51,64		F. Migault * Williams-Ford FW-03 1:51,82
B. Evans BRM P 201-02 1:51,85		L. Lombardi March-Ford 751-2 1:52,97	

* Nichtstarter wegen Motorschadens (kein Ersatzmotor).

Ergebnis:

1. Niki Lauda (Österreich), Ferrari	1.40:18,84 (=187,654 km/h)
2. James Hunt (England), Hesketh-Ford	1,59 zurück
3. Jochen Mass (Deutschland), McLaren-Ford	2,31 zurück
4. Emerson Fittipaldi (Brasilien), McLaren-Ford	59,77 zurück
5. Mario Andretti (USA), Parnelli-Ford	1:02,08 zurück
6. Patrick Depailler (Frankreich), Tyrrell-Ford	1:07,40 zurück
7. Tony Brise (England), Hillo-Ford	1:09,61 zurück
8. Jean-Pierre Jarier (Frankreich), Shadow-Ford	1:19,78 zurück
9. Jody Scheckter (Südafrika), Tyrrell-Ford	1:31,68 zurück
10. Ronnie Peterson (Schweden), Lotus-Ford	1:36,00 zurück
11. Jacques Laffite (Frankreich), Wililams-Ford	1:36,77 zurück
12. Jean-Pierre Jabouille (Frankreich), Tyrrell-Ford	1:37,13 zurück
13. John Watson (Irland), Surtees-Ford	1 Runde zurück

Schnellste Runde:	J. Mass (McLaren) 1:50,60 (= 189,114 km/h)
Alter Rundenrekord:	D. Hulme (McLaren) 1:50,99 (1973)

Ausfälle: Pryce (3. Runde, Kupplung am Start verbrannt), Regazzoni (7. R., Motorschaden, Platz 2), Brambilla (7. R., Aufhängung, Stoßdämpfer links hinten gebrochen, P. 12, dann P. 23), Donohue (8. R., Antriebswelle gebrochen, P. 14). W. Fittipaldi (15. R., Motor, P. 18), Ickx (18. R., vordere Bremswelle gebrochen, P. 16), Pace (27. R., Getriebe, P. 14).

Lauf 10 — Großer Preis von England — Silverstone, 19. Juli 1975

Vorgesehen: 67 Runden à 4,73 km = 316,91 km, Abbruch in der 57. Runde wegen Unfallserie auf Grund eines Wolkenbruchs, gewertet der Stand nach 56 Runden = 264,88 km. Wetter: wechselhaft, Regenschauer.

Startaufstellung:

C. Pace Brabham-Ford BT 44 B-2 1:19,50		T. Pryce Shadow-Ford DN 5/2 A 1:19,36	
	C. Regazzoni Ferrari 312 T-5 (024) 1:19,55		N. Lauda Ferarri 312 T-4 (023) 1:19,54
J. Scheckter Tyrrell-Ford 007/6 1:19,81		V. Brambilla March-Ford 751-3 1:19,63	
	C. Reutemann Brabham-Ford BT 44 B-1 1:20,04		E. Fittipaldi McLaren-Ford M 23/9 1:19,91
J. Mass McLaren-Ford M 23/6 1:20,18		J. Hunt Hesketh-Ford 308/2 1:20,14	
	M. Andretti Parnelli-Ford VPJ 4-01 1:20,36		J.-P. Jarier Shadow-Ford DN 5/4 A 1:20,33
H. Stuck March-Ford 751-4 1:20,46		T. Brise Hill-Ford GH-1 1:20,41	
	R. Peterson Lotus-Ford 72 E-9 1:20,58		M. Donohue March-Ford 751-5 1:20,50
J. Watson Surtees-Ford 05-4 1:20,83		P. Depailler Tyrrell-Ford 007/4 1:20,60	
	A. Jones Hill-Ford GH-3 1:21,19		J. Laffite Williams-Ford FW-04 1:21,01
L. Lombardi March-Ford 751-2 1:21,60		B. Henton Lotus-Ford 72 E-5 1:21,36	
	W. Fittipaldi Copersucar-Ford FD-03 1:21,67		D. Morgan Surtees-Ford TS 16-02-4 1:21,65
J. Nicholson Lyncar-Ford 007 1:22,86		J. Crawford Lotus-Ford 72 E-8 1:21,86	

Ergebnis:

1. Emerson Fittipaldi (Brasilien), McLaren-Ford	1.22:05,0 (= 193,15 km/h)
2. Carlos Pace (Brasilien), Brabham-Ford	1 Runde zurück
3. Jody Scheckter (Südafrika), Tyrrell-Ford	1 Runde zurück
4. James Hunt (England), Hesketh-Ford	1 Runde zurück
5. Mark Donohue (USA), Penske-March-Ford	1 Runde zurück
6. Vittorio Brambilla (Italien), March-Ford	1 Runde zurück
7. Jochen Mass (Deutschland), McLaren-Ford	1 Runde zurück
8. Niki Lauda (Österreich), Ferrari	2 Runden zurück
9. Patrick Depailler (Frankreich), Tyrrell-Ford	2 Runden zurück
10. Alan Jones (Australien), Hill-Ford	2 Runden zurück
11. John Watson (Irland), Surtees-Ford	2 Runden zurück
12. Mario Andretti (USA), Parnelli-Ford	2 Runden zurück
13. Clay Regazzoni (Schweiz), Ferrari	3 Runden zurück

Schnellste Runde:	C. Regazzoni (Ferrari) 1:20,9 (= 209,946 km/h)
Alter Rundenrekord (ohne Woodcote-Schikane):	R. Peterson (Lotus) 1:17,5 (1973)

Ausfälle: Reutemann (4. Runde, Motorschaden, Platz 11), Laffite (6. R., Getriebe, P. 26), Peterson (8. R., Motor, P. 13, dann P. 24), Pryce (21. R., Unfall in Beckets-Kurve, P. 1), Lombardi (21. R., Elektrik, P. 24), Crawford (29. R., Unfall, P. 19), Stuck (46. R., Unfall, P. 9), Jarier (54. R., Unfall ausgangs Woodcote-Kurve, P. 7), Aquaplaning-Unfälle in der 57. Runde: Scheckter, Morgan, Brise, Hunt, W. Fittipaldi, Pace in Club-Kurve; Donohue, Watson, Mass in Stowe-Kurve.

Lauf 11 — Großer Preis von Deutschland — Nürburgring, 3. August 1975

14 Runden à 22,835 km = 319,69 km. Wetter: sonnig, sehr heiß.

Startaufstellung:

N. Lauda
Ferrari 312 T-3 (022)
6:58,6

C. Pace
Brabham-Ford BT 44 B-4
7:00,0

J. Scheckter
Tyrrell-Ford 077/6 (8)
7:01,3

P. Depailler
Tyrrell-Ford 007/4
7:01,4

C. Regazzoni
Ferrari 312 T-3 (021)
7:01,6

J. Mass
McLaren-Ford M 23/4
7:01,8

H.-J. Stuck
March-Ford 751-4
7:02,1

E. Fittipaldi
McLaren-Ford M 23/9
7:02,7

J. Hunt
Hesketh-Ford 308/2
7:02,7

C. Reutemann
Brabham-Ford BT 44 B-1
7:04,0

V. Brambilla
March-Ford 751-3
7:06,0

J.-P. Jarier
Shadow-Ford DN 5/4 A
7:07,1

M. Andretti
Parnelli-Ford VPJ 4-02
7:08,2

J. Watson
Lotus-Ford 72 E-8
7:09,4

J. Laffite
Williams-Ford FW-04
7:10,0

T. Pryce
Shadow-Ford DN 5/2 A
7:10,1

T. Brise
Hill-Ford GH-1
7:10,9

R. Peterson
Lotus-Ford 72 E-9
7:11,6

M. Donohue
March-Ford 751-5
7:11,8

I. Ashley *
Williams-Ford FW-03
7:15,9

A. Jones
Hill-Ford GH-3
7:18,6

W. Fittipaldi
Copersucar-Ford FD-03
7:19,1

H. Ertl
Hesketh-Ford 308/1
7:19,5

G. van Lennep
Ensign-Ford N 175-MNO
7:20,4

L. Lombardi
March-Ford 751-2
7:36,4

* Nichtstarter wegen Trainingsunfalls.

Nicht qualifiziert: T. Trimmer (Maki-Ford 101 C-02) 7:43,1.

Ergebnis:

1. Carlos Reutemann (Argentinien), Brabham-Ford	1.41:14,1 (= 189,473 km/h)
2. Jacques Laffite (Frankreich), Williams-Ford	1:37,7 zurück
3. Niki Lauda (Österreich), Ferrari	2:23,3 zurück
4. Tom Pryce (Wales), Shadow-Ford	3:31,4 zurück
5. Alan Jones (Australien), Hill-Ford	3:50,3 zurück
6. Gujs van Lennep (Holland), Ensign-Ford	5:05,5 zurück
7. Lella Lombardi (Italien), March-Ford	7:31,4 zurück
8. Harald Ertl (Österreich), Hesketh-Ford	7:41,9 zurück
9. Patrick Depailler (Frankreich), Tyrrell-Ford	1 Runde zurück

Schnellste Runde:	C. Regazzoni (Ferrari) 7:06,4 (= 192,790 km/h)
Alter Rundenrekord:	J. Scheckter (Tyrrell) 7:11,1 (1974)

Ausfälle: Mass (1. Runde, Unfall durch Reifenschaden in Fuchsröhre, Platz 4), Peterson (2. R., Kupplung, P. 22), Donohue (2. R., Reifenschaden), Watson (3. R., Vorderradaufhängung, P. 11), Brambilla (4. R., Hinterradaufhängung, P. 10, dann P. 19), Stuck (4. R., Motor, P. 7), W. Fittipaldi (5. R., Motor, P. 16), E. Fittipaldi (5. R., Aufhängungsdefekt nach Reifenplatzer, P. 16), Pace (6. R., Aufhängung, P. 3, dann P. 6), Jarier (8. R., Reifenschaden an Schikane, P. 7), Jody Scheckter (8. R., Unfall durch Reifenschaden im Karussell, P. 6), Regazzoni (10. R., Motor, P. 2), Brise (10. R., Unfall durch Reifenschaden, P. 7), Hunt (11. R., Bolzen der Felge festgeklemmt, P. 2), Andretti (13. R., wegen Tanklecks Benzin ausgegangen, P. 9).

Lauf 12 — Großer Preis von Österreich — Zeltweg, 17. August 1975

Vorgesehen: 54 Runden à 5,911 km = 319,222 km, Abbruch wegen zu stark gewordenen Regens nach 29 Runden = 171,419 km, nur halbe WM-Punkte vergeben. Wetter: regnerisch, starke Regenschauer.

Startaufstellung:

J. Hunt Hesketh-Ford 308/2 1:34,97	H.-J. Stuck March-Ford 751-4 1:35,38	N. Lauda Ferrari 312 T-4 (023) 1:34,85	E. Fittipaldi McLaren-Ford M 23/9 1:35,21
C. Pace Brabham-Ford BT 44 B-3 1:35,71	V. Brambilla March-Ford 751-3 1:35,80	C. Regazzoni Ferrari 312 T-3 (022) 1:35,41	P. Depailler Tyrrell-Ford 007/4 1:35,78
J. Scheckter Tyrrell-Ford 007/6 (3) 1:36,14	J. Laffite Williams-Ford FW-04 1:37,60	J. Mass McLaren-Ford M 23/6 1:36,12	C. Reutemann Brabham-Ford BT 44 B-1 1:36,43
J.-P. Jarier Shadow-Matra DN 7/1 A 1:37,62	T. Brise Hill-Ford GH-4 1:37,69	R. Peterson Lotus-Ford 72 E-9 1:37,61	T. Pryce Shadow-Ford DN 5/2 A 1:37,64
J. Watson Surtees-Ford TS 16-05-4 1:37,96	M. Andretti Parnelli-Ford VPJ 4-002 1:37,97	B. Lunger Hesketh-Ford 308/3 1:37,87	L. Lombardi March-Ford 715-2 1:38,43
B. Evans BRM P 201-05 1:39,53	H. Ertl Hesketh-Ford 308/1 1:40,72	C. Amon Ensign-Ford N 175-MN 04 1:38,75	R. Stommelen Hill-Ford GH-3 1:39,56
J. Vonlanthen Williams-Ford FW-03 (02) 1:42,80		R. Wunderink Ensign-Ford N 174-MN 02 1:42,58	

Nichtstarter: W. Fittipaldi (Copersucar-Ford FD-03) 1:38,14, Unfall; M. Donohue (March-Ford 751-5) 1:38,19, Unfall; B. Henton (Lotus-Ford 72 E-8) 1:38,72, Unfall.

Nicht qualifiziert: T. Trimmer (Maki-Ford F 101 C-002) 1:44,88.

Ergebnis:

1. Vittorio Brambilla (Italien), March-Ford	57:59,69 (= 177,346 km/h)
2. James Hunt (England), Hesketh-Ford	24,03 zurück
3. Tom Pryce (Wales), Shadow-Ford	31,85 zurück
4. Jochen Mass (Deutschland), McLaren-Ford	1:09,66 zurück
5. Ronnie Peterson (Schweden), Lotus-Ford	1:20,33 zurück
6. Niki Lauda (Österreich), Ferrari	1:27,28 zurück
7. Clay Regazzoni (Schweiz), Ferrari	1:36,07 zurück
8. Jody Scheckter (Südafrika), Tyrrell-Ford	1 Runde zurück
9. Emerson Fittipaldi (Brasilien), McLaren-Ford	1 Runde zurück
10. John Watson (Irland), Surtees-Ford	1 Runde zurück
11. Patrick Depailler (Frankreich), Tyrrell-Ford	1 Runde zurück

Schnellste Runde:	V. Brambilla (March) 1:53,90 (= 186,82 km/h)
Rundenrekord	C. Regazzoni (Ferrari) 1:37,22 (1974)

Ausfälle: Andretti (2. Runde, Unfall, Frontpartie beschädigt, Platz 11), Evans (2. R., Motor, P. 22), Jarier (11. R., kein Benzindruck, P. 24), Stuck (12. R., Unfall, P. 5), Vonlanthen (15. R., Elektrik durchnäßt, P. 20), Pace (18. R., aufgegeben, Wagen wegen falsch montiertem Reifen unfahrbar, P. 20), Laffite (21. R., aufgegeben, P. 17), Ertl (25. R., Zündung, P. 16).

Lauf 13 — Großer Preis von Italien — Monza, 7. September 1975

52 Runden à 5,78 km = 300,56 km. Wetter: sehr warm, Piste teils feucht, aber bald auftrocknend.

Startaufstellung:

N. Lauda Ferarri 312 T-4 (023) 1:32,24	E. Fittipaldi McLaren-Ford M 23/9 1:33,08	C. Regazzoni Ferrari 312 T-3 (024) 1:32,75	J. Scheckter Tyrrell-Ford 007/6 (3) 1:33,27
J. Mass McLaren-Ford M 23/6 1:33,29	C. Reutemann Brabham-Ford BT 44 B-1 1:33,44	T. Brise Hill-Ford GH 4 1:33,34	J. Hunt Hesketh-Ford 308 C 1:33,73
V. Brambilla March-Ford 751-3 1:33,90	R. Peterson Lotus-Ford 72 E-9 1:34,22	C. Pace Brabham-Ford BT 44-B-3 1:34,17	P. Depailler Tyrrell-Ford 007-4 1:34,36
J.-P. Jarier Shadow-Matra DN 7/1 A 1:34,61	M. Andretti Parnelli-Ford VPJ 4-002 1:34,72	T. Pryce Shadow-Ford DN 5/2 A 1:34,71	H. Stuck March-Ford 751-4 1:35,29
H. Ertl Hesketh-Ford 308/1 1:35,43	C. Amon Ensign-Ford N 175-MN 04 1:35,56	J. Laffite Williams-Ford FW 04 1:35,48	B. Evans BRM P 201-05 1:35,61
B. Lunger Hesketh-Ford 308/3 1:36,11	R. Stommelen Hill-Ford GH-3 1:36,44	R. Zorzi Williams-Ford FW-03 (02) 1:36,19	L. Lombardi March-Ford 751-2 1:37,06
J. Crawford Lotus-Ford 72 E-8 1:37,14		A. Merzario Copersucar-Ford FD-03 1:37,33	

Reserve: R. Wunderink (Ensign MN 175) 1:37,64, T. Trimmer (Maki) 1:39,44.

Ergebnis:

1. Clay Regazzoni (Schweiz), Ferrari	1.22:42,6 (= 218,034 km/h)
2. Emerson Fittipaldi (Brasilien), McLaren-Ford	16,6 zurück
3. Niki Lauda (Österreich), Ferrari	23,2 zurück
4. Carlos Reutemann (Argentinien), Brabham-Ford	55,1 zurück
5. James Hunt (England), Hesketh-Ford	57,1 zurück
6. Tom Pryce (Wales), Shadow-Ford	1:15,9 zurück
7. Patrick Depailler (Frankreich), Tyrrell-Ford	1 Runde zurück
8. Jody Scheckter (Südafrika), Tyrrell-Ford	1 Runde zurück
9. Harald Ertl (Österreich), Hesketh-Ford	1 Runde zurück
10. Brett Lunger (USA), Hesketh-Ford	2 Runden zurück
11. Arturo Merzario (Italien), Copersucar-Ford	4 Runden zurück

Schnellste Runde:	C. Regazzoni (Ferrari) 1:33,1 (= 223,501 km/h)
Alter Rundenrekord:	C. Pace (Brabham 1:34,2 (1974)

Ausfälle: Evans (am Start, Zündung), Brambilla (1. Runde, Kupplung), Peterson (2. R., Motor, Platz 5), Brise (2. R., Kollision mit Schikane, P. 9), Andretti (2. R., Kollision mit Brise und Schikane, Achsbruch, P. 11), Mass (3. R., Aufhängung rechts vorn nach Kollision mit Schikane, anfangs P. 3), Stommelen (4. R., Aufhängung rechts vorn, von Crawford touchiert), Pace (6. R., Gasgestänge gebrochen, P. 8), Laffite (8. R., Getriebe, erst P. 9, dann P. 14), Stuck (16. R., Aufhängung links hinten gebrochen, P. 13), Lombardi (22. R., Bremsdefekt in Lesmo, P. 16), Jarier (33. R., Benzinpumpe, P. 11).

Lauf 14 — Großer Preis der USA — Watkins Glen, 5. Oktober 1975

59 Runden à 5,435 km = 320,665 km. Wetter: stark bewölkt, windig, kühl.

Startaufstellung:

N. Lauda Ferrari 312 T-4 (023) 1:42,003		E. Fittipaldi McLaren-Ford M 23/8 1:42,360	
	C. Reutemann Brabham-Ford BT 44/B-1 1:42,685		J. P. Jarier Shadow-Ford DN 5/3 A 1:42,759
M. Andretti Parnelli-Ford VPJ 4-002 1:42,822		V. Brambilla March-Ford 751-3 1:42,023	
	T. Pryce Shadow-Ford DN 5/2 A 1:42,960		P. Depailler Tyrrell-Ford 007-2 1:43,127
J. Mass McLaren-Ford M 23/6 1:43,100		J. Scheckter Tyrrell 007-6 1:43,127	
	C. Regazzoni Ferrari 312 T-3 (024) 1:43,246		J. Watson * Penske-Ford PC-1 1:43,570
H. Stuck March-Ford 751-4 1:43,417		R. Peterson Lotus-Ford 72 E-9 1:43,570	
	J. Hunt Hesketh-Ford 308/C 1:43,820		C. Pace Brabham-Ford BT 44 B-4 1:44,054
T. Brise * Hill-Ford GH 1-3 1:44,064		B. Lunger Hesketh-Ford 308/3 1:45,236	
	B. Henton JPS Lotus-Ford 72 E-5 1:45,244		M. Leclere Tyrrell-Ford 007-5 1:46,023
J. Laffite * Williams-Ford FW 04/2 1:46,032		R. Wunderink Ensign-Ford N 175-MN 04 1:47,224	
	W. Fittipaldi Copersucar-Ford FD-03 1:48,226		L. Lombardi * Williams-Ford FW 04/1 1:49,734

* Watson fuhr Trainingszeit mit PC-3/1, Brise fuhr Trainingszeit mit GH 1-4; Nichtstarter: Laffite wegen Augenverletzung, Lombardi wegen elektrischem Defekt.

Ergebnis:

1. Niki Lauda (Österreich), Ferrari	1.42:58,175 (= 186,805 km/h)
2. Emerson Fittipaldi (Brasilien), McLaren-Ford	4,943 zurück
3. Jochen Mass (Deutschland), McLaren-Ford	47,637 zurück
4. James Hunt (England), Hesketh-Ford	49,475 zurück
5. Ronnie Peterson (Schweden), Lotus-Ford	49,986 zurück
6. Jody Scheckter (Südafrika), Tyrrell-Ford	50,321 zurück
7. Vittorio Brambilla (Italien), March-Ford	1:44,031 zurück
8. Hans-Joachim Stuck (Deutschland), March-Ford	1 Runde zurück
9. John Watson (Irland), Penske-Ford	2 Runden zurück
10. Wilson Fittipaldi (Brasilien) Copersucar-Ford	4 Runden zurück

Im Ziel, aber nicht klassiert: Pryce (52), Henton (49)

Schnellste Runde:	E. Fittipaldi (McLaren) 1:43,374 (= 189,219 km/h)
Rundenrekord:	C. Pace (Brabham) 1:40,608 (1974, ohne Schikane)

Ausfälle: Depailler und Pace (3. Runde, Kollision, Platz 11 bzw. Platz 12), Leclere (6. R., Motor, Ölleck, P. 19), Brise (6. R., Kollision mit Henton, Rad verloren, P. 13), Andretti (9. R., Aufhängungsschaden rechts hinten, P. 5), Reutemann (10. R., Motor, P. 4), Jarier (19. R., Radlagerschaden, wegbrechendes linkes Hinterrad, P. 3), Regazzoni (28. R., von Ferrari aus dem Rennen genommen, zuvor schwarzgeflaggt, P. 11), Wunderink (42. R., Unfall, P. 10), Lunger (47. R., Unfall an Schikane wegen klemmendem 4. Gang, P. 9).

ANALYSE DER 14 WM-LÄUFE

	Pol-Position	Führungskilometer		Sieger	Schnellste Runde
Argentinien	Jarier	Reutemann	83,8	Fittipaldi	Hunt
		Pace	6,0		
		Reutemann	59,8		
		Hunt	53,9		
		Fittipaldi	112,8		
Brasilien	Jarier	Reutemann	31,9	Pace	Jarier
		Jarier	223,8		
		Pace	63,7		
Südafrika	Pace	Pace	4,1	Scheckter	Pace
		Scheckter	63,7		
Spanien	Lauda	Lauda	0,5	Mass	Andretti
		Hunt	19,0		
		Andretti	45,5		
		Stommelen	33,2		
		Ickx	3,8		
		Mass	7,9		
Monaco	Lauda	Lauda	245,8	Lauda	Depailler
Belgien	Lauda	Pace	12,8	Lauda	Regazzoni
		Brambilla	8,5		
		Lauda	277,0		
Schweden	Brambilla	Brambilla	60,3	Lauda	Lauda
		Reutemann	217,0		
		Lauda	44,1		
Holland	Lauda	Lauda	54,9	Hunt	Lauda
		Regazzoni	8,5		
		Hunt	253,5		
Frankreich	Lauda	Lauda	313,7	Lauda	Mass
England	Pryce	Pace	56,7	Fittipaldi	Regazzoni
		Regazzoni	28,4		
		Pryce	9,4		
		Scheckter	4,7		
		Pace	23,6		
		Scheckter	28,4		
		Jarier	9,4		
		Hunt	38,0		
		Fittipaldi	66,2		
Deutschland	Lauda	Lauda	219,6	Reutemann	Regazzoni
		Reutemann	100,1		
Österreich	Lauda	Lauda	82,8	Brambilla	Brambilla
		Hunt	23,6		
		Brambilla	65,0		
Italien	Lauda	Regazzoni	300,5	Regazzoni	Regazzoni
USA	Lauda	Lauda	320,5	Lauda	Fittipaldi

Totale Führungskilometer 1975 (ungefähr): 1. Lauda 1558,9, 2. Reutemann 492,6, 3. Hunt 388,0, 4. Scheckter 349,1, 5. Regazzoni 337,4, 6. Jarier 233,2, 7. Fittipaldi 179,0, 8. Pace 166,9, 9. Brambilla 133,8, 10. Andretti 45,5, 11. Stommelen 33,2, 12. Pryce 9,4, 13. Mass 7,9, 14. Ickx 3,8 km.

FAHRERWELTMEISTERSCHAFT 1975

	Argentinien	Brasilien	Südafrika	Spanien *	Monaco	Belgien	Schweden	Holland	Frankreich	England	Deutschland	Österreich *	Italien	USA	Total
1. Niki Lauda (Österreich) Ferrari	1	2	2	–	9	9	9	6	9	–	4	0,5	4	9	64,5
2. Emerson Fittipaldi (Brasilien) McLaren	9	6	–	–	6	–	–	–	3	9	–	–	6	6	45
3. Carlos Reutemann (Argentinien) Brabham	4	–	6	2	–	4	6	3	–	–	9	–	3	–	37
4. James Hunt (England) Hesketh	6	1	–	–	–	–	–	9	6	3	–	3	2	3	33
5. Clay Regazzoni (Schweiz) Ferrari	3	3	–	–	–	2	4	4	–	–	–	–	9	–	25
6. Carlos Pace (Brasilien) Brabham	–	9	3	–	4	–	–	2	–	6	–	–	–	–	24
7. Jody Scheckter (Südafrika) Tyrrell	–	–	9	–	–	6	–	–	–	4	–	–	–	1	20
Jochen Mass (Deutschland) McLaren	–	4	1	4,5	1	–	–	–	4	–	–	1,5	–	4	20
9. Patrick Depailler (Frankreich) Tyrrell	2	–	4	–	2	3	–	–	1	–	–	–	–	–	12
10. Tom Pryce (Wales) Shadow	–	–	–	–	–	1	–	1	–	–	3	2	1	–	8
11. Vittorio Brambilla (Italien) March	–	–	–	1	–	–	–	–	–	1	–	4,5	–	–	6,5
12. Jacques Laffite (Frankreich) Williams	–	–	–	–	–	–	–	–	–	–	6	–	–	–	6
Ronnie Peterson (Schweden) Lotus	–	–	–	–	3	–	–	–	–	–	–	1	–	2	6
14. Mario Andretti (USA) Parnelli	–	–	–	–	–	–	3	–	2	–	–	–	–	–	5
15. Mark Donohue (USA) Penske-March	–	–	–	–	–	–	2	–	–	2	–	–	–	–	4
16. Jacky Ickx (Belgien) Lotus	–	–	–	3	–	–	–	–	–	–	–	–	–	–	3
17. Alan Jones (Australien) Hill	–	–	–	–	–	–	–	–	–	–	2	–	–	–	2
18. Jean-Pierre Jarier (Frankreich) Shadow	–	–	–	1,5	–	–	–	–	–	–	–	–	–	–	1,5
19. Tony Brise (England) Hill	–	–	–	–	–	–	1	–	–	–	–	–	–	–	1
Gujs van Lennep (Holland) Ensign	–	–	–	–	–	–	–	–	–	–	1	–	–	–	1
21. Lella Lombardi (Italien) March	–	–	–	0,5	–	–	–	–	–	–	–	–	–	–	0,5

* Halbe Punkte in Spanien (Abbruch wegen Unfall) und Österreich (Abbruch wegen Regens).

KONSTRUKTEURBEWERB 1975

	Argentinien	Brasilien	Südafrika	Spanien	Monaco	Belgien	Schweden	Holland	Frankreich	England	Deutschland	Österreich	Italien	USA	Total
1. Ferrari	3	3	2	–	9	9	9	6	9	–	4	0,5	9	9	72,5
2. Brabham-Ford	4	9	6	2	4	4	6	3	–	6	9	–	3	–	56*
3. McLaren-Ford	9	6	1	4,5	6	–	–	–	4	9	–	1,5	6	6	53
4. Hesketh-Ford	6	1	–	–	–	–	–	9	6	3	–	3	2	3	33
5. Tyrrell-Ford	2	–	9	–	2	6	–	–	1	4	–	–	–	1	25
6. Shadow-Ford	–	–	–	1,5	–	1	–	1	–	–	3	2	1	–	9,5
7. Lotus-Ford	–	–	–	3	3	–	–	–	–	–	–	1	–	2	9
8. March-Ford	–	–	–	1	–	–	–	–	–	2	–	4,5	–	–	7,5*
9. Williams-Ford	–	–	–	–	–	–	–	–	–	–	6	–	–	–	6
10. Parnelli-Ford	–	–	–	–	–	–	3	–	2	–	–	–	–	–	5
11. Hill-Ford	–	–	–	–	–	–	1	–	–	–	2	–	–	–	3
12. Penske-Ford	–	–	–	–	–	–	2	–	–	–	–	–	–	–	2
13. Ensign-Ford	–	–	–	–	–	–	–	–	–	–	1	–	–	–	1

* Brabham-Totale nach Abzug des Streichresultats aus der ersten Saisonhälfte (Reutemanns 3. Platz in Spanien, 2 Punkte): 54 Punkte. – Donohue fuhr in England einen March.

SIEGERMARKEN DER WM-LÄUFE 1950—1975
(Exklusive Indianapolis, das zeitweilig zur Fahrer-WM zählte)

Ferrari	58
Lotus	57
Tyrrell	19
Brabham	18
BRM	17
Cooper	16
McLaren	15
Alfa Romeo	10
Matra	9
Mercedes-Benz	9
Maserati	9
Vanwall	9
Honda	2
March	2
Eagle	1
Porsche	1
Hesketh	1

GRAND-PRIX-SIEGER 1950—1975

27 Große Preise:	Jackie Stewart (Schottland)
25 Große Preise:	Jim Clark (Schottland)
24 Große Preise:	Juan Manuel Fangio (Argentinien)
16 Große Preise:	Stirling Moss (England)
14 Große Preise:	Jack Brabham (Australien) Graham Hill (England) Emerson Fittipaldi (Brasilien)
13 Große Preise:	Alberto Ascari (Italien)
8 Große Preise:	Jacky Ickx (Belgien) Denis Hulme (Neuseeland)
7 Große Preise:	Ronnie Peterson (Schweden) Niki Lauda (Österreich)
6 Große Preise:	Tony Brooks (England) John Surtees (England) Jochen Rindt (Österreich)
5 Große Preise:	Dr. Giuseppe Nino Farina (Italien)
4 Große Preise:	Bruce McLaren (Neuseeland) Dan Gurney (USA) Carlos Reutemann (Argentinien)
3 Große Preise:	Mike Hawthorn (England) Peter Collins (England) Phil Hill (USA) Clay Regazzoni (Schweiz) Jody Scheckter (Südafrika)
2 Große Preise:	Froilan Gonzalez (Argentinien) Maurice Trintignant (Frankreich) Wolfgang Graf Berghe von Trips (Deutschland) Pedro Rodriguez (Mexiko) Jo Siffert (Schweiz) Peter Revson (USA)
1 Großer Preis:	Luigi Fagioli (Italien) Piero Taruffi (Italien) Luigi Musso (Italien) Joakim Bonnier (Schweden) Innes Ireland (Schottland) Giancarlo Baghetti (Italien) Lorenzo Bandini (Italien) Richie Ginther (USA) Ludovico Scarfiotti (Italien) Mario Andretti (USA) Peter Gethin (England) Francois Cevert (Frankreich) Jean-Pierre Beltoise (Frankreich) Carlos Pace (Brasilien) Jochen Mass (Deutschland) James Hunt (England) Vittorio Brambilla (Italien)